该研究由博士后科学基金（立项号2013M541118）和杭州市重点哲社基地杭州师范大学电子商务与网络经济研究中心联合资助

A STUDY OF THE RETAILER
SYNTHETIC VALUE-CHAIN
AND THE TOTAL QUALITY MANAGEMENT

王淑翠/著

# 零售业复合价值链
# 和全面质量管理研究

ZHEJIANG UNIVERSITY PRESS
浙江大学出版社

**图书在版编目(CIP)数据**

零售业复合价值链和全面质量管理研究 / 王淑翠著.—杭州：
浙江大学出版社，2015.5

ISBN 978-7-308-14772-9

Ⅰ.①零… Ⅱ.①王… Ⅲ.①零售业—全面质量管理—研究
Ⅳ.①F713.32

中国版本图书馆 CIP 数据核字（2015）第 121865 号

# 零售业复合价值链和全面质量管理研究

王淑翠 著

| | |
|---|---|
| 责任编辑 | 曾 熙（zxpeggy@zju.edu.cn） |
| 封面设计 | 十木米 |
| 出版发行 | 浙江大学出版社 |
| | （杭州市天目山路 148 号 邮政编码 310007） |
| | （网址：http://www.zjupress.com） |
| 排 版 | 杭州林智广告有限公司 |
| 印 刷 | 浙江云广印业有限公司 |
| 开 本 | 710mm×1000mm 1/16 |
| 印 张 | 15.75 |
| 字 数 | 242 千 |
| 版 印 次 | 2015 年 5 月第 1 版 2015 年 5 月第 1 次印刷 |
| 书 号 | ISBN 978-7-308-14772-9 |
| 定 价 | 42.00 元 |

# 序

# Preface

王淑翠博士，副教授，多年从事商业经济和服务营销的教学和研究工作，主持完成教育部、浙江省哲社、博士后基金、国家社科基金子课题等多个课题，对零售业的研究积累深厚，理论功底扎实，学术思维清晰，具备高水平研究的能力。

质量管理是改善零售业竞争力的战略性领域，是减少中外零售业实力差距的重要途径，是提高顾客满意度和经济效益的有效措施。王淑翠博士近期完成的专著《零售业复合价值链和全面质量管理研究》，从顾客价值的视角分析了零售业特别是百货业的价值管理工作，提出了"零售业复合价值链"和"全面质量管理模型"。本书在理论和实践密切结合的基础上，对零售业的质量管理做了专业探讨，采用了文献研究、案例分析、比较研究和结构方程等多种定性和实证研究方法，从一般质量研究到零售业质量研究、从概念认识到理论模型构建、从测量工具开发到企业内外部环境分析，从顾客价值的角度，聚焦于零售业的服务特性，对零售业和百货业的质量概念、复合价值链、全面质量管理理论模型、服务质量测量工具、企业内外部环境等方面进行了系统研究和理论构建，补充完善了现有研究的不足。研究问题明确，内容饱满，逻辑严谨，方法得当，论证有力，观点鲜明，富有创新。

本书具有重要的理论价值和行业应用价值。该著作作出了一些重要的学术创新，提出了基于顾客价值的零售业复合价值链理论，开发的全面质量管理理论模型强调从商品质量和服务质量、内部服务质量和外部服务质量、过程质量和结果质量等多重视角对零售

1

业全面质量进行综合管理,对服务质量管理开展了细致深入的研究,并开发了相应的百货业服务质量测量工具。除此之外,本书还系统探讨了零售业全面质量管理的组织环境因素,创造性地提出四大支撑性要素:内部营销导向型企业文化、系统的公司品牌理念、流程型组织结构和社会公民意识。上述观点不仅有很好的理论创新性,而且对重塑零售业管理者的思维非常重要,有较高的行业针对性和实践指导价值。

2015 年 4 月 9 日

# 摘　要

　　质量管理是改善零售业竞争力的战略性领域,是减少中外零售业实力差距的重要途径,是提高顾客满意度和经济效益的有效措施。零售业是服务业,无论实践管理还是学术研究对零售业的服务特性的关注依然不够,有关零售业服务质量的研究明显不足,零售业管理实践中的问题得不到理论上有效和及时的指导。本书在理论和实践密切结合的基础上,对线下零售业服务质量做专业研究,实现理论来源于实践并高于实践的研究目的。本书采用了文献研究、案例分析、比较研究和结构方程等多种定性和定量研究方法,从一般服务研究到零售业服务研究、从概念认识到测量工具、从过程管理到结果管理,由一般到个体、由浅及深地进行了系统研究,拟构建基于顾客价值的零售业复合价值链和全面质量管理理论,树立商品质量和服务质量并重的全面质量管理理念,希望能推动中国零售企业质量管理工作的改善和竞争力的提高。

　　零售业的质量管理工作是系统工程,零售业的供应物是有关商品和服务的混合包,因此,商品质量管理和服务质量管理是同等重要的、相互补充的两个构成成分,树立全局的以顾客感知价值为基础的全面质量管理意识是必要的和重要的。首先,本书揭示了零售业的价值创造过程是复合价值链,然后在此基础上简单介绍了商品质量管理,重点探讨了零售业实践中长期被忽视的领域——服务质量管理。本书从外部服务质量和内部服务质量、过程质量和结果质量等多重视角去理解服务质量的形成和传递过程,从概念性框架到测量工具进行了大量的文献研究和评述。本书进一步地对我国零售业服务质量的测量进行了思考,借鉴了SERVQUAL量表,以零售业专业量表——RSQS为主体框架,进行了改进和创新,并在XY商业集团进行了信度和效度的验证,拟开发一套适合中国零售业服务质量测量的量表,为零售业管理实践提供指导。然后,对影响质量管理工作的组织内部环境因素和组织外部环境因素进行了分析。由于组织内部环境对零售业的全面质量管理工作有重要影响,为了确保全面质量管理工作取得成效,还需要四大组织要素给予支持:内部营销导向型的企业文化、系统的公司品牌理念、企业公民意识和流程型组织结构,确保从企业管理的软件和硬件系统中寻求对质量管理工作的支撑。而任何一个商业性组织都是在特定外部环境中运行的,零售业也不例外,商品和服务的质量也可视为社会福利,因此支持和鼓励零售业的全面质量管理工作是全社会的共同责任。本书在最后部分探讨了外部环境的支持因素,建议微观层面的消费者、中观层面的行业协会和宏观层面的政府都要采取一些措施,支持和参与零售业的全面质量建设工程。

　　本书有重要的实践意义和理论意义。结合零售业管理实践,本书提出了具有行业特色的全面质量管理理念和概念性框架,并从文献研究中总结出提高全面质量管理的多重视角,这些观点对重塑管理者的工作思维非常必要,有重要的实践价值。本书所探讨的中国零售业服务质量量表开发,以及提出的影响零售业全面质量的组织因素和环境因素,是对全面质量理论研究工作的深化和细化,有较高的行业针对性和创新价值。

　　**关键词**:零售业,顾客价值,复合价值链,全面质量管理,服务质量,量表,组织因素,环境因素

# Abstract

Service Quality Management is a strategic area which could improve the competitiveness of retailers, and an important way to reduce the gap between Chinese and foreign retailers, which is considerde as the effective measures to improve customer satisfaction and economic benefits as well. Retailers are service industry, regardless of academic research or management practice, retail service properties are still not given enough attention, and retail service quality research is obviously insufficient. Retail management practices can't be well guided by theory effectively and timely. Thus, this book would like to do professional research of the retail service quality based on the combination of theory and practice, to lift of the theory than which comes from the practice. In this book, a variety of qualitative and quantitative research methods are adopted, such as the literature research, case studies, comparative studies and structural equation so on, from general services to the retail services research studies, from a conceptual understanding to the measurement tools, from the process management to the results management, from the general to the individual, from the shallow level to the deep level, this paper carried out a systemic study in order to build a scientific and systemic retailing service quality management theory framework, laying the same emphasis on the goods quality management and service quality management, hoping to promote China's retailing service quality and competitiveness eventually.

The author believes that the retail quality management is a system engineering, and retailers' offering is a hybrid package of material goods and intangible services, therefore, goods quality management and service quality management is equally important and complementary, establishing the total quality management based on the customer perceived value is necessary and important. First, the paper disclosed the synthetic value-chain based on the customer value. Then, this book gave a brief introduction of the goods quality management, and an emphasis on Service Quality Management which is a neglected and weak area in the long-term practice of the retail industry. In this book, the quality of service was disclosed how to form and transfer by the mutltiple perspectives of external and internal, process quality and result quality, a great deal of research and review of the literature was done from the conceptual framework to measuring tools. Furthermore, the book presented and explored the quality of retail service measurement of our country, learning from the SERVQUAL scales, taking the professional retail scales—RSQS as the main framework, making some improvement and innovation, carrying out the reliability and validity degree test in the Silver Plaza Group, a new retail service quality measurement scales is looked forward to developing which could fit china and provide guidance for the management practices. Also, the organizational environment has an important impact on management the quality of service of the retail industry. In order to ensure quality of service management effectiveness, organizations need to embrace three elements: internal orientation corporate culture, systemic corporate brand philosophy, and process-structured organization, which can provide support from software and hardware management equally. In addition, any organization is running in a particular external environment, retailers are no exception, the quality of goods and services can be regarded as social welfare, supporting and encouraging the quality of service management of the retail industry, therefore, is the common responsibility of society as a whole. The last part of this book discussed the impact of the environmental factors, consumers at the micro level, industry associations at the middle level and the government at the macro level, must take some measures to support and participate in the retail service quality engineering.

The book has important theoretical significance and practical significance. The concept of total quality management and the conceptual framework were proposed on the base of the writer's personal rich retail research experience, and the multiple perspectives of service quality were concluded by the literature research which are necessary on remodeling managers' view, which provides important practical value. The development of China retail service quality scale, as well as the retail organizational and environmental factors will deepen and refine the theoretical research, which is higher industry-specific and innovative.

**Keywords**: retail, customer value, synthetic value chain, total quality management, service quality, scale, organizational factor, environmental factor

# 目 录
Contents

# 第一章
# 绪　论

本章在分析国内外零售业实践背景的前提下，展现了零售业质量管理的必要性和重要性。结合营销领域和服务领域的理论研究背景提出了本书的研究主题——零售业全面质量研究，界定了研究问题的范围，阐述了研究意义、研究方法和创新点，并介绍了本书的研究框架和研究逻辑。

## 1.1　研究背景

自 2004 年 12 月 11 日零售领域对外彻底开放后，外资零售企业长驱直入中国市场，中国零售企业面临着严峻的考验，整个中国零售业可以说是弱势群体，无论在资本、管理和经营模式上都远远无法和外资零售企业竞争，外资连锁企业除了强大的资金优势外，在经营管理上也具明显优势。外资零售业进入中国市场直接导致很多本土的中国零售企业倒闭。经过多年的调整和应对，中国本土零售业在规模化、连锁化、信息化和集团化方面取得了明显进步，目前外资零售企业总销量占中国零售总量比例很低，本土零售业基本处于零售市场中的主导地位。

　　然而,随着消费者购物习惯改变、线上零售业的增长及线下经营成本上升等因素,中国传统零售业的利润和成长空间正在被挤压。据业内人士透露,这几年,传统零售业利润率一直下滑,以百货业为例,行业平均净利润率仅在3％左右。中国百货商业协会发布的数据显示,81家大中型百货零售企业2012年的销售总额为2282.7亿元,同比仅增长了8.92％,利润总额同比却下降了6.14％。与传统百货业的惨淡形成鲜明对比的是,中国网络零售市场呈现高速发展,据国内权威电子商务第三方研究机构中国电子商务研究中心发布的《2012年度中国电子商务市场数据监测报告》显示,截至2012年12月底,中国网络零售市场交易规模达13205亿元,同比增长64.7％[①],占社会消费品零售总额的6.3％。在这种强大的网络零售产业的冲击下,中国的传统零售业正逐渐失去其市场份额和主导地位,让位于新兴的网络零售商。为了帮助传统零售业维护在流通中的市场地位,2012年上半年,商务部在《关于"十二五"时期促进零售业发展的指导意见》中首次提出要"鼓励大型零售企业开办网上商城",于是春天百货、百盛、王府井等百货公司都在电子商务方面投入了巨额资金,然而,这些网上商城并未给百货公司带来转机和希望。"触电"并不是最合适的自我救赎之路,百货公司需要围绕顾客需求和顾客体验思考新的商业模式,重点在于调整其产品结构和服务内容,开发服务型业务,改善顾客对其供应物的全面消费体验,从而实现吸引、维护、巩固和扩大顾客群的目的。

　　中国零售业的竞争力提高需要管理者的艰辛付出,更需要管理理论的指导。在零售业内部管理方面,中国零售业的服务管理一直是薄弱领域,理论研究不足是制约因素,这需要学者和实践者的共同努力。纵观服务质量管理理论的发展历程,其在西方经过理论探索和实证研究,正日益成熟。但这些理论和观点由于成长的经济背景不同,立足的产业不同,因此在借鉴应用上需要认真考察,审慎选择。立足于我国零售业,基于对中外零售业质量差距的对比分析,本书研究和借鉴国内外质量管理理论、服务质量管理理论和全面质量管理理论的实践和理论成果,旨在探索一套

---

　　①　彭文蕊.百货业陷十年最"冷冬"拿什么提振消费信心?［N］.南方日报,2012-7-26.

适合中国零售业的全面质量管理理论和系统方法,为零售业的快速成长提供便捷有效的战略性途径。

### 1.1.1 实践背景

**1. 零售业是服务经济时代的支柱行业,具有战略地位**

服务业发展是经济社会发展的大趋势。20 世纪 60 年代初,世界主要发达国家的经济重心开始转向服务业,产业结构向"服务型经济"转型,很多发展中国家也出现了"工业化"特征减弱、"服务化"特征增强的趋势。目前,全球服务业增加值占国内生产总值比重达到 60% 以上,主要发达国家达到 70% 以上,中低收入国家也达到 43% 的平均水平。

对于中国而言,服务业发展具有特别重要的意义,是经济结构转变的必然结果,也是向集约型经济增长方式转变的要求,更是跟随世界发展主动迎接挑战的重要阵地。世界著名管理大师彼德 • 杜拉克(Peter F. Drucker)在《巨变时代的管理》(1993)一书中指出,"中国大陆可能是第一个透过服务而不是货物贸易实现与世界经济一体化的国家",而中国政府在"十一五"规划中也明确提出服务业发展要由慢转快。

零售业是国民经济的重要产业部门,是服务业中的重要支柱行业。改革开放以来,中国零售业取得了惊人的发展,无论在整体规模还是零售类型结构上,无论是在硬件设施还是服务水平方面,都发生了巨大变化。1978 年至今,中国社会消费品零售总额一直保持高速度稳定增长,2008 年全年社会消费品零售总额 108488 亿元,首次突破 10 亿大关,比上年增长 21.6%。2014 年 12 月,社会消费品零售总额 25801 亿元,同比名义增长 11.9%(扣除价格因素实际增长 11.5%,以下除特殊说明外均为名义增长)。其中,限额以上单位消费品零售额 14274 亿元,增长 9.4%。2014 年全年,社会消费品零售总额 262394 亿元,同比名义增长 12.0%,实际增长 10.9%。其中,限额以上单位消费品零售额 133179 亿元,增长 9.3%。2014 年全年,全国网上零售额 27898 亿元,同比增长 49.7%。其中,限额以上单位网上零售额 4400 亿元,增长 56.2%。按经营单位所在地分,12 月份,城镇消费品零售额 22166 亿元,同比增长 11.8%;乡村消费品零售额 3635 亿元,增长 12.4%。2014 年全年,城镇消费品零售额 226368

亿元,同比增长 11.8%;乡村消费品零售额 36027 亿元,增长12.9%。[①]

　　2. 中国零售业市场竞争激烈,单体竞争力令人担忧

　　2014 年零售业将继续保持稳定增长,但企业仍将面临增速放缓、要素成本高企、利润收窄的压力,行业整合并购加剧,市场集中度将进一步提高。同时,零售企业线上线下渠道融合发展趋势会进一步增强,无论是传统零售企业内部的网络平台与实体门店,还是电商企业与实体企业间的合作都将进一步深化。商业科技应用包括可视化管理、店面数字化、移动解决方案等将推动传统零售业加快转型变革,更大程度地提升企业信息化水平。同国外相比,我国零售业的集中程度还有很大的上升空间。以百货业为例,2010 年部分国家和地区百货业前五强市场份额分布如图 1-1所示,可看出中国百货业的市场集中度与其他国家相比是最低的。根据欧睿信息咨询公司的数据,2010 年中国百货前三强的市场份额仅为5.6%,前十大公司的市场份额仅为 13.3%,远低于欧美成熟市场的市场集中度。在法国,前三大百货公司的市场占有率为 92.5%,而韩国前三家百货公司则占据 77.5% 的市场份额。中国百货行业的市场集中度与这些国家相比差距较远。

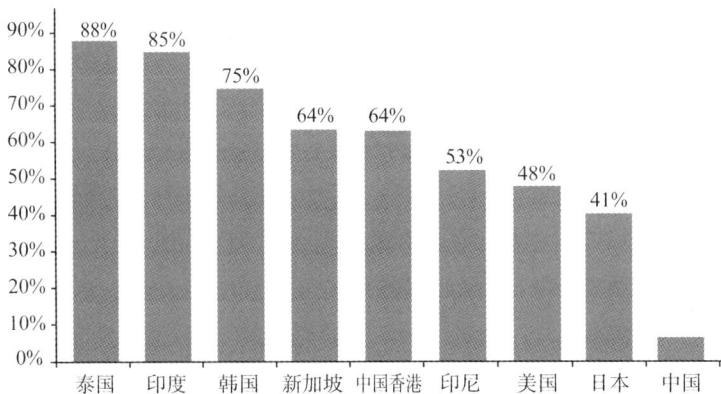

图 1-1　部分国家和地区百货零售业前五强市场份额(2010 年)

数据来源:欧睿信息咨询

---

[①]　参见《2014 年全年社会消费品零售总额同比增长》,http://www.chinairn.com/news/20150120/115406642.shtml。

中国线下零售业遭遇来自国外零售业和线上零售商的双重竞争压力，可谓是旧伤未愈又添新伤，营业额下滑和关店现象几乎成为常态。在零售市场开放当年(2004年)，全球零售企业200强中就已有12.5%的企业进入中国，全球知名的零售企业，如沃尔玛、家乐福、好又多、大润发、欧尚、易初莲花、万客隆、麦德龙、华堂、百佳、普尔斯马特等均在中国扮演重要角色。2008年，外资零售企业销售规模进一步扩大，根据中国商业联合会、中华全国商业信息中心的统计[①]，2008年我国零售百强企业中，外资企业17家，分别是华润万家、家乐福(中国)、康成投资(中国)有限公司(大润发)、沃尔玛(中国)、新世界百货、好又多、上海康诚仓储有限公司(TESCO乐购)、锦江麦德龙、卜蜂莲花、百盛、百安居(中国)、欧尚(中国)等。目前，外资发展还比不上国内企业整体规模，但外资企业坚持持续渗透战略。2015年4月，联商网发布的《2014年主要零售企业关店统计》显示，截至2014年12月31日，全国主要零售企业(百货、超市)共计关闭的201家门店，较2013年关闭的35家，同比增长高达474.29%，创历年之最。《第一财经日报》记者经多方采访获悉，由于电商的巨大冲击，2014年全国主要零售企业(百货、超市)共计关闭201家门店，创历史新高，这迫使实体业者向O2O(线上与线下合作)转型自保，然而要做到转型成功，需结合高科技卖点且能系统化地有效运作，对实体业者来说将面临不小的成本挑战。

3. 中国零售业缺乏科学的服务管理，管理效率和效益低下

线下零售业市场份额逐渐下降的原因众多。以百货业为例，这种业态的最大魅力在于种类齐全的商品，以及舒适宽敞、悠然自得的购物环境。但是，当线下超级大卖场、品牌连锁店和线上网店不断出现时，百货业品种齐全的优势逐渐被成本、便利、价格、商品独特性等劣势抵消，销售额和利润率下降成为必然。2012年我国商超行业平均租金占总经营成本的比例已高达57%，人力成本也平均上涨15%，费用增长的速度远远大于毛利率增长的速度。我国百货公司大部分是以向商户收取租金(招商)的形式来经营的，这被称之为"联营"模式。而按照发达国家百货公司的经营模式，百货公司应该将品牌进行"买断经营"，称之为"自营"。联营

---

① 王耀.中国零售业发展报告[M].北京:中国经济出版社,2009.

的好处是百货公司以二房东的形式收取租金,降低企业经营风险,缺点是对商品和品牌没有定价权和独家经营权。从消费角度来看,百货公司依靠联营模式也导致了商品和服务组合的高度雷同,于是只能依靠降低价格、牺牲利润这种低级竞争手段去争取对价格敏感、难以忠诚的消费者,显而易见,这并非理想的目标顾客群。

服务管理也是导致线下零售店衰退的关键原因之一。长期以来,中国本土零售企业忽视对服务质量的研究,不在优质服务上下功夫,过多考虑毛利率,管理粗放、过度依赖进场费,商品选择和组合非常不合理。商品过多,滞销和库存挤压严重,也影响了企业引进有潜力的新产品的速度,滋生了目前国内零售业非常普遍的采购腐败现象。由于这一系列的问题,本土零售商和外资零售企业的差距非常大,如毛利率差距很大的原因,就包括我们损耗、浪费等等。不仅如此,由于重视毛利率、收取进场费等经营观念和经营模式的普遍存在,超市不能和供货商达成真正的伙伴关系,零供关系恶化。而沃尔玛在中国很有长远的战略眼光,不急于盈利,先熟悉中国的供货商体系,后通过全球采购中心不断筛选,从而在中国形成了优秀的供应商队伍和网络。可以说,沃尔玛的竞争力在于不断提升服务价值以及整个供应链的价值,而不是简单通过门店盈利击败对手。

概括说,中国作为世界工厂,在制造业产品质量得到稳定提升的同时,零售业服务质量没有得到明显改善,甚至还存在很多不尽如人意的地方。服务质量管理方面的理论尽管在国外有了多年的发展,但在中国零售业并没有得到应有的重视,很少见到具体、成功的企业实施案例。

4. 服务管理是零售业核心竞争力的培育基点

近几年,零售企业的角色也在转变:一是零售商从商品出售者向生活方案提供者转变,针对目标顾客提供生活方式综合解决方案。二是零售商承担了很多社区功能,是社区文化的重要载体和社区交流的重要场所。两种角色的转换意味着服务功能大大增加,因此,提高零售业竞争力可以从服务管理入手,那么服务是否可以成为零售业的核心竞争力呢?

杰伊·巴尼(Jay B. Barney)的《企业资源与持续竞争优势》一书指出资源是异质的(heterogeneous)和不可转移的(imperfectly mobile),认为当企业执行某项价值创造的战略时,而现有竞争对手或潜在竞争对手无法执行,那么企业就具有竞争优势。竞争优势能否持久取决于对手复制企业竞争战略的可能性和有效性。在 1989 年和 1990 年普拉哈拉德和哈默尔两次在《哈佛商业评论》撰文探讨核心竞争力："组织中的累积性学识,特别是关于怎样协调各种生产技能和整合各种技术的学识。"指以企业的技术能力为核心,通过对战略决策、生产制造、市场营销、组织管理等的整合而获得持续竞争优势的能力,是企业在发展中建立的一种资产与知识的互补系统。当企业具有了一定核心竞争力后,具有不可模仿性、独特性,从而形成产品差异;又由于它具有高价值性、延展性,可以形成由核心竞争力所支持的系列产品[①]。而服务实际上具备了作为核心竞争力的四个特征:

(1)服务具有价值

核心竞争力应帮助企业提高顾客满意度和创造企业价值。服务创造利润,利润产生过程体现为这样的一个链条[②],如图 1-2 所示:

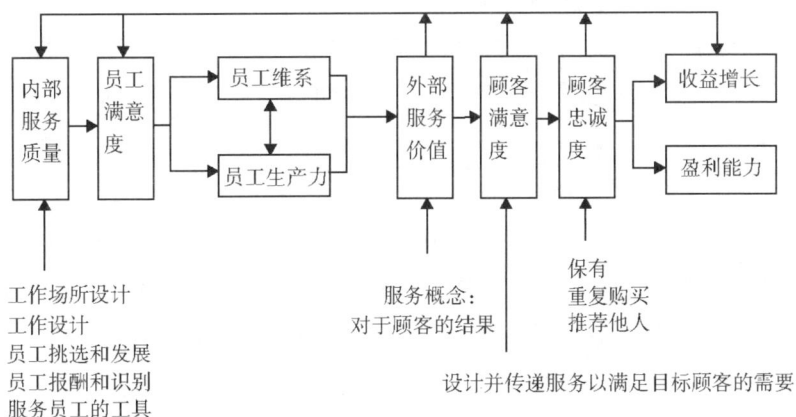

图 1-2 服务利润链

资料来源:James L. Heskett,Thomas O. Jones,Gary W. Loveman,W. Earl Sasser,Jr, and Leonard A. Schlesinger. Putting the Service-profit Chain to Work[J], *Harvard Business Review*,1994,(3-4):164-172

---

① Praharad C. K. and Gary Hamel. The Core Competence of the Corporation[J]. *Harvard Business Review*,1990,(3):79-91.

② James L. Heskett,Thomas O. Jones,Gary W. Loveman,W. Earl Sasser Jr., and Leonard A. Schlesinger. Putting the Service-profit Chain to Work[J]. *Harvard Business Review*,1994,(3-4):164-174.

现实中,麦当劳的成长秘诀在于它的核心竞争力(埃文和米切尔斯,1989),麦当劳创造的价值,如卫生清洁的环境、快速便捷的服务,正是服务本身的价值。

(2)服务具异质性

服务本身的差异化特性决定了它天然具备培育核心竞争力的条件。同一企业的不同员工很难提供完全一致的服务质量,同一员工在服务于不同顾客时传递了不同的服务,服务人员和顾客的同时参与导致了服务被感知的差异性和不稳定性。中国的海尔,一向也把优质服务作为它在竞争中的法宝,优质服务促进了实体产品的销售和全面的顾客满意。

(3)服务不能完全仿制

核心竞争力在于优势很难被复制模仿,为了阻止仿效,企业方面寻求资源的特殊性质;另一方面是运用多种战略保护有价值的资源。而服务为一种无形的很难被仿制的资源,训练有素的服务人员就是企业的独特资源,沉淀于员工身上的文化底蕴和精神信仰是独特竞争优势的来源。服务理念和服务文化、系统的教育、标准化的服务和良好的执行力都具不易模仿性[①]。

(4)服务很难被替代

核心竞争力常常受到替代的威胁。如技术优势被价格优势替代,价格优势可以被服务优势击败,优势取决于竞争者的差异化和顾客偏好。随着物质水平和生活质量的提高,顾客由生理需要过渡到高级的心理需要,以物美价廉的商品为重心的消费模式转移到以心理愉悦为重心的服务消费,体验和感受成为顾客消费的未来导向,服务优势和优质服务体现了这一消费潮流,对传统的核心竞争力具有明显的替代性,差异化的优质服务将是消费者未来的选择。

综上所述,对于以提供服务为重要特征的零售业而言,服务可以成为培育核心竞争力的基点。如美国西南航空公司在调查顾客需求基础上,调整服务包的内容,取消食品供应、对号入座和远程路线,增加航空班次、短程路线和飞机数量,提供了全国最低价的短程服务,有效地区别于竞争者,从而获得

---

① 参见《百货企业九大核心竞争力》,http://www.rdretail.com.cn/viewsnews.asp? id=3744&nsortid=6&nsortname=专题研究。

了独特的竞争力。企业正可以利用服务的差异性,提供区别于竞争者的服务,并按照顾客需求设计服务包,提升顾客满意度并创造服务价值。

## 1.1.2 理论背景

20 世纪 60 年代由西方营销学者率先展开对服务管理的研究,70 年代后人们发现服务质量有别于产品质量,对服务质量的内涵和特性的讨论逐步展开。芬兰学者 Gronroos(1982)最早提出了顾客感知服务质量的定义,后来美国学者 Parasuraman、Zeithaml 和 Berry(1991)三人组合(简称 PZB)对服务质量的定义和测量进行了进一步的解释,提出服务质量差距模型,为企业服务质量管理提供了基本的理论分析框架,奠定了服务质量评价的理论基础。

进一步地,学者对于顾客感知服务质量测量的研究取得了丰硕的成果,标志性的成果是 PZB 提出的 SERVQUAL 评价模型,SERVQUAL 量表被广泛应用到不同的服务性产业上,但褒贬不一。后来 Cronin 和 Taylor (1994)提出了"SERVPERF"度量模型。Carman(1990)提出无差异分数测量模型(NDSERQUL)。近年来,不少学者对 SERVQUAL、SERVPERF 和 NDSERQUL 测度模型进行了实证研究。我国也有学者如韦福祥(2003)将 SERVQUAL 和 SERVPERF 两种测量方法在中国的酒店业和报业进行了比较研究,对 SERVPERF 的信度、效度、跨行业的实用性进行了实证研究,发现 SERVPERF 有非常高的信度。

国际上对质量管理的理论研究已有了比较完整的体系,但是对服务质量的专门研究是 40 多年前才开始进行的。目前我国在服务质量的研究还处于引进、吸收的阶段,比较多的成果集中在服务质量概念的界定、服务质量与顾客满意度的关系、顾客满意度评价模型的介绍等方面,对于行业的指导主要是在航空业、饭店业,部分研究开始涉及银行业、电信业等服务行业,对于中国零售业的服务质量管理尚缺乏系统的研究。

竞争的加剧使得企业已经很难做到在产品上有效地区别竞争对手,越来越多的企业把目光聚焦在服务上,希望通过完善服务准确把握顾客需求,提供所需的产品和服务来提高客户满意,增进客户关系。在针对不同客群细分经营,建立优质服务体系的同时,理论和实践上均证明提供服务质量和顾客满意、顾客忠诚、企业利润之间存在正相关,因此,为了提高竞争优势,增加企业利润,做到以顾客满意为中心是可持续发展之路。如中信银行提出"用心超越期望、服务创造价值"的经营理念,正是对服务质量管理理论在实践中的灵活应用。同时,在提供优质服务的同时,由于同质化严重,迫切在理论上提供指导,服务创新仍是重要课题。服务创新不仅包括产品、服务和技术创新,也包括经营理念和经营领域的创新等。

笔者认为,零售企业必须加强理论学习和研究,并从实践上致力于为顾客提供全方位的增值服务,打造最具客户价值的企业品牌,才是企业未来发展之道。本书正是在这样的理论和实践背景下探讨了全面质量管理问题,希望能对零售企业有所帮助。

## 1.2 研究内容

### 1.2.1 研究问题

就目前的研究状况来看,针对中国零售业全面质量管理的研究成果是比较少的,甚至零售业服务质量管理的特性仍未得到清楚的界定。零售是将产品和服务出售给消费者,供其个人或家庭使用,从而增加产品和服务的价值的一种商业活动。零售商是将产品和服务出售给消费者供其个人使用的一种商业企业,是连接制造商和消费者的分销渠道中的最终业务环节活动。零售商的主要活动包括提供各种商品和服务组合、分装和保存商品、卖场销售活动、提供服务。因此,零售商提供给顾客的是具有一组利益和效用的商品和服务的混合产品包。零售业是服务业(Berry,1986)[①]。那么,零售业和其他行业的服务管理是完全一样的吗?可以借用统一的全面质量管理理论吗?哪种服务质量测量方法更适合中国零售业?零售业的服务质量如何改善?其中关键问题是先界定零售业全面质量概念的内涵,然后用系统的观点构建零售业的全面质量管理理论框架和体系,最后研究如何结合消费者的要求建立全面质量管理系统和改善途径,既要设计出系统性、前瞻型、科学性的理论体系,又要体现具

---

① Leonard L. Berry. Retail Businesses Are Services Businesses[J]. *Journal of Retailing*, 1986,62(1): 3-6.

应用性、针对性、专业性的质量管理方案,最终达到通过提高中国零售企业全面质量水平、实现改善零售业竞争力的目标。

作者认为零售业的质量管理工作是个系统工程,服务质量管理只是其中的一部分,是长期被忽视和管理薄弱的领域,树立全局的以顾客感知价值为基础的质量意识是必要的和重要的。在此基础上,本书重点探讨零售业服务质量,尝试从外部和内部、静态和动态等多重视角去理解服务质量概念性框架。进一步地,对零售业服务质量从定量角度进行评价和改善,在 RSQS 量表的基础上进行了改良,在 ZY 商业集团进行验证,探讨该企业全面质量管理中的不足和缺陷,制定相应的管理措施,优化改善服务质量。作者认为,作为服务型企业的零售业的质量管理工作能否成功,取决于四大要素并进一步进行优化:内部导向的企业文化、系统的公司品牌理念、流程型组织结构和企业公民意识。因此,该研究试图从企业管理的软件和硬件系统中寻求支撑,这是本书探讨的来自组织的支撑性因素。任何一个商业性组织都是在特定外部环境中运行的,作者认为,质量也可视为社会福利,支持和鼓励企业的质量管理工作是全社会的共同责任,本书最后部分探讨了影响全面质量的环境因素,从宏观、中观和微观层面进行了分析和建议。具体说,本书的主要研究问题是:

1. 讨论零售业的质量问题必须考虑零售业的供应物特点——商品和服务的混合包,因此既要研究商品的质量管理理论,又要研究服务的质量管理理论,建立一个适合零售业混合供应物特点的质量理论

本书首先对质量管理、服务质量研究和顾客价值的文献进行了回顾。质量管理是随制造业发展而相对成熟的理论,零售业所提供的商品质量管理需要借鉴这些理论。同时,商品质量管理不能解决零售业质量管理方面的全部问题。服务质量管理是在对服务业的研究基础上提出的理论,适合零售业中的服务管理。尽管零售业的供应物是商品和服务的混合包,但质量管理方面不能是商品质量理论和服务质量理论的简单叠加,因为商品和服务不是各自独立地向顾客转移的过程,那么二者管理的共同目标是什么呢?如何协同管理?本问题的解决需要对相关文献进行系统梳理,并在梳理中给予评述和提炼,以此作为后续研究的基础。

2. 对零售业的服务质量管理展开研究

服务质量管理一直是服务领域中的复杂和热点问题,观点众多。于是作者首先对服务质量的概念化模型进行了追踪评述。本部分尝试从内外部服务质量结合的角度来剖析服务质量的构成和形成过程,对零售业服务质量进行系统的理论分析和定性研究,希望能构建一套科学而专业的零售业服务质量理论。

3. 寻找适合零售业全面质量管理理论的模型

探索最适合零售业服务质量测量的量表,并在 XY 商业集团进行实证研究,检验其信度和效度,对其进行修正。

4. 对支持零售业全面质量管理的组织因素和环境因素进行优化研究

零售业属于服务型组织,其组织文化、公司品牌和企业公民意识对有重要影响,因为公司内外部沟通的效果影响了顾客服务期望和顾客体验,进而也影响到服务质量评价。由于服务生产和消费的不可分离性,服务型企业的组织结构也应不同于制造业。这些都是本书欲研究的影响零售业全面质量管理的组织因素。环境因素可以从宏观、中观和微观三个层面上去理解,引导顾客认识到全面质量建设是全民工程,需要公众、行业和政府等全社会的共同努力。

### 1.2.2 研究意义

零售业全面质量管理的提升是亟待解决的重要问题。质量管理不仅是商品管理的核心问题,也是服务管理的核心问题。在质量认识上,以生产经理确定质量标准的传统观念正被以顾客为导向的新规则所替代,以顾客满意为宗旨的现代质量观念正在逐步确立,越来越多的零售企业也意识到光凭价格难以创造持久竞争优势,质量竞争成为企业竞争的主战场。但是,总体来看,我国零售业的服务质量管理水平普遍较低,与国际零售巨头存在相当大的差距。比如,我国零售企业内部对服务质量观念的理解受制于商品质量观念,狭隘落后;缺乏对顾客需求和期望的重视和研究;广告宣传和服务承诺过多导致顾客意见大;不能认识到顾客投诉的积极方面,只消极应对,不做深入分析和改进;等等。不仅实践中我国零售业的服务质量管理水平低,而且由于理论研究上的不足,也使得服务质量管理工作由于缺乏指导而显得较为盲目。

本书拟构建全面系统的零售企业全面质量管理理论框架,建立全面质量管理系统和优化途径,为零售业全面质量管理提供综合解决方案。本书拟把服务质量管理在行业上的研究向前推进一步,成为服务管理理论的有益补充,同时为零售企业提供决策参考和理论支持。理论的价值在于应用,本书希望帮助中国零售企业改善服务管理工作,推动中国零售企业服务质量的改善和竞争力的提高,打造中国零售业的"沃尔玛"。

1. 结合零售业混合服务包的行业特点构建零售业全面质量理论框架,避免陷入套用商品质量理论或夸大服务质量理论的误区

零售业的供应物是有关商品和服务组合的混合物,在质量认识上树立全面质量管理理念,既要关注商品质量管理,也要重视服务质量管理,二者管理的最终目的归于对顾客价值的管理,即扩大和增加顾客价值,基于顾客价值的零售业全面质量理论框架在国内零售业研究领域具创新性,为后续的零售业质量研究和管理工作奠定了一定基础。

2. 在整合各种服务质量理论和模型的基础上,提出了内外部服务质量相结合、过程质量和结果质量相结合的多重管理视角

由于零售业的服务特性,内部服务质量是外部服务质量的前提和保证。外部服务质量的管理既有过程的管理,也有结果的管理,体现了动态管理和静态管理并重的观点。多重管理视角的服务质量意识强调零售业要加强流程管理和细节管理,重视员工管理和顾客管理,为服务业的质量管理工作提供了较系统全面的理论指导。

3. 对学者开发的零售业服务质量测量工具进行了本土化的验证和分析

对其量表进行了修正,为零售业的服务质量评价和改进提供了科学依据,实现了理论和实践的结合,有较高的实践操作性和行业应用价值,对改善本土零售业的服务竞争力具重大现实意义。

总之,本书进行的零售业全面质量管理研究具有多方面的创新之处,不仅对零售业管理理论的丰富有所裨益,而且对零售企业的实践具有重要的指导意义。

### 1.2.3 研究方法

本书运用了比较研究法、结构模型分析、文献研究法、案例研究法等多种研究方法,做到定量研究与定性研究相结合。本书对于服务质量管理中可能存在的诸多影响因素采用定量的方式进行研究,对全面质量管理中人力资源、组织机制、企业文化和政策措施等软性条件因素采用定性的方法进行研究;对于服务质量测量和评价采用定量分析方法,对于全面质量的优化工具及主要内容的分析采用定性分析方法;对于理论模型运用了文献研究方法,对于测量方式则采用了实证研究方法。其中,结构模型分析方法在第七章做专门介绍,其他方法简介如下:

#### 1. 比较研究法

比较研究法是人们根据一定的标准或以往的经验把彼此有某种联系的事物同异关系加以对照,从而揭示事物本质的思维过程和方法。通过对事物进行分类,确定异同,得出事物的内在联系,从而认清本质。本书在中外零售业对比研究中运用到了定性分析比较与定量分析比较的方法。定性分析比较,是通过事物间本质属性的比较来确定性质。定量分析比较是对事物属性进行量的分析以判断其发展变化。对某个复杂问题进行探讨时,往往要采用多种比较方法,从而在整体上全面认识研究对象。本书通过中外零售企业实力、规模、管理等方面差距的比较,探索中国零售企业未来的发展之路。

#### 2. 文献研究法

文献研究法包括历史文献研究、统计文献研究和文献内容分析等,是通过查阅文献来获得资料,了解所要研究的问题,找出事物的本质,从中发现问题的一种研究方法。如本书的质量理论部分就需要大量借鉴文献成果,帮助我们了解有关该问题的历史和现状,总结前人的经验和贡献,发现研究中的不足和缺陷,从而为我们确定要研究的主题——零售业全面质量研究提供参考。

#### 3. 案例研究法

案例研究(Case Study)是一个叙述性报告,是对人、群体或组织的经历进行深入调查。它以某些理论框架,或起码以某些假设或某些理论倾向为起点,进而对数据进行分析。案例研究要处理的现象常常具有很多变量,而且需要研究者对来自多种来源的证据做三角互证①。案例研究要确定进行单一案例研究还是多个案例研究。如果案例是测试某一理论的关键性个案,代表了一个独特的情况,可用来证实、挑战或扩展理论,可采用单一案例研究。本书中重点对 XY 商业集团这个商业零售业进行了单一案例研究。

### 1.2.4　创新点

1. 提出并阐述了基于顾客价值的零售业全面质量管理概念和理论框架

零售业的质量管理是包含商品质量管理和服务质量管理的系统工程,管理的目标是扩大顾客价值,建立竞争优势,只管理好商品质量或者服务质量是片面的、不够的,而服务质量管理又不同于商品质量管理,是实践和理论中的薄弱环节,需要更多关注和研究。全面质量管理的提出对重塑零售业管理者的工作思维非常必要,零售业服务管理中的顾客价值和全面质量管理的结合,也体现了营销理论和管理实践的联合,有重要的实践指导价值。

2. 强调从内部服务质量和外部服务质量、过程质量和结果质量等多重视角对零售业服务质量进行综合管理,该观点是对各种服务质量理论和模型的整合和创新

本书认为,内部服务质量与外部服务质量相辅相成、相互影响,二者的完美结合才能创造稳定的、高水平的服务质量;过程质量是有关外部服务质量的动态管理和流程管理,结果质量是外部服务质量的静态管理和瞬间管理。多重管理视角指出零售业要加强流程管理和细节管理,员工管理和顾客管理需同步进行和同举并重,为服务业的质量管理工作提供了较系统全面的理论指导。

---

　　① 三角互证是指为了保证研究效度,根据多种资料来源或多种资料收集方法的一致性,来评估资料真实性的方法。从根本上说,它通过比较不同来源的信息,以确定它们是否相互证实。它是一种在共同发现或概念上寻求信息会聚的方法。

3. 对学者开发的零售业服务质量测量工具(RSQS)进行了本土化的改造和验证,为零售业的服务质量评价和改进提供了科学依据,实现了国外理论和中国实践的有机结合

RSQS尽管是零售业服务质量测量的专业量表,但通过文献研究发现,该量表在美国零售环境中有很好的信度和效度,而在其他国家也存在某些维度失效的现象。作者认为在量表开发方面,国别和文化是不可忽视的影响因素,因此不能生搬硬套国外量表,必须进行验证和修正方可使用。本书所改良的量表有较高的实践操作性和行业应用价值,对评价和改善本土零售业的服务质量工作具有现实意义。

4. 探讨了零售业全面质量管理的组织环境因素及其优化,创造性地提出四大支撑性要素:内部营销导向型企业文化、系统的公司品牌理念、流程型组织结构和社会公民意识

零售业全面质量离不开员工的高度参与,所以建立内部营销导向型企业文化可以保证由内而外地、高质量地传递全面质量。公司品牌的作用有两点,对内凝聚员工士气,对外提升公司形象,因此,良好的公司品牌会培育出员工与顾客的双重忠诚度。流程型组织结构是围绕业务流程而设计的组织结构,可以更好地体现顾客需要的服务流程,改善服务传递效率和顾客满意度。增强社会公民意识、履行企业社会责任不仅可以取信于民,而且能增强员工的自豪感和归属感。

5. 研究了零售业全面质量管理的社会环境因素,呼吁全社会对零售业质量工程的参与和努力,涵盖了微观、中观和宏观三个层面

从微观的消费者层面,需要建立一种零售业和顾客间的合作与尊重的关系;从中观的行业层面,发挥行业协会的作用,规范和协调零售业的全面质量管理;从宏观的政府层面,通过完善立法和政策,调控和引导零售业全面质量管理。

总之,本书从诸多方面进行理论和实践的新探索,希望对推动零售业服务管理理论和行业发展有所帮助。

## 1.3　研究结构

本书的研究逻辑为：提出问题—分析问题—解决方案—验证方案—主要结论，它和内容安排的关系如图 1-3 所示。

第一章为绪论。作者在分析国内外零售业实践背景的前提下，展现了零售业质量管理的重要性和必要性。结合营销领域和服务领域的理论研究背景提出了本书的研究主题—零售业全面质量研究，界定了研究问题的范围，阐述了研究意义、研究方法和创新点，最后介绍了本书的研究框架和研究逻辑。

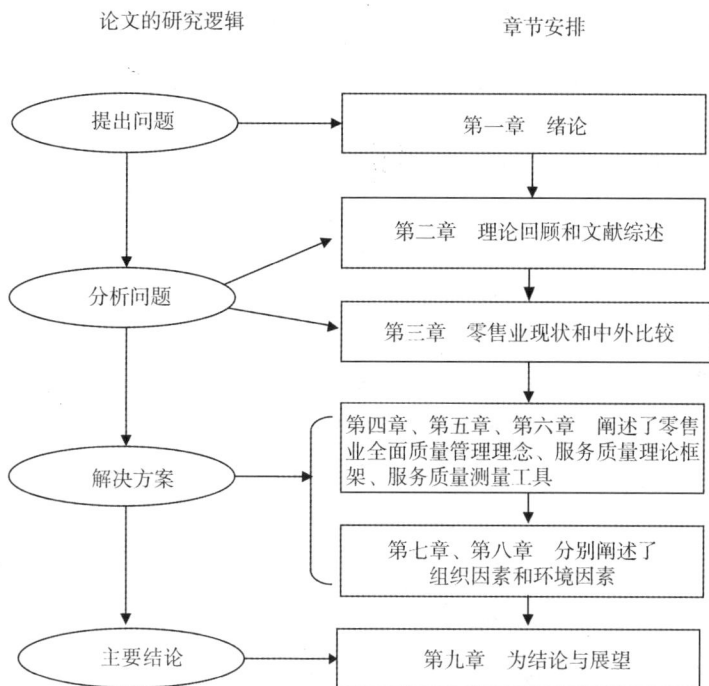

论文的研究逻辑　　　　　　　　　章节安排

```
┌──────────┐        ┌──────────────────────┐
│  提出问题  │───────▶│   第一章   绪论         │
└──────────┘        └──────────────────────┘

                    ┌──────────────────────┐
                    │ 第二章  理论回顾和文献综述 │
                    └──────────────────────┘
┌──────────┐
│  分析问题  │
└──────────┘        ┌──────────────────────┐
                    │ 第三章  零售业现状和中外比较 │
                    └──────────────────────┘

                    ┌──────────────────────┐
                    │ 第四章、第五章、第六章  阐述了零售 │
                    │ 业全面质量管理理念、服务质量理论框 │
┌──────────┐        │ 架、服务质量测量工具         │
│  解决方案  │        └──────────────────────┘
└──────────┘        ┌──────────────────────┐
                    │ 第七章、第八章  分别阐述了     │
                    │ 组织因素和环境因素          │
                    └──────────────────────┘

┌──────────┐        ┌──────────────────────┐
│  主要结论  │───────▶│  第九章   为结论与展望      │
└──────────┘        └──────────────────────┘
```

图 1-3　本书的框架结构

第二章为理论回顾和文献综述。本章对相关的零售业质量研究文献做了追踪、概括和评述，具体来说包括三部分：一是质量研究，对质量定义、质量观点、质量发展阶段做了总结归纳；二是服务质量研究，包括其研究阶段、定义内涵、概念模型和测量方法；三是零售业质量研究，对国内外的文献做了系统全面的梳理，提出了本书的目标和意义。尤其在零售业服务质量的测量方面，国内尚处于起步阶段，对其研究还需要进一步规范。既不能完全凭自己的喜好，主观的设置测量指标，也不能全盘照搬国外服务质量测量研究的成果，把国外的测量量表或工具直接翻译，然后不加辨别的应用于自己的测量研究。无论 SERVQUAL 还是 RSQS 都有各自的优缺点，目前还不能找到一种完全适合我国零售业服务质量的测量方法，因此有必要结合我国的实际情况继续开发新的零售服务质量测量方法。

第三章为零售业现状和中外比较。本章先从国际市场和国内市场中，比较中外零售业销售收入、企业规模和扩张速度的差距，并分析导致差距形成的若干管理原因，如规模采购、业态定位、价格策略、信息技术、外企本土化战略和服务管理水平等。本书对服务管理方面的原因做深度探讨，既涉及服务产出的定性结果——顾客满意程度的差距，也探讨了服务产出的定量结果——经济效益水平的差距。本章由表及里地揭示出中外零售业在服务管理水平上的差距，提出对零售业的服务特性关注的必要性和重要性，提出了本书拟对全面质量管理，尤其是服务质量管理进行研究的明确方向。

第四章为基于顾客价值的全面质量管理。零售业的供应物是有关商品和服务的混合包，因此，商品质量管理和服务质量管理是同等重要的、相互补充的两个构成成分，树立全局的以顾客感知价值为基础的全面质量管理意识是必要的和重要的。本章从顾客价值的角度思考了零售业的全面质量管理的内涵，提出零售业的价值链是共同创造商品价值和服务价值的复合价值链。其中商品和服务的价值创造过程不同，各自包含不同的环节，但二者管理的共同目标是扩大产品包所包含的顾客感知价值。在零售业的复合价值链的基础上，进一步探讨零售业的全面质量管理的内涵。商品质量是服务质量的前提和保证，没有商品质量的基本保证，零售业的服务质量工作将成为无源之水，无本之木；服务质量对于全面质量管理工作而言，是商品质量的锦上添花和画龙点睛之作，是创造附加价值的主要领域。商品质量是零售业的生命线，服务质量则是零售业的竞争优势。本章最终勾画出以顾客价值为基础的零售业复合价值链，形成有行业特色的全面质量管理的理论框架。

第五章为内部服务质量与外部服务质量。根据服务利润链原理,服务质量和服务利润一样,是由内而外逐级生成的。因此,首先要做好内部服务质量的管理,内部服务质量简言之就是公司服务于员工的质量,是有关员工满意度管理的问题;外部服务质量是公司和员工服务于外部顾客的质量,是有关顾客的满意度管理问题。在内部服务质量管理方面要重视内部营销思想和相关工作的落实,把员工当顾客来管理,具体来说包括五步骤:开展内部市场调研、细分内部市场、制定内部营销组合、执行和控制。在外部服务质量研究方面,成果较多,但主要从过程质量(如差距模型)和结果质量方面(如 RSQS 量表)开展工作。在本书中,外部服务的过程质量管理借鉴了差距模型(gaps-model)进行了探讨,建议通过减少前 4 个差距最终降低第五个差距,即服务期望与服务体验的差距。在结果质量管理方面,借鉴了 RSQS 量表提出了改善质量的措施,具体说包括实体方面、可靠性、人员互动、问题解决与政策五个方面。此外,本书认为员工买入和雇主品牌化是做好内、外部服务质量管理的重要理念和管理措施。

第六章为零售业服务质量感知影响因素的实证研究。本章主要讨论零售业服务质量量表的开发,将在 Dabholkar 研究的基础上,整合实体性、可靠性、人员互动、公司政策以及公司品牌的相关研究,形成了本书的研究假设和目的,构建新的概念化模型,确定影响零售业服务质量维度的前因变量。采用了结构方程模型、相关量表的借鉴以及数据分析程序与方法,确定了正式调查问卷,之后对调查结果综合运用了 SPSS11.5 和 LISREL8.51 等统计软件进行数据分析,对 RSQS(Retailer Service Quality Scales)的改进模型和检验理论假设进行了验证和评价,通过内容分析和结构方程模型(SEM)方法分析零售企业服务质量维度在中国的应用情况,发现其中的内在逻辑关系,对相关变量在中国文化背景下的适用性和局限性进行了研究,最终期望能得出具有中国文化背景和行业特色的经改良的服务质量量表,进而实现对中国零售企业提供理论指导的研究目的。

第七章为提升全面质量的内部组织要素。按照服务管理三角形理论,零售业服务质量的管理工作不仅是营销部门的工作,还需要人力资源部和运营部的协同配合。因此遵循系统观点,需要从组织环境的整体建设中培育良好的全面质量水平。本章总结出四个值得关注的组织因素：企业文化、公司品牌、组织结构和社会公民意识。服务企业文化和生产企业文化不同，构建"人性化"的内部营销导向型的服务企业文化是必要的，可以从核心价值观和内部管理制度上去落实。公司品牌是适合服务型企业的首选品牌战略，英国零售业的品牌战略演变也证实了零售业也不例外，可从公司品牌内部化和外部化两部分去创建零售业公司品牌，提升雇主品牌形象和员工归属感。零售业还需通过构建流程型的组织结构保障服务质量，该组织结构应具有顾客导向、以流程为中心、扁平化、组织边界动态化、整合性等特点，是零售业应对动荡环境的重要变革举措。最后，零售企业还需强化社会公民意识，履行和落实企业社会责任。通过组织环境中的相关部门的支持和配合，将更好地保障零售业全面质量水平。

第八章为提升全面质量的外部环境力量。零售业全面质量的改善主要靠零售业本身的努力，但这是不够的。环境因素会影响顾客对零售业服务质量的公正评价。服务质量是顾客感知的服务质量，是主观评价和判断，缺乏客观的标准，因此需要全社会加强对服务业的特殊性的了解，比较公正地、实事求是地进行评价和判断。本章提出三个建议：从微观的企业和消费者层面，一是要重视对零售业社会公民意识的培养和引导，二是需要建立一种零售业和顾客间的合作与尊重的关系；从中观的行业层面，鼓励行业自律、有序竞争，发挥行业协会在行业自律、整合资源、营造诚信环境等方面的作用，做好商品供应、信息服务和政策引导，帮助零售企业解决实际困难，促进和协调零售业健康发展；从宏观的政府层面，通过完善立法和政策，调控和引导零售业服务质量。总之，建立竞争有序、集中有度的现代零售业市场体系，提高中国零售业整体服务质量水平，需要消费者、零售企业、行业协会以及政府等多方面的共同努力最终才能够实现。

第九章为结论与展望。本书论述了具有行业特色的零售业全面质量管理体系，较早提出了零售业复合价值链和全面质量管理的学术观点，对零售业组织环境要素和外部环境力量分别做了探讨分析，这些研究观点和视角来源于作者长期对零售业的关注和思考。由于能力的局限性，提出的观点或许尚需继续推敲，期待更多的后续研究进行完善和深化。

# 第二章

# 理论回顾和文献综述

本章主要在对相关零售业服务质量文献做追踪、概括的基础上,对国内外的文献做了系统全面的梳理,具体来说包括三部分:一是对质量概念的界定,包括质量的内涵、有关质量的不同观点、质量的发展阶段等;二是对服务质量的研究,包括服务质量的内涵、概念模型、评价和测量方法等;三是国内外零售业服务质量的研究现状与综述。

## 2.1 质量研究

### 2.1.1 质量的内涵

关于质量的内涵,不同的学者众说纷纭。国外学者对质量内涵的界定主要集中在两点:一是质量强调首先应该满足顾客的某种需要从而达到顾客的满意度;二是质量意味着不存在重大差错,即没有出现需要重复工作或可能导致顾客不满及投诉等现象。美国国家标准研究所(ANSI)和美国质量学会(ASQ)将质量定义为"一个产品或服务的特色或品质的总和,这些特色或品质将影响产品去满足顾客各种需求的能力";ISO 9000 将质量定义为"一组固有特性满足需求的程度";约瑟夫·M.朱兰从质量职能的角度出发,强调质量的适用性,而适用性由产品的特性决定,并被顾客认可为有用,如面包的新鲜度、广播的清晰度等。Philip Crosby 则认为必须有专门的术语来定义质量,只有所有标准都被定义和衡量,质量的衡量才有意义,才可以控制产品或服务达到规定的要求。

我国学者马洪和孙尚清(1991)在《现代管理百科全书》中指出:"要给质量下一个公认的、唯一的定义是不可能的,原因在于,同一个词,在不同的场合下,其意义差别很大。"汪纯孝(1996)等认为,虽然有关质量的定义很多,但概述起来主要体现在两点:一是符合规格,二是符合期望。符合规格的定义的优点体现在:操作简便灵活、成本较低、生产率较高,但前提是要明确理解顾客的需求;缺点是不同的顾客对不同规格甚至同一规格的消费品质量的评价不一致,主要适用于大规模生产阶段。符合期望的定义密切关注了外部的因素和市场动向的等一些不易量化的因素;缺点是很难找到一个都通用的、统一的质量标准,因此符合期望的定义更适合于当前的形势。

综合有关文献,可以将质量分为四种具有代表性的观点:

第一种观点是"卓越的质量观点"。这种观点认为人们不能直接定义质量,管理者或顾客只是在产品使用效果不理想时才会了解和识别质量,这是一种相对质量的观点。第二种观点是"基于产品的质量观点"。这种观点认为质量是可测的,任何产品都可以给出一个客观的质量标准。这种标准反映了产品所拥有的某种成分或特征的数量差异。第三种观点是"基于用户的质量观点"。该观点强调质量的适用性,从单个顾客的需求满意度来定义质量,将质量等同于顾客的最大满意度。第四种观点是"基于价值的质量观点"。这种观点平衡了绩效或对规范的遵从与价格之间的相关性,将质量定义为"承受得起的卓越"。

上述四种不同的质量观点代表了企业中不同部门对质量的认识,有助于解决不同部门之间关于质量问题的矛盾与冲突。服务质量是在质量研究的大背景下分化出来的,实践中企业可以结合企业运作状态的变化及时地转变质量观点,全面科学地理解质量对探索服务质量理论大有裨益。

### 2.1.2 质量发展的阶段

按照质量发展的特点,可以将质量大致分为四个发展阶段:

#### 1. 质量检验阶段

这一阶段主要起源于 20 世纪 20 年代泰勒(F. W. Taylor)提出的科学管理思想。基于科学分工基础之上,在计划职能和执行职能之间增加质量检验环节,专职负责监督、检查对计划、产品设计、质量标准等过程的贯彻执行。实践证明质量检测对于保证产品质量有着极其显著的作用,但其缺陷也是显而易见的。质量检验主要采用"事后把关"的方式,缺乏事前预防和事中控制的作用;同时这种检测要求对所有产品进行检测,在小规模生产阶段具有一定的优势,但不适用于大批量生产阶段。

#### 2. 统计质量控制阶段

随着生产的不断发展,"质量检验"阶段的种种缺陷随之凸显。第二次世界大战期间,为满足军工生产的需要,美国政府要求在交货检验中采用抽样检查方法,并为此专门制订了一系列标准,开始了统计质量控制阶段。这种方法大大简化了质量检测工作,提高了工作效率,被广泛应用到其他行业和国家,但由于数理统计的艰深和晦涩极大地限制了该方法的进一步推广。

#### 3. 全面质量管理阶段

20 世纪 50 年代以来,学者们较多运用"系统工程"的理念综合分析质量问题。费根堡姆(1961)首次提出了全面质量管理(Total Quality Control,TQC)的概念,认为质量不仅仅是公司质检人员的责任,也是全体人员的责任;同时质量管理不能仅局限于制造过程,而应将质量管理应用于产品生产的全过程。自此以后,质量管理进入新的阶段,全面质量管理的思想逐步在全球范围内广泛传播。

#### 4. 社会质量管理阶段

朱兰认为质量管理将不断受到自然、政治、经济、科技、文化的制约,21 世纪将是质量的世纪,"社会质量管理(Social Quality

Management,SQM)"的理念应运而生。宗蕴璋(2008)认为质量将逐渐成为一种文化,而服务质量将随着服务经济和服务产业的扩大而在质量管理工作中占据越来越重要的地位,同时服务也将体现模块化、社会化、公共化、国际化的特点,成为组织、行业乃至国家的一种核心资产、资源和竞争力。

## 2.2　服务质量研究

### 2.2.1　服务质量的内涵及其研究发展阶段

#### 1. 服务质量的内涵

关于服务质量的内涵,现在主要有以下三种观点:

第一种观点认为服务质量产生于顾客对在接受服务之前的服务预期与服务传递系统实际运作之间的比较。接受服务之前的预期主要来源于对某种服务的宣传、前期的亲身体验及其他服务享用者传递的信息。服务传递系统的实际运作水平既取决于可以公司可控制的内外因素,也会受到一些不可控制因素的影响,具有一定的不确定性。

第二种观点认为服务质量表现为一方面要满足外部服务标准和成本,既满足顾客的期望值,另一方面要满足内部服务标准和成本,即要提供"卓越的顾客服务和质量水平",这一观点主要将重点放在"顾客""服务""质量"和"水平"四个指标上。

第三种观点主要是对感知服务质量的理解。主要根据服务组织可能存在的缺陷以及由此可能导致顾客产生的期望服务和感知服务之间的差距,通过对其差距进行分析,得出企业提供的服务于顾客期望值之间差异产生的原因,探讨顾客对其服务质量的评价。

通过上述对服务质量不同观点的分析,我们可以得出服务质量具有以下几个特点:一是服务质量是顾客感知质量;二是企业提供的服务和顾客之间存在一种互动关系;三是顾客是服务质量的享用者,他同提供服务人员一样对服务质量具有重要的影响。

24

2. 服务质量研究的发展阶段

随着服务营销和管理的不断发展，人们逐渐加强了对服务质量的关注。对其进行了大量的、有价值的研究。我们可以大致将其划分为 3 个阶段：

(1) 第一阶段(1980—1985)：起步阶段

这一阶段主要界定了服务管理和服务质量管理中的一些基本概念，例如顾客感知服务质量。这一阶段具有代表性的人物是北欧学派代表人克里斯丁·格罗鲁斯。虽然这些基本概念的提出为后来进一步对服务质量的研究打下了坚实的理论基础，但这个阶段的研究大多局限于对单个概念的研究，所设计的大多是静态模型而非动态模型，缺乏一定的实践性。

(2) 第二阶段(1985—1992)：发展阶段

这一阶段主要是在第一阶段研究的基础上进一步深化了对服务质量的研究，主要表现在两个方面：一是深化了对服务质量构成要素的研究，如顾客感知服务质量度量要素的选择，具有代表性的是 PZB 组合将服务质量划分为恰当服务和理想服务，为以后"容忍区间"概念及其差距模型(gaps-model)的提出奠定了理论基础。另一方面开始注重对感知服务质量的度量研究，如 PZB 组合通过实证研究提出了影响服务质量度量的五个要素，即有形性、可靠性、安全性、响应性、移情性，并提出了SERVQUAL 量表。

(3) 第三阶段(1992 至今)：深入阶段

这一阶段对服务质量的研究呈现出明显的深入性、系统性和整合性的特点，设计的模型也由单纯的静态模型向动态化方向发展。海斯凯特(Heskett,1994)建立了"服务利润链"式结构。李亚德尔(Veroniea Liljander,1995)和斯特拉迪维克(Strandvik,1995)通过对顾客感知服务质量、顾客感知价值、顾客满意、顾客忠诚和企业竞争力这些要素之间的关系研究提出了"关系模型"(relationship model)。鲁斯特(2001)首次对服务质量与服务效益关系方面进行了开拓性探讨，指出在服务管理过程中既要追求服务质量，又要重视服务质量与成本关系。约翰逊(2001)倡导的美国消费者满意度指数(ACSI)对于推进累积性顾客满意的研究起到了非常重要的作用,为以后对顾客感知服务质量的度量做出了重大的贡献。

国内学者对服务质量的研究主要集中在不同行业中各种服务质量关键指标的建立以及服务质量评价方法的具体应用。汪纯孝[1]等人(2001)通过对服务性行业中服务质量与顾客满意度以及行为意向关系的研究指出无形服务的质量对满意程度有更大的影响。王建军[2](2001)在分析服务性行业的顾客满意机理时采用了服务质量差距概念模型,指出应整合服务组织的顾客满意。张婷和吴先锋[3](2005)研究了利用差距模型提高电信企业的服务质量方法。韩明亮[4](2005)、沙永全[5](2005)等先后对航空公司服务质量进行了实证研究,并对影响服务质量的重要因素进行了探究。到目前为止,我国学者的研究涉及多个服务领域,也采用多种不同的方法研究服务质量,但这些研究大多数停留在对已有理论的实证检验上,缺乏对理论的进一步创新和不断发展。

### 2.2.2 服务质量的模型构建

20 世纪 80 年代初,北欧著名的芬兰学者 Gronroos(1982)根据认知心理学的基本理论,提出了顾客感知服务质量模型(如图 2-1 所示)。这个服务质量结构模型是里程碑式的研究成果,之后的关于服务质量模型大多是它的演变形式。他认为服务质量是一个主观范畴,主要取决于顾客对服务质量的期望(即期望服务质量)同其实际感知的服务水平(即体验的服务质量)的对比。他把服务质量分为两类:一类是服务过程的产出,即顾客在享受服务过程中所得到的东西,称为"技术质量";一类是顾客如何得到这种服务的,称为"功能质量";同时在模型中提出了一些影响

---

① 汪纯孝,温碧燕,姜彩芬.服务质量、消费价值、旅客满意感与行为意向[J].南开管理评论,2001(4):11—15.

② 王建军.基于服务质量的用户满意研究[J].青海社会科学,2001(2):36—40.

③ 张婷,吴先锋.利用服务质量差距模型提高电信企业服务营销质量[J].价值工程,2005(7):53—57.

④ 韩明亮,张娟,李琪.航空公司旅客服务质量实证研究[J].中国民航学院学报,2005(1):29—32.

⑤ 沙永全.航空公司服务质量问题的成因分析[J].世界标准化与质量管理,2005(7):34—36.

服务质量的因素。如在服务预期方面,营销双方的沟通,企业或是营销者的形象、口碑和不同消费者的各种需求会产生影响;而在顾客的服务经历方面,企业形象是最重要的影响因素。不同的顾客、不同的服务对感知服务质量的影响也是不同的,因此可以将所有质量要素分为两类:一类是质量保健要素(hygiene factors),另一类是质量促进要素(quality enhancing factors)[①]。前者指有些质量要素对于特定的服务来说是必需的,但这些质量要素的改进并无助于顾客感知质量的提高,如服务质量的可靠性、效用、能力等。后者指那些对顾客感知服务质量存在正相关影响作用的要素,即服务绩效提高,顾客感知服务质量也同时提高,友善、关心、洁净、可获得性等。

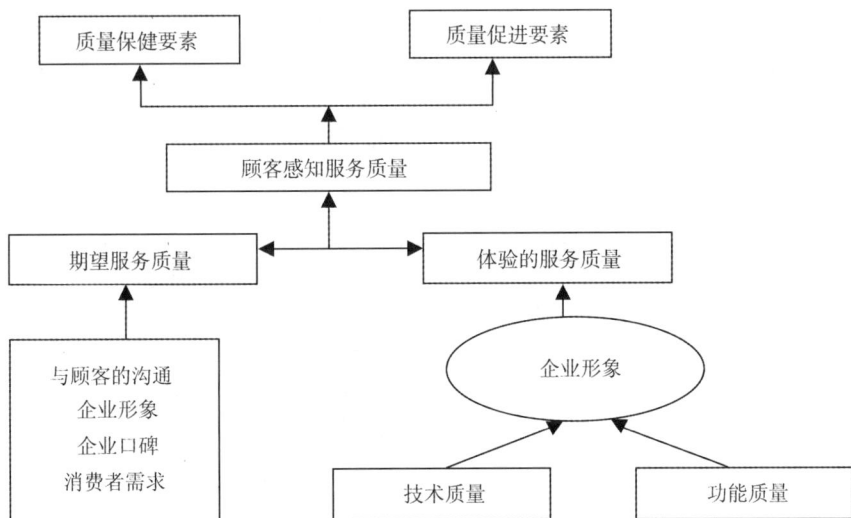

图 2-1　顾客感知服务质量模型(Gronroos,1982)

资料来源:(芬)克里斯廷·格罗鲁斯. 服务管理与营销:服务竞争中的顾客管理(第3版)[M]. 北京:电子工业出版社,2008 年

Lehtinen(1982)年对质量进一步分析产出质量和过程质量概念,Lehtinen 和 Lehtinen(1982)把服务质量又细分为实体质量、相互作用质量和公司质量。实体质量主要指支持产品本身和整个服务过程中的实

---

① (芬)克里斯廷·格罗鲁斯.服务管理与营销:服务竞争中的顾客管理(第3版)[M]. 北京:电子工业出版社,2008.

体,包括产品本身和整个服务过程中的实物质量;相互作用是指质量享有者与质量提供者的接触过程,而公司质量是指公司形象质量,主要包括设计质量、生产质量、传递质量和关系质量的四个组成部分,构成了服务质量模型。后来在1991年对这一模型进行了修正,将服务质量划分为设计质量、生产质量、过程质量和产出质量四大要素。

美国营销领域的学者对服务质量问题研究中最具代表性的成果是由PZB(A. Parasuraman,Valarie A. Zeithaml,Leonard L. Berry)三人于1985提出的差距模型,这一模型发展和完善了Gronroos的顾客感知服务质量,认为服务质量就是顾客期望和顾客体验的差距[①]。

关于服务质量模型,Olsen(1992)又提出了包括设计质量、生产质量和过程质量三个要素的质量模型。Rust和Oliver(1994)提出"服务产品、服务传递和服务环境"三成分模型,尽管这一模型未被定量验证,但在银行和保健行业发现相似模型。有关服务质量模型研究工作的基本观点汇总见表2-1。

表 2-1　服务质量模型的维度研究

| 作者 | 发表年份 | 服务质量的维度 |
| --- | --- | --- |
| Gronroos | 1982 | 技术质量(服务的结果),功能质量(服务的过程) |
| Lehtinen | 1982 | 产出质量,过程质量 |
| Lehtinen,Lehtinen | 1982 | 实体质量,相互作用质量,公司质量 |
| Parasuraman, Zeithaml, Berry | 1985 | 可靠性、响应性、能力、可接近性、礼貌、沟通、可信度、安全性、理解、有形性 |
| Parasuraman, Zeithaml, Berry | 1988 | 有形性,可靠性,响应性,保证性,移情性 |
| Gummesson | 1988 | 设计质量,生产质量,传递质量,关系质量 |
| Johnston, Lyth | 1989 | 保健要素,促进要素 |
| Edvardsson | 1989 | 技术质量,整合质量,功能质量,产出质量 |
| Lehtinen | 1991 | 物理质量,公司质量,过程质量 |

① A. Parasuraman,Valarie A. Zeithaml,Leonard L. Berry. A Conceptual Model of Service Quality and Its Implications for Future Research[J]. *Journal of Marketing*,1985,49:41−50.

| 作者 | 发表年份 | 服务质量的维度 |
|---|---|---|
| Olsen | 1992 | 设计质量,生产质量,过程质量 |
| Rust,Oliver | 1994 | 服务产品,服务传递,服务环境 |
| Brady,Cronin | 2001 | 过程质量,物理环境质量,结果质量 |

资料来源:作者整理

Carman(1999)发现服务质量评价是个极为复杂的过程,可以被看成是对几个等级的提炼过程。Meuter,Ostrom,Roundtree 和 Bitner (2000)也赞同这种观点以反映结构的复杂性和层次性属性。Brady 和 Cronin, Jr.(2001)借鉴 churchill 模型中的开发尺度和量表,选取快餐、图片处理、游乐园和干洗店四个服务产业的 59 个初始项目,通过内部一致性检验和要素分析方法淘汰到 24 个项目,用剩下的 35 个项目来测量 13 个维度的模型,开发出服务质量概念化模型,称为"多维度、分层次的结构模型"(如图2-2所示),该模型将服务质量感知和动作性维度联系起来,强调服务质量感知的具体内容,有助于管理者理解顾客服务体验质量的形成过程,帮助其从战略角度出发寻找出比竞争者做得更好的变量(维度)。

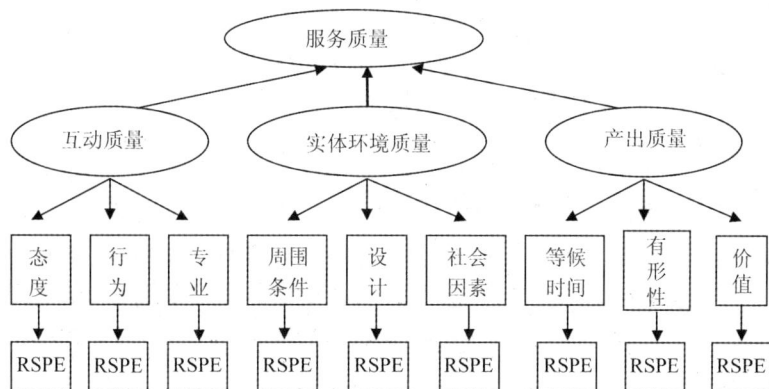

图 2-2 多维度分层次的结构模型

注:R—可靠性 SP—反应性 E—移情性

资料来源:Michael K. Brady,J. Joseph Cronin Jr. Some New Thoughts on Conceptualizing Perceived Service Quality:A Hierarchical Approach[J]. *Journal of Marketing*,2001,65(6):

Chu-Mei Liu(2005)对快餐店、24 小时的百货店、诊所、冲印店、手机维修店和加油站进行了调查研究,对该模型再次进行了验证,结果巩固了感知服务质量是多维度和多层次的结构,证明了 Brady 和 Cronin, Jr (2001)所开发的模型的可复制性和普遍应用性。该层次结构整合了东欧和美国两个学派的观点,通过文献研究和实证分析验证了多维度、分层次的结构模型,表明了以下观点:

①证明了顾客形成服务质量感知来自于三个基本维度:产出、互动和环境。

②证明了多个子维度的存在。

③表明可靠性、反应性、移情性在提供优秀的服务质量方面更重要,子维度回答的就是这方面的内容。

从上述研究可以看出,关于服务质量模型的维度研究,大多学者热衷于对技术和功能质量维度的分析和分解,尝试增加服务感知质量的维度,或运用新方法评估质量感知。但质量维度的分解是相对混乱和粗糙的,语义混乱,维度界定不清,思路上没有摆脱 Gronroos 质量模型的基本框架。

### 2.2.3 服务质量的测量方法

文献中关于服务质量怎样被测量方面有很多成果,但测量哪些要素依然探讨得不够。对服务质量的测量工具的开发主要是建立在感知服务质量定义和差距模型基础上。英国航空公司(1980)研究发现关怀与理解、响应性、解决问题的能力、服务补救能力是对顾客感知服务质量影响最大的 4 项服务质量特性。随后,PZB(1985)提出了差距模型和影响感知服务质量的 10 个因素(可靠性、响应性、能力、可接近性、礼貌、沟通、可信度、安全性、理解、有形性),共包含 97 个测试项目和 1988 年,PZB 通过两个阶段的实证研究,将 10 个维度简化为 22 个项目,5 个维度,这 5 个维度是有形性、可靠性、响应性、安全性和移情性,这就是具有代表性的美国视角下的服务质量测量方法,至此形成了被广泛使用的 SERVQUAL 量表(如表 2-2 所示)。

表 2-2　SERVQUAL 量表的维度和问项

| 服务质量维度 | 问项 |
| --- | --- |
| 有形性 | 1. 某公司具有现代化设备<br>2. 某公司的有形设备使人赏心悦目<br>3. 某公司的职员衣着整洁<br>4. 某公司与服务相关的材料很吸引人 |
| 可靠性 | 5. 某公司承诺在一确定时间内完成某项服务,他们确实完成了<br>6. 当您有了问题,某公司表现出诚挚的意愿去解决<br>7. 某公司第一次就正确履行服务<br>8. 某公司在承诺的时间内提供该服务<br>9. 某公司会坚持零缺陷记录 |
| 响应性 | 10. 某公司随时通知顾客提供服务的时间<br>11. 某公司职员为您提供了及时的服务<br>12. 某公司职员随时愿意帮助您<br>13. 某公司职员从未因太忙而不答复您的要求 |
| 安全性 | 14. 某公司职员的行为使您逐渐对其产生信任<br>15. 与某公司交易时您感到安全<br>16. 某公司职员一贯礼貌待您<br>17. 某公司职员具有回答您问题的业务知识 |
| 移情性 | 18. 某公司给予您人性化关怀<br>19. 某公司具有方便的营业时间<br>20. 某公司的职员给予您人性化关怀<br>21. 某公司内心中装着您的最高利益<br>22. 某公司的职员理解顾客的特别需要 |

资料来源：A. Parasuraman,L. L. Berry, V. A. Zeithamal. Refinement and Reassessment of the SERVQUAL Scale[J]. *Journal of Retailing*, 1991,67(4)：420 – 450

之后,SERVQUAL 量表被广泛应用于各种服务产业,但在这个推广过程中,由于不同的服务产业具有不同的特点,有关 SERVQUAL 量表的应用出现一些争议。一个是关于五个质量维度在具体行业中的应用问题,如 Carman(1990)指出 SERVQUAL 稳定性较好,但 5 个因素不是中性指标,对不同的行业并不具有完全的适用性;一个是质量维度的数量问题,服务感知质量建立在多维度上,但关于维度内容仍无一致看法,是 2 个维度还是 3 个、5 个或 10 个维度? 是单层还是多层? 缺少一个统一理论或概念来反映结构的复杂性和垂直性。所有争议可概述为理论和实践两个方面的问题：

一方面是理论方面的争议,主要表现在服务结果是顾客对服务绩效的一种态度,难以测量,SERVQUAL度量的实际上是顾客满意与否,而不是质量如何,这种争议直接指向的是SERVQUAL的基本理论框架是否正确的问题。再者PZB所创建的差距模型其实质是一种人为的设计,缺乏实证性的研究。

另一方面是实践方面的争议,主要集中在度量的方法问题上。在SERVQUAL中,对期望的度量是整个方法的核心和关键,但这种方法并没有对期望做出科学的界定,而且期望总随着时间而变化,很难实现精确的度量,这降低了该方法的稳定性和科学性。而且不同行业、不同类型的服务质量调查中,不同维度的重要性也不同,因此学者们又提出了一些新的思路。不同学者对SERVQUAL量表在零售业的应用进行了验证和质疑,结果见表2-3。

表2-3 零售业应用SERVQUAL实证研究的汇总

| 研究者 | 发表年份 | 研究对象 | 行业 | 结果 |
|---|---|---|---|---|
| Carman | 1990 | 原22个问项 | 零售店 | 识别出服务质量的9维度 |
| Finn,Lamb | 1991 | 原22个问项 | 百货商店和折扣店 | 均不支持5维度结构 |
| Guiry,Huthinson,Weitz | 1992 | 51条(15个原问项,外加36个新问项) | 商店 | 发现了7维度的结构 |
| Gagliano,Kathryn Bishop | 1994 | 原22个问项 | 服装专卖店 | 得出4维度,其中2个和SERVQUAL不一致 |
| Dabholkar,Thorpe and Rentz | 1996 | 28个问项,(17个原问项,外加11个新问项) | 商店 | 得出五维度,其中2个和SERVQUAL基本一致 |

资料来源:作者整理

Asubonteng,McCleary和Swan(1996)指出对服务质量的研究应该定性和定量相结合。Cronin和Taylor(1992)开发的只测量服务绩效的SERVPERF量表比SERVQUAL在测量服务质量方面体现出更好的效果,他们设计出以绩效衡量代替期望、感知差距衡量的服务质量量表

SERVPERF。Bolton 和 Drew(1991)指出我们应该更加关注服务过程对服务质量的影响。Brown，Churchill 和 Peter(1993)提出了无差异分数模型。1997 年美国管理学教授 Vancevich，Lorenzi 和 Skinner 提出服务质量应用除了用可靠性、有形资产、回应能力这三个传统指标衡量外，还可增加保障、体谅两个新的特性来衡量服务质量等等。这些观点既对SERVQUAL 提出了挑战，也需要进一步验证和完善。

## 2.3 零售业服务质量研究

### 2.3.1 国外研究现状

纵观中外对服务质量管理的研究，零售业一直被作为服务业的代表和样本，作为研究对象和试验基地，服务质量概念及其测量方法大多以其作为研究对象。随着服务质量研究的不断深化成熟，学者们对其他服务业进行了深入研究，无论在概念化模型方面还是测量方法上都有新进展，Carman (1990)认为需要考虑一些新项目或者改变某些项目的陈述方式定制化零售领域服务质量。考虑到问项—维度之间不稳定关系，他在对轮胎零售商的研究中提出了 9 个维度。其中 4 个维度被Gagliano 和 Hathcote (1994)借用到零售服务领域。除了 SERVQUAL方法外，Cronin 和 Taylor(1992)开发出 SERVQUAL 方法，Brown 等人(1993)提出了无差异表(Non-difference Scales)，在零售领域有学者开发了专业的测量方法——RSQS(Dabholkar et al. 1996)。文献回顾表明SERVQUAL 和 RSQS 是零售领域最广泛使用的测量工具，因此本部分将重点评述 RSQS 的优点和不足。

Dabholkar 等(1996)运用定性研究技术，通过现场调查和探索性的深度访谈跟踪了顾客购物体验的心理过程，在 SERVQUAL 的基础上形成了 RSQS，该量表提出了实体方面、可靠性、人员互动、问题解决和政策5 个基本维度。顾客从这 5 个维度来评估零售服务质量，认为零售服务质量是分层的因子结构(a hierarchical factor structure)，总体服务质量是更高的或者二级的层次结构(如图 2-3 所示)。

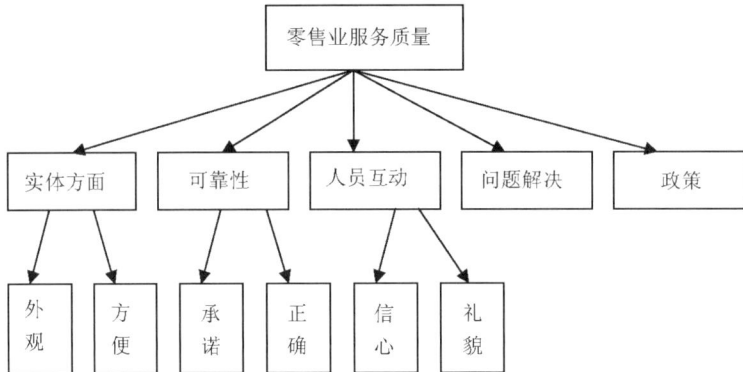

图 2-3 零售业服务质量分层结构模型——RSQS 模型(Dabholkar 等,1996)

与 SERVQUAL 相比,RSQS 的创新性主要表现在以下几个方面:

一是较 SERVQUAL 模型中的有形性,实体方面包含的范围更广,除了包括有形的实体设施外,还包括商店布局和公共区域。

二是人员互动包括了 SERVQUAL 的反应性和安全性两个维度,主要测量顾客对服务者提供的服务和态度产生购买自信和信任的感知。

三是问题解决和政策是两个新的维度,体现了零售店解决新问题的能力以及影响服务质量的各项政策。

RSQS 虽然被视为一种服务质量需要改善的诊断工具,然而其局限性也不容忽视,由于不同零售场景下会产生不同的服务产出,因此一成不变的 RSQS 是不符合实际情况的,我们应关注对顾客特别重要的维度所涉及的问题,不断修正新老项目,这样 RSQS 才是适用的和有效的。

由于该工具很新,学者们对其不断进行完善。Winsted (1999)认为在不同国家应用 RSQS 时要适应当地文化和地理特征。Imrie,Cadogan 和 McNaughton (2004)通过研究指出不同文化观对服务质量维度的影响是不同的。最近的研究同样表明文化在感知服务质量构成中扮演着重要角色,学者们应尝试在不同国家和文化背景下,探讨研究顾客评估质量的差异性。在实践中,通过不同国家对 RSQS 量表的应用和验证来看,其适用性有一定局限性。尤其值得关注的是,Kim 和 Jin(2001)对美国和韩国的折扣店顾客进行的调查,两国顾客对折扣店的服务质量评价维度互不相同,且只有 4 个维度;美国顾客的评价在不同维度上的信度在 0.57 与 0.97 之间,韩国顾客的评价在 0.43 与 0.81 之间。这项研究证明,不同文

化背景下的顾客对零售服务质量的评价内容及侧重点是不同的，国别文
化是做理论应用时不可忽视的重要影响因素。其他学者的验证结果如
表 2-4 所示。

表 2-4　应用 RSQS 实证研究的汇总

| 作者 | 年代 | 服务设置 | 关键结论或发现 |
|---|---|---|---|
| Boshoff and Terblanche | 1997 | 南美的百货商店、专业商店和超级市场 | RSQS 是一个有效和可靠的测量工具 |
| Mehta，Lalwani and Han | 2000 | 新加坡的超市和电子商品零售商 | 采用 RSQS 对超市的服务质量测量效果好于电子商品零售商 |
| Kim and Jin | 2001 | 美国和韩国折扣商店 | 衡量政策因素的 5 个问项是不可靠的。人员互动和问题解决维度并成 1 个维度：人员关注。两个国家的测量结果不一致，因此不能被看成一个可靠的和有效的适用于跨文化环境的量表 |
| Siu and Cheung | 2001 | 中国香港的百货连锁店 | 删除了 3 个问项，无法识别出 5 个维度的 RSQS，发现了 6 个维度 |
| Siu and Chow | 2003 | 中国香港的日本超市 | 5 个问项被删除。问题解决维度被整合到人员互动维度，发现了 1 个新维度：信任 |
| Kaul | 2005 | 印度的专业服装商店 | RSQS 的维度在印度无效。印度零售业中发现了 4 个维度结构，在子维度层次，4 个因素的结构而不是 6 个因素的结构获得支持 |

资料来源：Sanjaya S. Gaur，Richa Agrawal. Service Quality Measurement in Retail Store Context：A Review of Advances Made Using SERVQUAL and RSQS[J]. *The Marketing Review*，2006，6：317 - 330

### 2.3.2　国内研究现状

国内对零售业服务质量的研究有创新性研究成果的学者当属汪纯孝
教授和范秀成教授等。汪纯孝（1999）指出服务质量主要包括环境质量、
技术质量、感情质量、关系质量和沟通质量。范秀成（1999）在对"服务生
产模型"（Pierre Eiglier and Eric Langeard，1977）、"服务接触"

(Surprenant and Solomon,1987)、"服务交互"(Shostack,1985)等概念进行整合和发展的基础上提出了交互质量概念,研究了顾客参与对服务质量的影响。

此外其他国内学者也对我国零售业服务质量进行了研究,取得了一定的成果。钱丽萍等(2005)结合中国消费者的特征及文化背景,改进了Dabholkar 提出的零售服务质量评价模型。她们保留了原模型的5个维度和 19 个问项变量,增加了 3 个新的变量。她们应用自己的改进模型对西安几家知名连锁超市的服务质量进行评价,结果显示具有较好的信度和效度。赵辉(2007)在"零售业服务质量评价实证研究"一文中提出了影响超市服务质量的 24 个变量(如表 2-5 所示),并采用 5 级李克特量表进行了调查和验证,发现有较好的信度和效度。

表 2-5　超市服务质量的量表

| 代码 | 服务变量 | 代码 | 服务变量 |
|---|---|---|---|
| P1 | 具有现代感的设备和装修 | P13 | 员工能迅速对消费者提供所需服务 |
| P2 | 员工的服装和外表整洁 | P14 | 员工不会因为太忙而疏于响应消费者的询问 |
| P3 | 具有清洁、便利、有吸引力的公共区域 | P15 | 员工保持对消费者的礼貌性,会说普通话 |
| P4 | 商品摆放整齐,分类明确,易于寻找 | P16 | 员工给予消费者个别性的注意 |
| P5 | 商品摆放不会给消费者的行为带来不便 | P17 | 消费者遭遇问题时,超市尽力协助解决 |
| P6 | 让消费者排队等候付款的时间能够接受 | P18 | 提供供货、退货、保养和维修服务 |
| P7 | 对消费者提供详尽的提示和指示性说明 | P19 | 商品质量有保证 |
| P8 | 履行对消费者的承诺 | P20 | 处于便利的位置 |
| P9 | 商品种类齐全,货源充足 | P21 | 提供存包场所 |
| P10 | 员工令人信赖 | P22 | 商品的平均价格水平与同等规模超市相当 |

| 代码 | 服务变量 | 代码 | 服务变量 |
|------|---------|------|---------|
| P11 | 员工有充分的专业知识,以回答消费者的问题 | P23 | 营业时间令消费者感到便利 |
| P12 | 员工乐意随时为消费者提供帮助和服务 | P24 | 提供非现金支付方式 |

资料来源:赵辉. 零售业服务质量评价实证研究[J]. 企业经济,2007,322(6):92—94

## 2.4 小 结

关于零售业服务质量测量的研究,国内的研究尚处于起步阶段,对其研究还需要进一步规范。既不能完全凭自己的喜好,主观的设置测量指标,也不能全盘照搬国外服务质量测量研究的成果,把国外的测量量表或工具直接翻译,然后不加辨别地应用于自己的测量研究。无论SERVQUAL 还是 RSQS 都有各自的优缺点,目前还不能找到一种完全适合我国零售业服务质量的测量方法,因此有必要结合我国的实际情况继续开发新的零售服务质量测量方法,或者修正改进 SERVQUAL 和RSQS。可喜的是少数学者已经开始结合我国的实际情况消化源于西方的测量指标并对其进行调整(石贵成、王永贵、邢金刚、于斌,2005;张伟远,2004;李靖,2003;刘子龙、高北陵等,2005;周亮、朱金富、肖水源、杨德森,2002)。

# 第三章

# 零售业现状和中外比较

本章对中外零售业的服务管理进行了对比分析得知,在全球和国内市场方面双方实力存在巨大差距,其中折射出国内零售业普遍性的服务管理缺陷。进一步地,着重对造成该现状的原因做了分析外资零售业在业态选择、价格策略、信息技术、本土化战略和服务管理方面均优于国内零售业,服务管理也是其重要优势之一,尤其在顾客满意和经济效益管理方面。

## 3.1 零售业及其发展趋势

### 3.1.1 零售和零售业

"零售"一词源自法语动词"retailler",意思是"切碎(cut up)",是一种基本的零售活动,即大批量买进并小批量卖出。零售(retailing)由那些向消费者销售用于个人、家庭或居住户消费所需商品和服务的商务活动组成,它是分销过程的最终环节,直接服务于生活消费。在我国一般把零售理解为从事有形商品销售的活动。在国外,零售也包括了对服务的销售活动,如银行、维修店、邮购、自动售货机等也被理解为零售。根据美国的行业分类标准 SIC (Standard Industrial Classification),零售业的业务范围主要包括建材供应、日用百货、食品店铺、汽车经销及加油站、服饰用品经销、家具销售以及餐饮场所等。本书立足中国国情和公众习惯，探讨的"零售"是指"以经营有形商品为主，或提供服务生活消费的组织或个体的销售行为"。

Baker(1998)将零售业(retailer)定义为"任何向个人或家庭出售商品并提供售后服务的机构"。本书认为，零售业是指通过买卖形式，将工农业生产者生产的产品直接售给居民作为生活消费用或售给社会集团公共消费用的商品销售行业。零售业主要有三个区别于其他行业的特征：零售商平均每笔销售量比制造商少得多；消费者常常属于无计划的冲动购买；多数零售顾客常会受商店位置的吸引而前去购物。比较而言，推销员通常要拜访制造商、批发商和其他公司。

### 3.1.2 零售业态分类

零售业态(Retail Formats)是指零售企业为满足不同的消费需求进行相应的要素组合而形成的不同经营形态，零售业态从总体上可以分为有店铺零售业态和无店铺零售业态两大类。就商人主体而言，它是商人针对某一目标市场所选择的体现商人意向和决策的商店。我国目前对零售业比较权威的分类、定义是国家质检总局、国家标准委 2004 年联合发布实施的国家推荐标准《零售业态分类》规定的。该标准按照零售店铺的结构特点，根据其经营方式、商品结构、服务功能，以及选址、商圈、规模、店堂设施、目标顾客和有无固定经营场所等因素，将零售业分为 17 种业态。包括有店铺零售业态——食杂店、便利店、折扣店、超市、大型超市、仓储会员店、百货店、专业店、专卖店、家居建材店、购物中心、厂家直销中心和无店铺零售业态——电视购物、邮购、网上商店、自动售货亭、电话购物等 17 种业态，并规定了相应的分类条件。

从全球零售业的业态以及市场份额来看，有如下排列：超市(Supermarket) 52%，专卖店(Specialty) 44%，百货商店(Department Store) 26%，大卖场(Hypermarket)17%，廉价店(Discount)14%，药店(Drug)14%，邮购(Mail Order) 12%，便利店(Convenience)7%，DIY(Do It Yourself)6%，仓储式购物中心(Warehouse)3%。世界百强零售企业在各个业态上的分布是比较均匀的，13 种业态中，有 12 种业态都含有 10 家以上企业，我国百强零售业企业业态分布相对较单一。

零售业态及构成随着经济发展而不断变化,经历了集市、杂货店、商店、百货店、超市(便利店/超级市场/大卖场)、专卖店、专卖店的集合(Shopping Mall)的发展历程。促使业态不断变化的原因有来自于顾客的需求变化的动因,也有竞争和利润的驱动因素,还受到经济发展阶段的影响。无论零售业态如何演变,本质上都是为更好地实现组织和个体间的买卖关系,只是形式不同而已。由于市场需求和消费层次的不同,各种零售业态呈现出百花齐放的局面,各业态的市场份额会有不同,但不会出现某种业态一统天下的局面。作为零售业的管理者,要关注业态的演变规律和特点,及时捕捉新业态和新需求,抓住零售领域的新增长点。

### 3.1.3 零售业发展趋势

传统上,零售业的发展立足于内涵提升和自我资本积累,随着资本市场的活跃、信息技术的发达、市场的国际化和全球化,仅靠单体成长和单兵作战是不够的。尽管全球经济一体化带来了更多的市场动荡,但实践证明零售行业具有较强防守性和稳定性,特别是在行业发展的黄金时期,零售业的防御能力更为突出。一般认为,零售业发展的黄金时期是在人均GDP处于5000—15000美金时,如图3-1所示。目前我国的人均GDP水平不到500美元,这说明我国零售业仍将处于高速发展和升级的黄金发展时期。此次经济危机将使零售业进入调整周期,但不会影响其未来高成长特性。机遇与危机并存,综合来看,在全球的零售业发展方面有以下几个趋势:

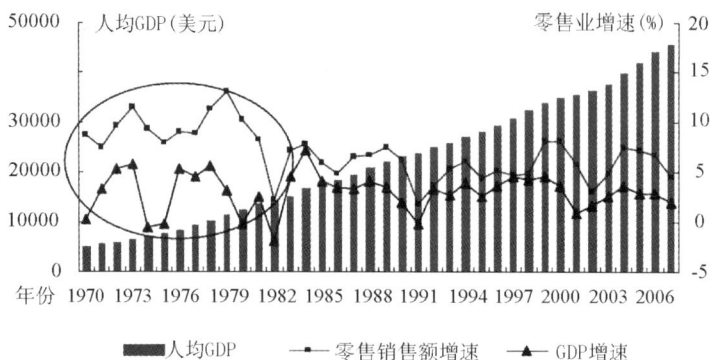

图 3-1 零售业发展的黄金时期

数据来源:CEIC、联合证券整理

## 1. 购并扩张成为主流

世界零售百强企业都是规模化发展的典范,即使是位居第100位的百强企业销售额也在50亿美元左右,位居前10位的企业店铺数都超过1000家,这表明零售业是规模化的行业。在规模化扩张中,通常采取自建店和购并店两条腿走路的方式,在发展初期以自建店为主,发展后期以并购其他连锁企业为主。随着中国零售市场竞争的加剧,企业之间的竞争已经演变为实力的较量,而规模扩张成为增强企业实力的重要途径。

## 2. 电子商务成为台阶

科学管理是建立在数字化分析基础上的科学决策,其基础是信息技术的应用。世界零售百强企业大多以信息管理技术作为扩张发展的支撑,沃尔玛、家乐福、麦德龙等名列前茅的零售企业都是应用信息管理技术的典范,导致基于信息技术的现代零售技术的产生。无论是准备反击并捍卫自己地位的传统零售企业,还是继续保持高增长高扩张的新型零售企业,电子商务都是决胜的重要砝码之一。传统零售企业与电子商务进行有机整合,可以充分发扬传统的优势资源,如品牌、货源、物流等,大大提高管理效益和效率。

## 3. 品牌资产经营成为热点

由于利润越来越薄,无论是传统零售企业,还是网络零售企业,都会有意识地重视对自有品牌和公司品牌的经营,提高零售业竞争力。依靠制造商的商品和品牌无法更好地培育差异化优势,且利润受制于对方,开发自有产品的品牌或者经营公司品牌会创造更多差异化和附加价值,是值得零售业投资的领域。网络零售商也开始通过自有的品牌经营获得利润,如凡客诚品是一家新型网络零售商,以"VANCL"作为其独有的品牌来经营男士衬衫,由于品牌培育出了良好的知名度和美誉度,引来了更多的生产商与其合作。VANCL经过千挑万选不仅保证了产品品质,而且网络零售平台的低成本也为它带来了成本优势和利润空间。

## 4. 成本控制成为关键

零售商的核心竞争力主要体现在其通过规模效应来实现对供应链上各伙伴的控制力。目前我国零售业仍处于行业的整合阶段,行业龙头实现规模效应是势在必行。根据美国零售企业成功的经验,建议不宜盲目地实施多元化经营战略,尽量坚持专业化成长战略。此外,加强门店管理能力和成本费用控制能力,通过产品和服务创新提升对消费者的吸引力。

5. 顾客服务导向是永恒主题

顾客服务内容和方式会因零售业的类型不同而不同,这需要零售业结合顾客类型和业态特点进行综合设计,提供最大顾客让渡价值的顾客服务包。传统零售企业可以通过销售员热情周到的面对面服务来提高消费者的购物体验,网络零售企业普遍提供送货上门服务,以及利用网络平台的会员制特点,建立客户关系数据库,并借助客户关系管理提高服务质量。

### 3.1.4　XY公司简介

提到北京必然会想到王府井、燕莎,提起济南这座历史悠久的美丽城市,就不能不提起"XY"这个在省内乃至全国都响当当的著名商业品牌。对于山东人来说,XY已经成为高档、时尚、典雅和享受高品质生活的代名词,是国际一流品牌的荟萃之地。XY公司是一家拥有现代百货、大型综合超市、家居、便民超市等多业态的连锁型零售企业。目前在济南、泰安、滨州、东营、淄博、日照、滕州、临沂等地拥有20家大型综合商业设施及近30家XY便民超市,营业面积40多万平方米,2005年实现销售收入56亿元,利税3.2亿元。经过几年的飞速发展,XY公司经营规模在山东同行业中名列前茅,XY品牌成为山东省著名商标,在全国亦具有较高的美誉度。公司所拥有的百货店、综合超市、家居、便民超市四种业态相互补充,相辅相成,形成了较强的综合优势。XY的成功主要得益于下面的三项独具特色的管理理论。

1. 公司品牌战略

2000年起,XY制定了"立足济南,发展全省"的规模拓展规划,公司的目标是在未来的几年内,在山东省内的地级市都建立起"XY"的分号,打造在山东省内的区域竞争优势。为尽快把企业做大做强,XY公司充分利用"XY"的品牌优势,创新管理理念,开阔经营思路,在发展连锁、加盟、租赁、买断、特许经营等方式的同时,积极探索与世界著名零售商业的合作,在更高层次与规模上发展和壮大经济实力,与业界同行及厂商合作伙伴共进共赢。自 1999 年以来,XY 成功地在全省发展出 21 家分店、40 多家连锁超市。在 XY 品牌系统内,百货店、大卖场、便民超市等商业形态,像是一块块积木,完全根据市场需求拆装组合。2006 年 6 月 2 日,XY 在东营的第二家店开业。2000 年以后,XY 商城所属的山东商业集团开始在房地产业领域发力,依托集团零售业优势,发挥商业的带动作用,开发商业地产,进行组团式开发。以"XY"零售店聚集人气,带动地产升值;以开发住宅、写字楼等高附加值地产项目为主流,兼顾商业步行街、商铺、商务酒店的建设,长期回报与短期收益相结合,获取最佳经济效益。10 年间,XY 已经由当时 XY 商城一个单店扩张成一个庞大的"XY 系"。企业规模像核裂变一样迅速扩张,其中,公司品牌战略起到了至关重要的作用。如今 XY 在区域市场的招商方面和市场拓展方面是一呼百应,势如破竹。其发展态势在全国零售行业中也是可圈可点,如图 3-2 所示。

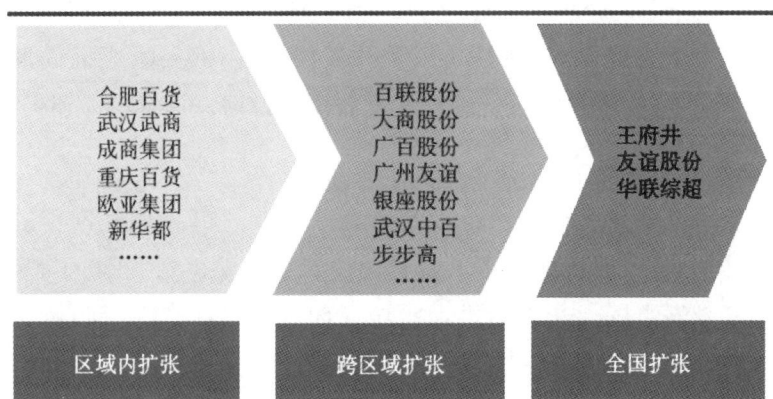

图 3-2　国内零售业成长战略和状态

资料来源:中信建设证券研究发展部

### 2. 复合模块理论

做大与做强说起来容易,具体实施起来,却是科学和智慧的体现。国际商业先进性与本土文化灵活结合成为始终贯穿 XY 扩张的原则。比如,受 XY 购物广场复合业态成功的启发,自 2001 年泰安 XY 商城、八一 XY 商城、北园 XY 购物广场先后开张。在外人眼里,所有这些"XY"都有百货和超市,没啥区别,但在 XY 管理者眼里,与总店相比,他们的名字叫

"区域店",店与店不同,XY 给予的支持管理体制也大不相同,其中大有讲究。据了解,目前在 XY 管理分类中,共有百货店、大卖场、便民超市三种成熟模式,其中,百货店又分为高档店、区域店、时尚店三种。"通过这样归类细分,我们在扩张时就可根据各地的消费市场需要将其分别组合出多种模式。做起来就像电脑高手组装软件模块,一个业态即是一个模块,各模块管理相对独立、规范、可以复制,需要哪个就用哪个,既保证了本土化过程中的灵活性,又保证了现代连锁管理企业规范可复制的特点",XY 商城股份公司总经理将此称为 XY 特有的"复合模块理论"。XY 的模块化业态有:高档百货店、时尚百货店、区域百货店、大卖场和连锁便利店。虽然业态组合不尽相同,具体到各卖场与卖场、商城与商城之间,又大同小异,这就是由 XY 独创的复合业态模式:百货店＋大超市,即创造性地把时尚百货业和国际流行的大卖场进行了组合。XY 在各地的扩张,是根据市场购买能力和需求的差异,灵活组合这些模块,以"组合拳"打天下。据悉,下一步,XY 将进入新一轮快速扩张期,其扩张将不再像现在一个个重建卖场,而是采用兼并重组等多种形式,成批成批地扩张。因为商业的发展轨迹已证明,商业靠规模说话,单店没有出路!

### 3. 差异化定位

从竞争战略角度看,XY 的成功得益于它从一开始就找准了进入市场的最佳切入点,成功地运用了差异化的经营战略。在 1996 年,泉城乃至全国多数城市的商场大多沿用传统封闭式柜台,千店一面,商品大而全、小而全,缺乏特色和精品,而 XY 就创造性实行全面开架式销售,高举品牌经营的旗帜,给泉城人民带来了全新的消费理念。XY 的差异化不仅仅是对于其他商家而言,在 XY 内部也讲究层次分明、错位经营。在济南,XY 商城、XY 购物广场同处于一个商圈,但它们的定位大相径庭。从业态上看,XY 商城是高档百货店业态,而 XY 购物广场则是百货和大超市结合的业态。同是经营服装,XY 商城面向的是白领、时尚、成熟的消费群体;XY 购物广场则以年轻、休闲、运动为主线实行商品组合,加之日常生活必需品的大超市,可谓配合得相得益彰、恰到好处。XY 的差异化经营战略还落实到不同地理区域的分店设计和管理上。随后开业的所有分号无不经过缜密的市场调查和论证,根据商场周围的消费水平、消费特点、商业布局以及商业设施状况的不同,定位也不尽相同。由于准确的业态定位和市场分析,XY的几家异地店都迅速取得了销售的高速增长,东营、滨州店的年增长率甚至达到了60%以上。

尽管目前的XY公司取得了一定成绩,但依然存在一些有待解决的问题。例如服务效益(商品周转率、利润率、规模效益等),服务质量水平(专业化程度、服务投诉、顾客忠诚和流失状况等),以及品牌资产等方面,尚有改进和提升空间。

## 3.2　中外零售业服务管理差距分析

### 3.2.1　服务管理中的顾客满意差距

顾客是零售企业服务的对象,顾客的需要是零售企业存在和发展的前提。顾客的流失对企业的影响远远高于规模、市场占有率、单位成本及其他有关竞争优势的因素,甚至会危及企业存在的意义。留住既有顾客和挖掘潜在顾客,为越来越多的顾客提供满意的服务是零售企业核心竞争力之所在,也是提高零售企业服务质量的本质体现。实施顾客满意战略必将有效地提高零售企业的服务质量。大量实证研究表明,顾客满意被作为度量商业经济运行健康状况的晴雨表,对企业的财务绩效存在正向影响。服务管理的核心理念是顾客满意和顾客忠诚,通过取得顾客的满意和忠诚最终实现企业营销绩效的提高和长期成长。顾客忠诚给企业带来了巨大的利益。根据"80/20法则",企业80%的利润是由20%的忠诚顾客创造的。所以要提高经济效益,增强竞争能力,零售企业必须注重对顾客忠诚的培养。

2004年北京商业零售业顾客满意度测评报告表明,125家零售企业中,家乐福、物美、华普、超市发等零售企业的知名度位居前列;各业态零售企业的光顾度比较中,家乐福保持领先优势;易初莲花虽然在京城开业时间不长、门点不多,但却在此次测评中排名第20位;在顾客的抱怨方面,外资零售业的顾客满意和顾客忠诚明显优于内资。目前,我国零售企业的服务质量与外资零售企业相比仍有较大差距,内资零售业服务管理中普遍存在以下问题:

1. "重销售轻服务",过度采用促销战术

传统企业的经营观念属于交易过程驱动型,不重视顾客潜在需求,不能同顾客建立长期的关系,商品交易的完成看作终结,不再或很少同顾客继续进行信息联络和情感沟通。在零售业的竞争中,各商家密切注意着同行,并制定出针锋相对的竞争策略。热衷于用促销实现销售,缺乏稳定的差异化竞争优势,尤其着眼于长期和全局的服务竞争战略严重缺乏,这与我国服务营销的发展水平有很大关系。

2. 缺乏全方位、全过程服务,服务质量体系不健全

我国众多零售企业满足顾客的现实需求的注意力主要集中在扩大销售量上,这种交易过程驱动型的经营观念导致营销者只顾埋头寻找和吸引新顾客,增加当前销售额,而不管顾客在未来长期内是否有较大规模的潜在需求。也就是说,许多零售企业向顾客提供服务的目的仅仅是把产品推销出去,对于售前和售后的各项服务重视不够,难以与顾客建立起长期友好的合作关系。在这样的服务意识的影响下,对服务质量的重视度不够,没有把服务树立为经营的标杆。我国许多零售企业的服务质量体系不健全,其服务一般只跟"交易"有关,而对于提升服务相关的如商品信息服务、包装服务、售后服务、人员服务等关注不够,而改善购物环境、双向沟通、电子商务等先进现代服务方式的普及度和服务深度亟须大力拓展。许多企业没有制定完善的服务规范条例,员工服务行为具有很大的随意性,行为不规范、服务标准不统一等问题,致使服务质量不高;服务的管理缺乏过程和系统观念,某个环节的差错而导致对顾客的满足前功尽弃,如排队付款拥挤、售后服务跟不上、缺货和产品质量投诉等,综合和系统的服务供应能力差。过于着眼于"交易"的增加,而忽略"满意"的提升,是目前的主要弊端所在。

3. 员工服务不够到位,服务环境营造不够优良

零售企业的经营观念还直接影响到员工的忠诚度和企业激励机制的效果。也就是说,我国零售企业因为缺乏足够的凝聚力和恰当的激励机制,难以促进员工把向顾客提供完美服务的工作当成自己的事业,结果必然是员工服务态度不够积极,缺乏热情,导致微笑"机械化"和言谈"无感情化",不到位的员工服务会严重影响服务效率。服务性企业希望通过强

调"员工第一",达到"顾客第一"的目标,由于缺乏落实"员工第一"的切实举措,使得实现"顾客第一"失去必要的前提。细节设计缺乏"人性化"。现实生活中,休息设施、指示路牌、通信设施、配套服务等细节工作没有做好,顾客经常抱怨。付款排长队、商品指示缺乏、商品质量投诉、有价无货现象等屡见不鲜。此外,多数零售企业在服务环境的营造上也未能做足功夫,装修严重同质化,风格效果大同小异,个性化不足,无法给顾客带来新鲜感。而且,往往由于利益的驱使和眼光不够长远,在一些必要的配套设施上投入不够,比如,部分商场将本可用于做停车场、顾客休息场地挪作他用,导致严重的不便。部分零售企业仍未真正将顾客消费上层次的问题加以重视,对顾客感官享受关注不够。细节工作上没有设身处地地为顾客考虑,常常忽略细小但却很关键的工作,比如,目前日本的百货商场专门设立了为 VIP 客户服务的房间并派专人服务;另外各大商场指示路牌标志非常清晰、人性化。反观中国的零售商场,在休息设施、配套服务等"人性化"细节工作上不够细致,经常引来顾客的抱怨。

4. 没有树立经营特色,品牌意识淡薄

伴随城市都市化进程的加速,品牌消费越来越占据主导地位。品牌的争夺战是现代商战的缩影。从本质上说,品牌是对所提供的产品或服务的质量的认可。这种质量认可度越高品牌的地位也越高。面对激烈的竞争,零售企业要想继续生存和发展,必须依靠特色,做出品牌。目前我国很多零售企业不能找准适合自身的市场定位,在商品组合上特色不明显,对客户群缺乏特有的吸引力,很少能根据市场情况及时组织生产和供应某些自有品牌的商品。同时,有些企业不能做到着眼当前兼顾未来的品牌管理理念,只喜欢做强那些已成熟的品牌,不重视和培育有潜力的新兴品牌,也不能充分发挥现有品牌资源的扩大效应来吸引更多品牌加入。没有品牌经营的长远眼光,就难以对新引进品牌进行呵护扶植和细化管理,从而影响了企业的长远发展。由于不能将品牌资源的有效规划与各品牌的经营有机结合起来,同时提高经营效果和盈利水平等方面的能力也较为欠缺,也就难以有效地树立零售企业在当地市场的品牌形象。

### 3.2.2 服务管理中的经济效益差距

仅仅就运营层面的服务绩效来考察,中外企业差距颇大。据《中国商报》在 2007 年 11 月 9 日的一项调查研究表明,中国连锁卖场中平均 50% 的商品贡献了 5% 的销售额,平均 30% 的单品摆放半年以上没有周转。超市经营者不断强调门店数量和面积增长,却浪费了至少一半的场地和现金流。在规模和市场扩张方面,家乐福和沃尔玛积极向二三线城市、甚至四线城市渗透。长远来看,外资尽管要布局全中国,但会根据供给需求、具体设施以及自身能力,考虑消费者经济状况、物流配套等关键问题来判断是否进入某一城市。外企重视规模效益双平衡,要求数量增长的同时还要保持高的质量标准,其中质量包括管理产品和运作方面的质量。沃尔玛在中国扩张建立在以消费者为导向的评估标准上,同样坚持服务质量和产品质量达到既定标准和利益目标。

对于跨国企业而言,本土化越快、越彻底,优势越明显。在深挖本土化的同时,外资零售企业已由单纯规模扩张向规模和效益并重迈进。麦德龙进行的本土化不仅仅是在"中国"的本土化,而是"当地城市"或者"当地地区"的本土化。为提升管理,麦德龙加大了中国员工的参与力度,本土化的员工和本土化的货源都是节省企业成本的有效服务管理策略。

比较而言,中国零售业扩张和服务管理则显得盲目而粗放,忽略了服务管理中的经济效益分析。以某商场为例,通过中央电视台以及其他全国性报纸的宣传,短时间内拥有了全国性的知名度,该企业宣传重点是优质服务,其核心是"大服务观"理念:将所有进入商场之人视为服务对象,而并非只对购物顾客提供服务。在硬件方面,营业大厅内处处鲜花青草,清洁队伍不停地打扫卫生等。同时,针对员工制定了许多礼仪细则,如营业前的仪仗队表演,开门时的迎接,营业结束时播放迎宾词等等;还制定了许多顾客服务细则,如缺货登记、举办商品知识讲座、开放儿童乐园,等等。

"大服务观"的优质服务使得某商场在短时间内声名鹊起,在中国服务业内掀起一场革命。但随着该商场迅速扩张,资金紧张和费用增高,其销售收入却并没有成比例增长,之前隐藏的服务成本与经济效益之间的矛盾开始爆发,很多新开分店亏损严重,陆续关门。内部管理和成本控制的薄弱是商业明星的失败原因之一，忽略了服务管理中的成本—效益关系。

对于服务业而言，并不是服务越细越好，服务设施越高档越好，分店数量和规模更不能够简单地等同于企业效益和竞争力。国内零售业需要在扩张的过程中，认真思考其中地投入—产出关系，做好经济效益分析，以免陷入盲目扩张的经济陷阱。

## 3.3 小 结

本章先从国际市场和国内市场中，比较中外零售业销售收入、企业规模和扩张速度的差距，并分析导致差距形成的若干管理原因，如规模采购、业态定位、价格策略、信息技术、外企本土化战略和服务管理水平等。本书对服务管理方面的差距做了深度探讨，既涉及服务产出的定性结果——顾客满意程度的差距，也探讨了服务产出的定量结果——经济效益水平的差距。本章由表及里地揭示出中外零售业服务管理水平的差距及研究的现实意义，提出对零售业的服务特性关注的必要性和重要性，明确了本研究全面质量管理和服务质量管理的研究方向。

# 第四章

# 基于顾客价值的全面质量管理

零售业也应树立全面质量管理意识,并且体现零售业所提供的混合供应物的特色,既要控制商品质量,又要改善服务质量,并共同服务于零售业的目标顾客,创造最大的顾客价值。本章拟勾画出以顾客价值为基础的零售业全面质量管理蓝图,以期形成有行业特色的全面质量管理框架。

## 4.1 零售业复合价值链

### 4.1.1 顾客价值的内涵

很长时间以来,按照马克思"价值"定义的判断,流通行业被认为只是转移和实现价值而不能直接创造价值。这种观点受到了萨伊和马歇尔等人质疑,他们提出"效用"而非"劳动量"才是产品价值的判定标准,效用是产品给顾客带来的满足程度。至此,价值判断从生产导向转向了顾客导向。基于顾客导向的价值再认识,流通行业也得以被视为具有创造价值而非"转移和实现价值"的商业组织。

在营销学领域,学者们对价值进行了大量研究,并提出了顾客价值概念。著名营销学者菲利浦·科特勒(Philip Kotler,1994)提出顾客让渡价值(customer deliverd value),

是总的顾客价值(total return)与总的顾客成本(total cost)之差,总的顾客价值包括产品价值、服务价值、人员价值和形象价值等,总的顾客成本包括货币、时间、精神和体力等成本。Valtec集团总裁雷登巴赫(R. Eric Reidenbach,2003)等人认为顾客价值是"顾客愿意为特定利益而支付的这样一种顾客利益和价格之间的关系"[1],指产品或服务利益相比较于所支付的价格物有所值,即顾客价值=产品利益/价格。著名服务管理学者泽丝曼尔(Zeithaml,1988)则认为,顾客价值就是顾客感知价值(customer perceived value),即顾客所能感知到的全部利益与其在获取产品或服务时所付出的全部成本权衡后对产品或服务效用的总评价,是对一件产品或服务的"所得(get)"和"付出(give)"的比较[2]。对顾客价值的更普遍的认识是"有关质量和价格之间的比较和权衡(Monroe,1990;Cravens,Holland,Lamb,Monerieff,1988)"。营销学者发现,在竞争性市场中,顾客价值概念很好地解释了消费者在同类产品中做出选择的消费行为,揭示了企业的竞争优势(Parasueaman,1997)[3]。

综上所述,笔者赞成顾客价值就是顾客感知价值,是顾客所得与顾客成本之间的权衡和比较。对零售业而言,顾客所得包括了商品、人员服务、地点设施、售后服务、支付便利等,顾客成本包括购买价格、获取成本、交通、安装、订单处理、维修以及失灵或表现不佳的风险等[4]。因此顾客价值判断具有主观性和异质性(Holbrook,1994;Zeithaml,1988),卓越的顾客价值是引导顾客购买行为、培育顾客忠诚和构建竞争优势的根本。

### 4.1.2 零售业的供应物

零售是将产品和服务出售给消费者,供其个人或家庭使用,从而增加产品和服务价值的一种商业活动。零售商是将产品和服务出售给消费者

---

① R. Eric Reidenbach, Reginald W. Goeke, Gordon W. Mcclung. Becoming an Undisputed Value Leader[J]. *Motion System Distribution*, 2003,(3/4):15-17.

② Zeithaml V. A. Consumer Perceptions of Price,Quality and Value:A Means-end Model and Synthesis of Evidence[J]. *Journal of Marketing*, 1988,52(6):2-22.

③ Parasueaman. Reflections on Gaining Competitive Advantage through Customer Value[J]. *Journal of the Academy of Marketing Science*, 1997,25(2).154-161.

④ 白长虹. 西方的顾客价值研究及其实践启示[J]. 南开管理评论,2001,2;51—55.

供其个人使用的一种商业企业,是连接制造商和消费者的分销渠道中最终业务环节活动。零售商的主要活动包括提供各种商品和服务组合、分装和保存商品、卖场销售活动、提供服务①。因此,零售商提供给顾客的是具有一组利益和效用的商品和服务的混合产品包,商品价值和服务价值共同创造了顾客价值,由于产出物中商品和服务同等重要,因此在管理上既要注重抽象的服务管理,也要注重实物管理(Shostack,1977)②。按照战略学者的观点,顾客价值创造能力就是企业的生存能力和竞争能力,卓越的顾客价值决定了企业的竞争优势。结合零售业来看,当零售商满足了基于人性的顾客需要,他们就在传递顾客价值,也将会在长期内有更强大的竞争地位(Hartnett,1998),零售商只能靠不断为目标顾客改善混合产品包的顾客价值,才能赢得成功。

### 4.1.3　零售业复合价值链

在价值管理研究方面,最著名的研究成果是价值链管理,代表性观点有波特的价值链和海斯凯特等人的服务—利润链。波特(Porter,1985)③通过对制造业的考察,提出价值链概念并进行开创性研究,认为借助价值链将企业分解为战略性相关的许多业务活动,通过比其竞争对手更廉价或更出色地开展这些重要的战略活动来赢得竞争优势。竞争者之间价值链的差异就是竞争优势的一个关键来源。波特所理解的价值是"买方愿意为企业提供给他们的产品所支付的价格",用总收入来衡量,即企业产品价格和销售量来反映。这种价值理解尽管区别于顾客价值概念,但二者并不矛盾且高度正相关,因为开发并管理价值链而提升企业收入和创新顾客价值从营销观念看来,是交换双方所遵循的双赢游戏规则。而波特的价值链也是在企业和顾客之间双赢关系前提下构建的,所以波特价值链管理可以作为零售业价值管理的样板。

---

① 迈克尔·利维,巴顿·A.韦茨.零售学精要[M].北京:机械工业出版社,2000.

② Shostack G. L. Breaking Free from Product Marketing [J]. *Journal of Marketing*, 1997, 41(4): 73-88.

③ 迈克尔·波特.竞争优势[M].北京:华夏出版社,1997.

海斯凯特（Heskett et al.,1994）[1]等人提出的服务—利润链是建立在对银行、航空业等较纯粹的服务性企业的研究基础上，将"硬性"的价值建立在一系列"软性"的标准上，把企业的盈利能力、客户忠诚和客户满意与服务价值紧密连接起来，强调服务价值是由满意、忠诚和富有活力的员工创造的。服务—利润链包括以下环节：内部服务质量—员工满意度—员工维系和生产力—外部服务价值—顾客满意度—顾客忠诚度—收益增长和盈利能力，这些环节依序驱动，最终实现顾客价值和企业盈利，而领导是保证服务—利润链成功运行的基础。顾客价值通过服务—利润链中的外部服务价值不仅得到了直接体现，而且还通过最终结果—收益增长和盈利能力得到了间接体现，因为服务—利润链同样是在创造顾客价值和实现企业盈利的双赢游戏规则下构建的。这也是我们在零售业价值管理中借鉴服务—利润链的原因所在。

显而易见，由于产业价值链和服务—利润链的研究对象分别是纯粹制造业和纯粹服务业，完全照搬到零售业中是不合适的，波特的价值链忽视了服务的价值管理，而只注重实体产品价值开发和竞争性视角；服务—利润链则重视内部服务价值管理，忽视实体产品价值管理和竞争者。由于零售业提供物具有介于纯粹商品和纯粹服务的特殊性，因此零售商的价值链既要区别于制造业价值链，又要区别于服务—利润链，它应该是一条能够兼顾竞争者和顾客利益、内部视角和外部视角（竞争视角）相结合、由商品价值链和服务价值链复合而成的复合价值链[2]，如图4-1所示。

商品价值链部分由商品采购、分装保管、卖场销售、售后服务业务活动组成，最终通过顾客购买而实现商品价值部分，服务价值链部分经由内部服务、员工满意、外部服务等内部管理流程实现服务价值部分，商品价值和服务价值整合而成了全部顾客价值。这两条价值链并驾齐驱，起点不同：商品价值链从外部企业开始商品采购业务活动启动价值增加，服务价值链从企业管理者为员工服务开始价值创造。但二者目标一致：共

① James L. Heskett, Thomas O. Jones, Gary W. Loveman, W. Earl Sasser, Jr, and Leonard A. Schlesinger. Putting the Service-profit Chain to Work[J], *Harvard Business Review*, 1994,(3-4): 164 - 172.

② 王淑翠. 基于顾客价值构建零售业复合价值链[J]. 商业经济与管理，2006,10: 28—31.

同表现为创造顾客价值,从而实现顾客满意。当顾客自愿和企业进行交易时,商品价值和服务价值一并在交易中实现,同时创造了顾客价值。

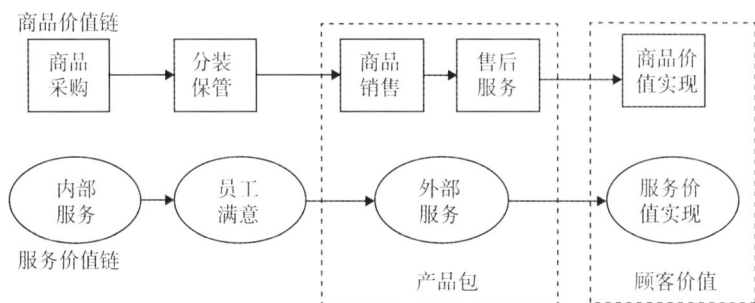

图 4-1 零售业的复合价值链

资料来源:王淑翠.基于顾客价值构建零售业复合价值链[J].商业经济与管理,2006,10: 28—31

商品价值链由于借助于外部组织和活动而形成,因此是外生价值链,商品价值在企业间、企业和顾客间交易和流动中产生,也被称为供应链管理。服务价值链是源于企业内部资源而产生,作为服务价值的创造者——内部员工可以作为企业独特的内部资源来管理,但不同于一般的财物管理,因此服务价值链被视为内生价值链。外生价值链会受外部因素制约和影响,如供应商关系、供货效率、商品质量、商品独特性等。内生价值链更容易被企业管理和控制,表现相对稳定。由于商品的普遍性和供应商的开放性,外生价值链容易复制和被跟踪,较难通过顾客价值创新而建立持久竞争优势,而内部服务竞争优势是独特且难模仿的,内生价值链较容易创新顾客价值和保持竞争优势。

## 4.2　构建零售业的全面质量管理模型

### 4.2.1　全面质量管理(TQM)的内涵

全面质量管理(TQM)起源于美国,后来在其他一些工业发达国家开始推行,是以组织全员参与为基础的质量管理形式。全面质量管理代表了质量管理发展的最新阶段。菲根堡姆于 1961 年在其《全面质量管理》

一书中首先提出了全面质量管理的概念:"全面质量管理是为了能够在最经济的水平上,并考虑到充分满足用户要求的条件下进行市场研究、设计、生产和服务,把企业各部门研制质量、维持质量和提高质量的活动进行整合的有效体系。"我国从 1978 年推行全面质量管理以来,在理论和实践上都有一定的发展,并取得了成效,这为在我国贯彻实施 ISO 9000 国际标准奠定了基础,促进了我国经济与世界各国市场的对接。20 世纪 80 年代后期,全面质量管理得到了进一步扩展和深化,逐渐由早期的 TQC(Total Quality Control)演化成为 TQM(Total Quality Management),含义远超一般意义上的质量管理领域,而成为一种综合的、全面的经营管理方式和理念。国内零售业既面临着境内市场国际化的生存压力,又面临着开拓境外市场的发展压力,商品和服务质量无疑是培育和提高零售业竞争力的关键且基础性的工作。

TQM 首要的重要的原则是关注顾客,不仅是第一次而是每次都要满足或者超额满足顾客的需求和预期。这个原则应该成为企业文化的一部分,并由员工身体力行。由于顾客的需求和期望是不断改变的,因此要持续不断和系统了解顾客,以持续改进从而进一步提高顾客满意度。

### 4.2.2 全面质量管理的模型构建及意义

全面质量管理是成为一种综合的、全面的经营管理方式和理念。零售业也应树立全面质量管理意识,并且体现零售业所提供混合供应物的特色,既要控制商品质量,又要改善服务质量,并共同服务于零售业的目标顾客,创造最大的顾客价值。结合顾客价值、复合价值链和全面质量管理概念,作者认为零售业的全面质量管理模型应该包括以下内容,如图 4-2 所示。

1. 零售业全面质量管理的目的是扩大顾客价值

顾客价值是评判一个商业组织竞争力的最终指标,顾客价值产生顾客满意和顾客忠诚,而顾客满意在考察企业竞争力方面,与市场份额指标同等重要,市场份额代表的仅是企业过去和现在的成绩,而基于顾客价值的顾客满意和顾客忠诚则是企业未来竞争力的驱动因素。因此零售业的全面质量管理应以能否改善顾客价值和顾客满意为依据,这样质量管理

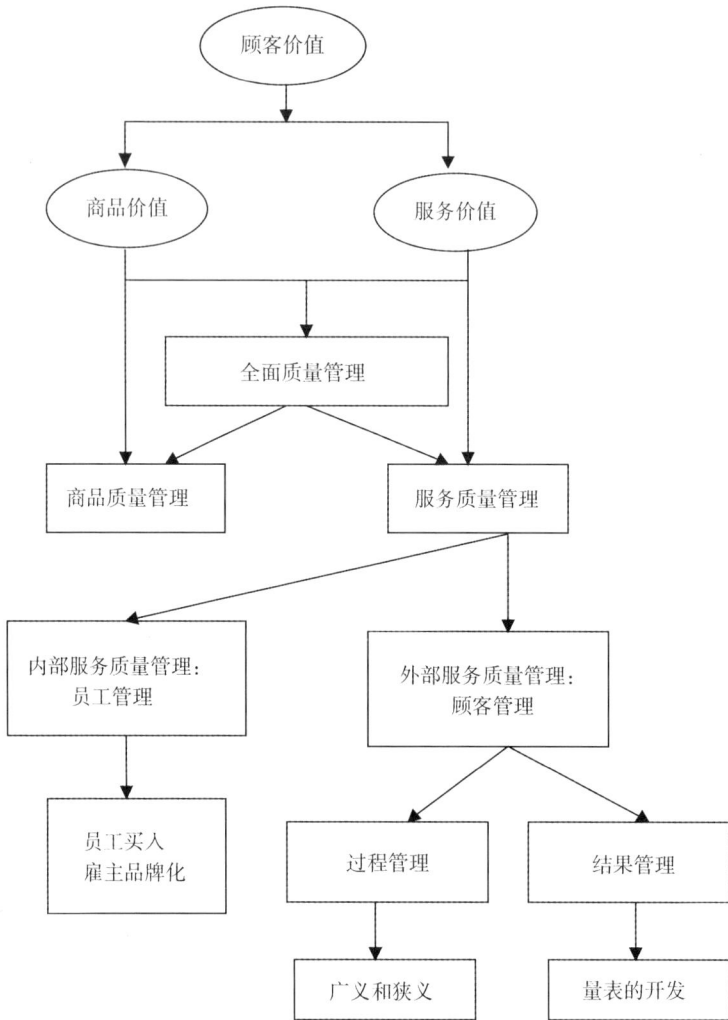

图 4-2　基于顾客价值的零售业全面质量管理模型(作者整理)

工作才具战略意义。顾客价值具主观性和异质性,因此要求零售业必须有明确的目标顾客和市场定位,为特定的顾客和特定的差异化形象而设计复合价值链,使得商品的选购和服务的设计等商品和服务质量和谐一致,最大限度地保证质量、利用资源和优化差异化效果。

2. 零售业的全面质量管理包括商品质量管理和服务质量管理两部分

零售业的顾客价值依赖于商品价值链和服务价值链得到妥善管理和价值提升。顾客在购物时,既会考察商品质量,也会注意服务质量;既会考虑货币成本,也会分析非货币成本(如体力、风险、所用时间);既会权衡商品价值,也会权衡服务价值。因此每个链条都需要精心管理从而创造顾客价值。另外必须要注意的是,同时做好二者的良好管理并非易事,毕竟企业资源是有限的,因此需要了解顾客更看重商品价值还是服务价值,考察顾客对商品质量和服务质量的各自标准是什么? 哪个价值链和质量更有顾客价值的开发空间? 然后决定在各个链条上投入的资源和采取的行动,目的是借助最终的供应物(混合产品包)传递最多的顾客价值。

3. 服务质量管理比较于商品质量管理更有战略意义

商品价值链是外生价值链,有显性化、易被跟踪、较客观的特点,而内生性的服务价值链,不易模仿、具隐蔽性、较主观,因此基于服务价值链开发竞争优势具有更好的持久性和差异性。从零售业长期发展和竞争环境来看,保持持久的差异化就是竞争优势之一。普拉哈拉德和哈默尔在1989年《哈佛商业评论》第一期发表了"与竞争者合作——然后胜利",文中指出,在长期内对公司发展起决定作用的是公司的核心竞争力,核心竞争力是竞争优势的基础,应当是有价值的、异质的、完全不能仿制的和很难被替代的,而服务完全具备核心竞争力所要求的四个特征,可以作为培育核心竞争力和竞争优势的基点。相比较于商品质量管理,服务质量管理更具有开发竞争力的战略意义。

4. 内部服务质量影响外部服务质量

随着服务经济的发展和营销时代的变革,内、外部营销相结合的平衡视角受到越来越多的关注,企业认识到在满足外部顾客的过程中,服务人员和顾客的接触瞬间对服务产出效果有着决定性作用。服务营销三角形理论已经阐明,企业—员工间的内部营销是支撑企业—顾客间外部营销和员工—顾客间互动营销的重要一边。科特勒早年提出过内部营销理念,但如何操作来建立高质量的企业—员工关系尚处于探讨中。服务质量也因为内部营销和外部营销的提出而相应地分为内部服务质量和外部服务质量,该提法得到了服务利润链的印证。根据服务利润链原理,服务质量和服务利润一样,由内而外逐级影响。因此,首先要做好内部服务质量的管理,内部服务质量简言之就是公司服务于员工的质量,是有关员工满意度管理的问题,需关注员工买入和雇主品牌化两方面工作[①];外部服务质量是公司和员工服务于外部顾客的质量,是有关顾客的满意度管理问题。在内部服务质量管理方面要重视内部营销思想和相关工作的落实,把员工当顾客来管理。在外部服务质量研究方面,成果较多,主要从过程质量(如差距模型)和结果质量方面(如 SERVQUAL 量表)开展了研究工作。

5. 全面质量管理的核心问题是商品—服务质量水平的界定及其组合

产品包之所以能满足消费者的需求,是由于商品和服务所具备的质量水平能给顾客带来超过其预期的价值。因此零售业的产品包是有关商品质量和服务质量不同水平的组合。对顾客而言,综合质量水平越高越好。对企业而言,无论商品质量还是服务质量的提供都要付出成本和费用的,质量水平越高,成本和费用越高,这或者侵袭企业利润,或者降低企业价格竞争力。因此企业需要考虑的问题是,如何在满足顾客价值的要求的前提下,创造自身利润的最大化或者价格竞争力。事实上,商品质量和服务质量有着不同的成本曲线,而产品包的价格则由商品和服务的共同成本费用决定的,因此,如何安排产品包中的商品和服务的质量水平组合,既满足顾客需要,又节省成本费用,是零售业全面质量管理中的核心问题。

## 4.3　商品质量管理

### 4.3.1　商品质量的定义

商品质量的概念有狭义和广义之分,狭义的商品质量是以国际或国家有关法规、标准或订购合同中的有关规定作为最低技术条件,来判断产品与其规定标准技术条件的符合程度,是商品质量的最低要求和合格的依据。广义的商品质量是指商品适合其用途的各种特性满足消费者需求

---

① 刘璐,王淑翠,顾宝炎.服务型企业—员工互动关系管理:员工买入和雇主品牌化[J].商业经济与管理,2008,7:31—36.

的程度,是商品质量市场的反映。商品的各种特性要求能够满足需要,而且要求包括价格实惠、交货准时、服务周到等内容。商品质量的要求多种多样,由于不同的使用目的(用途)会产生不同的使用要求(需要),不同的消费者即使对于同一用途的商品,也会提出不同的要求。商品质量可以概括为商品适用性、商品寿命、可靠性、安全性、经济性、艺术性六个方面的内容。

商品质量是一个综合性的概念,它受到商品本身及商品流通过程中诸因素的影响。从现代市场观念来看,商品质量是内在质量、外观质量、社会质量和经济质量等方面内容的综合体现。商品的内在质量是指商品在生产过程中形成的商品本身固有的特性,包括商品实用性能、可靠性、寿命、安全与卫生性等。商品的外观质量主要指商品的外表形态,包括外观构造、质地、色彩、气味、手感、表面疵点和包装等,它已成为人们选择商品的重要依据。商品的社会质量是指商品满足全社会利益需要的程度,如是否违反社会道德,对环境造成污染,浪费有限资源和能源等。商品经济质量是指人们按其真实的需要,希望以尽可能低的价格和使用维护成本,获得尽可能优良性能的商品。

商品的质量既有客观属性,如对标准的符合程度,也有其社会属性,如对顾客精神满足的程度,它涉及诸多社会因素的影响。结合具体零售企业来看,其商品质量的判断除了客观质量和自然属性外,还需更多考虑社会因素和零售业态的定位。比如 XY 商业集团是山东这个经济大省中零售行业的一面旗帜,是高档百货店的代表,消费者对其经营的商品质量的期望要大大高于对一般商店的要求。另外,从消费者收入不断增长的趋势来看,消费者对百货店的商品质量要求也要高于其他零售业态。

据国家统计局 2007 年度的调查显示,全国城镇居民家庭人均可支配收入达到 3935 元,随着收入的增加,带来消费观念和习惯的变化。消费升级造就了市场,不仅高端消费人群规模会扩大,消费者对商品质量和零售服务的要求会进一步提高,非生活必需品消费和个性化消费需求增加。尤其是 80 后消费群体消费能力强,正在成为消费市场的重要力量,他们更加注重品牌、品质、便利和时尚。居民收入的较快增长将促进消费结构的升级换代,消费将由基本生活用品更多地向品牌化妆品、服装、金银珠宝等高端品及奢侈品转移,这些高端品的零售将保持高增长势头,相对于以主要经营日常消费品的超市、大卖场而言,百货业将成为消费升级背景下的主要受益者。总之,商品的质量判定不只看客观标准,还要看其社会属性和顾客需求的吻合程度,如品牌、产地、功能、设计等。

### 4.3.2 商品质量的影响因素

从商品质量管理角度来看,可以将商品质量形成过程概括为开发设计质量、制造质量、检验质量和使用质量等几方面,这四者应该统一和谐。从质量形成的过程来看,影响和决定商品质量的因素是多方面的,商品的来源不同,影响质量的因素也不完全相同。主要影响因素有:原材料的质量,生产过程的设计和工艺质量,流通过程中的包装、运输、储存和销售服务等环节的质量,等等。

下面我们以 XY 商业集团为例探讨商品质量管理的主要工作。XY 商业集团目前是山东省规模最大、档次最高的大型零售商场,建筑面积 5 万多平方米,经营商品 10 万多种。商城从开业就把"质量第一"摆在首位,在商品的品牌选择、进货、入库、上柜、销售、进店厂家管理和售后七个环节全程设置质量监控体系,被产品销售商称为七道"紧箍咒",将假冒伪劣产品拒之门外。由于 XY 商业集团保证卖真货、标真价,赢得了消费者的信赖,2001 年销售额在山东省内遥遥领先。由于商品定位在中高档名牌产品,XY 商业集团在选择进店销售的品牌上实行严格的索证验证制度,产品引进时从一开始签订合同就实施索证验证工作,检查厂商的有效营业执照、税务登记证、名牌商标注册证明、商品检验报告单,进口商品必须保证进口手续齐全。通过索证验证把"三无"产品、假冒"名牌标志"、"认证标志"及以假充真的产品杜绝在签订购销合同之前。商品购进时,在进货环节依据产品质量标准实施严格的检查验收。首先,对全部到货商品进行标识检查;然后,针对商品类别不同、性质不同采取随机抽样或全部拆包检验的方法。对服装、家具、家电、食品等大类商品按国家标准执行检验,进口商品必须有中文标识。另外,从感官直觉上查看商品有无破损、水浸、潮湿、生霉、虫蛀、鼠咬、变形、变色等异状。经过进货检验的商品入库后,保管员实行严格的商品储存制度,对进货检验不合格的商品保管员有权不予以入库,杜绝劣质、不合格商品入库。上柜销售是商品到消费者手里的最后一环。营业员对本柜台商品逐一进行细致检查,受检率必须达到 100%,并认真记录上柜检验情况,发现不符合要求或有质量问题的商品立即封存,防止劣质、不合格商品流入消费者手中。在商品销售期间,有的商品是有保质期的,有些商品在保质期内有时也出现变质问题,有些商品的合格证丢失,有的产地标错等。针对这些容易出现的问题,XY 商业集团制定了普查、自查、互查制度:要求柜组每日普查;商场的质量员每周自查一次,自查品种不低于 80%;每月商场组织一次大规模的互查,互查品种不低于 90%。同时,每季度商城都请质检部门的技术人员来商场检查,对查出的不合格品坚决予以撤柜,对责任人进行处分并罚款,二度违纪者予以辞退。商城引进的销售专柜,都是名牌产品或特色商品。商城对他们实行统一管理、统一着装、统一收款,只允许经销自己生产厂生产的名牌产品,严禁将假冒伪劣商品带进商场,违者将被处罚直至被清理出商城,从而保证了各专卖柜台的商品保真。过了"六关"的商品还有最后一道保障:商城公开向社会承诺捉劣有奖,对商城售出的商品,若出现质量问题由商城先行赔偿;同时,凡商城销售的商品,均由中国人民保险公司给予商品质量责任保险。

## 4.4 小 结

本章从顾客价值的角度思考了零售业的全面质量管理的内涵。提出零售业的价值链是有关商品价值和服务价值创造的复合价值链,商品和服务价值的创造过程不同,各自包含不同的环节,但二者管理的共同目标是扩大产品包所包含的顾客价值。在零售业的复合价值链的基础上,进一步探讨零售业的全面质量管理的内涵,据此得出,零售业的全面质量管理要体现零售业所提供的混合供应物的特色,既要控制商品质量,又要改善服务质量,并共同服务于零售业的目标顾客,创造最大的顾客价值。本章最终勾画出以顾客价值为基础的零售业全面质量管理蓝图,形成有行业特色的全面质量管理概念的理论框架和思维视野。

由于商品质量管理是零售业全面质量管理的重要组成部分,所以本章第二节对商品质量管理做了理论阐述,并对 XY 商业集团的管理经验做了具体介绍。由于商品质量管理是比较成熟的研究领域,所以本章不做过多赘述。但需明确的是,商品质量是服务质量的前提和保证,没有商品质量的基本保证,零售业的服务质量工作将成为无源之水,无本之木;服务质量对于全面质量管理工作而言,是商品质量的锦上添花和画龙点睛之作,是附加价值创造的主要和重要领域。商品质量是零售业的生命线,服务质量则是零售业的竞争优势。本书的重点将放在理论研究和管理薄弱的零售业服务质量管理领域,后面的章节也将围绕这个问题逐步展开论述。

根据服务利润链原理,服务质量和服务利润一样,是由内而外逐级生成的。因此,首先要做好内部服务质量的管理,内部服务质量简言之就是公司服务于员工的质量,是有关员工满意度管理的问题;外部服务质量是公司和员工服务于外部顾客的质量,是有关顾客的满意度管理问题。在内部服务质量管理方面要重视内部营销思想和相关工作的落实,把员工当顾客来管理。在外部服务质量研究方面,成果较多,但主要从过程质量(如差距模型)和结果质量方面(如 SERVQUAL 量表)开展工作。本书认为员工买入和雇主品牌化是做好内、外部服务质量管理的重要理念和管理措施。

# 第五章

# 内部服务质量与外部服务质量

Gary Salegna 和 Farzaneh Fazel 在 1996 年所做的一项研究表明,大多数企业不能成功实施全面质量管理是由于,企业内没有形成支持性的组织文化,没有树立顾客导向的质量观,存在员工对变革的抵制、部门冲突、组织沟通缺乏、员工不能得到充分授权、高层管理者缺乏对员工的信任等障碍[①]。质量体系运转本身就是一个系统工程,任何一个环节失控,就会影响到整个体系的运转。质量管理体系运行中需要员工之间、部门之间的合作,合作障碍将会导致员工的不满和组织效率的低下。为了把质量体系推向落实,应首先解决员工在工作中存在的问题和困难,对他们进行培养和教育,以员工为本,尊重理解员工、关心员工、依靠员工、发挥员工的潜能,只有先培育了专业、满意和忠诚的员工队伍,企业的质量管理才可能获得最终的成功。

---

[①] Farzaneh Fazel, Gary Salegna. An Integrative Approach for Selecting a TQM/BPR Implementation Plan[J]. *International Journal of Quality Science*, 1996, 3:6-23.

## 5.1　内部服务和外部服务的互动管理

### 5.1.1　内部服务与外部服务的互动管理

随着服务经济的发展和营销时代的变革,内、外部营销相结合的平衡视角受到越来越多的关注,企业认识到在满足外部顾客的过程中,服务人员和顾客的接触瞬间对服务产出效果有着决定性作用。服务营销三角形理论已经阐明,企业—员工间的内部营销是支撑企业—顾客间外部营销和员工—顾客间互动营销的重要一边。科特勒早年提出过内部营销理念,但如何操作来建立高质量的企业—员工关系尚处于探讨中。服务质量也因为内部营销和外部营销的提出而相应地分为内部服务质量和外部服务质量,该提法得到了服务利润链的印证,该链条指出内部服务质量是外部服务质量的前提和保证。内部服务质量简言之就是公司服务于员工的质量,是有关员工满意度管理的问题;外部服务质量是公司和员工服务于外部顾客的质量,是有关顾客的满意度管理问题。目前对外部服务质量研究比较内部服务质量更多些,如感知质量模型、SERVQUAL 量表等。本节将从内部服务质量和外部服务质量两个方面对零售业的服务质量管理进行探讨。

从营销管理角度看,营销主要关注满足顾客的需要,然而,研究表明有满意的员工的组织有更大可能创造顾客满意(Schneider,1999)[1],营销者更需要研究如何让顾客和员工的需要都得到满足。新营销时代的到来呼吁对员工的更多关注,营销演变经历了不同时代,如顾客关注(Customer Focused)、由外而内营销(Outside-In)、一对一营销(One-to-One Marketing)、数据库营销(Data Driven Marketing)、关系营销(Relationship Marketing)、整合营销(Integrated Marketing)。从顾客关注到整合营销的营销观念的演变,体现了更明显的内外部平衡视角,即让顾客和员工都满意。

---

[1]　Schneider, Susan C. Human and Inhuman Resource Management Sense and Nonsense[J]. *Organization*, 1999, 6(2): 277 - 284.

### 5.1.2　员工满意与否反映内部服务质量

从服务业管理角度看,服务业的公司形象是影响顾客和利益相关者与企业关系的重要因素,而公司形象的形成和外部利益相关者所接触的线索密切相关。服务业的公司形象借助服务品牌来表现,服务品牌形成需要全部员工采纳和执行一致的事先决定的品牌个性(Harris and de Chernatony,2001)[1]。在服务环境下员工不仅是公司的一部分,更是品牌大使。员工处在公司内部和外部环境的分界面上,他们的行为很大程度上影响着顾客对品牌形象的认识,公司必须认识到在实现组织承诺的一组价值中员工所扮演的关键角色。这样,公司自然要确保员工理解品牌价值和把品牌内部化到一定的程度:即员工被联盟和承诺实施品牌价值,越来越多企业开始重视对员工沟通品牌细节和战略的必要性。

首先,关注员工是改善交互质量和外部服务质量的需要。公司品牌创建需要在顾客(外部)和员工(内部)界面间提高重视,在服务品牌连续性的传递中确保员工行为能符合管理者的期望。Gummesson(1999)[2]指出接触点,即真实瞬间,一定要保持一致的高质量,不仅包括可视的质量(Gronroos,2000)[3],还包括伴随服务如何被提供的功能和情感质量。这些建议表明,公司品牌一致性不是只靠常见的营销和管理沟通实现,还需要通过组织员工、顾客和利益相关者的行为和交互质量来实现(范秀成,1999)[4]。其次,关注员工是创造新的竞争优势的需要。Lance A. Bettencourt 和 Kevin Gwinner(1996)[5]提出营销和组织行为方面的学者越来越关注顾客和服务企业前台员工的互动行为,称之为服务接触

---

① Harris, F., L. de Chernatony. Corporate Branding and Corporate Brand Performance[J]. *European Journal of Marketing*, 2001,35(3/4): 441-451.

② Evert Gummesson. *Total Relationship Marketing*[M]. Oxford: Butterworth-Heinemann, 1999.

③ C. Gronroos. *Service Management and Marketing: A Customer Relationship Management Approach*[M]. Hoboken, NJ: John Wiley & Sons, Ltd,2000.

④ 范秀成. 交互过程与交互质量[J]. 南开管理评论, 1999(1): 8—12.

⑤ Lance A. Bettencourt, Kevin Gwinner. Customization of the Service of the Service Experience: The Role of the Frontline Employee[J]. *International Journal of Service Industry Management*,1996,7(2): 3-20.

(Service Encounter),这种互动变为顾客对整个服务组织评价的焦点。重要的是,服务接触提供给了服务企业为单个顾客订制服务的最大机会,这种订制机会是企业的竞争优势来源,会引导产生受欢迎的顾客服务质量评价。员工订制化(Employee Customization)可以认为包括两个行为维度:人际适应性行为(Interpersonal Adaptive Behaviour)和服务供应物适应性(Service Offering Adaptation)①。有关适应性的概念得到学术界重视并日趋理论化,如适应性销售指"在销售情景中基于感知信息、通过与顾客互动而调整的销售行为"②。最后,关注员工是创造顾客满意和服务利润的需要。有确凿证据表明,满意的员工有助于产生满意的顾客,如果服务人员在工作中感受不到快乐,则顾客的满意也很难实现。本杰明·施耐德与戴维·鲍恩③通过在 28 家银行支行对顾客与员工进行研究,发现服务的氛围与顾客总体的服务质量感知高度相关。也就是说,服务氛围和员工会反映为顾客对服务的经历。西尔斯公司也发现顾客满意度与员工的流动率密切相关。在其连锁商店中,顾客满意度高的商店,员工的流动率是 54%;而在满意度低的商店,流动率是 83%。员工的满意度与顾客满意度都对利润产生影响,通过服务—利润链④也可以展示他们之间的关系。因此,我们在探讨服务质量、服务品牌和服务利润时,首先要研究内部员工的工作需要,然后设计出合理的工作岗位和分工体系,充分发挥每个员工的能力和兴趣,无论物质激励还是精神激励都要服务于创造满意的员工,这个过程就是"员工买入"⑤,也是接下来要探讨的问

---

① Lance A. Bettencourt, Kevin Gwinner. Customization of the Service of the Service Experience: the Role of the Frontline Employee[J]. *International Journal of Service Industry Management*, 1996,7(2): 3－20.

② Rosann L. Spiro, Barton A. Weitz. Adaptive Selling: Conceptualization, Measurement, and Nomological Validity[J]. *Journal of Marketing Research*, 1990,27 (1): 61－69.

③ Schneider, K., Bowen, D. The Service Organization: Human Resource Management Is Crucial[J]. *Organizational Dynamics*,1993,Spring: 39－52.

④ James L. Heskett, Thomas O. Jones, Gary W. Loveman, W. Earl Sasser Jr. and Leonard A. Schlesinger. Putting the Service-profit Chain to Work[J]. *Harvard Business Review*, 1994,(3-4): 164－174.

⑤ 孙丽辉. 顾客满意理论研究[J]. 东北师大学报(哲学社会科学版),2003(4): 18—23.

题,而领导的思维重要性在之后的雇主品牌化部分得到体现。

### 5.1.3 顾客满意与否反映外部服务质量

自美国学者 Cardozo 于 1965 年首次讨论顾客满意以来,已有越来越多学者开始了对该理论的研究。至今,对顾客满意的定义依然存有分歧,正如美国学者 Peterson 和 Wilson 所说:"顾客满意度研究的最大特点可能就在于缺少定义。"[①]在早期的文献中,Howard 和 Sheth(1969)将顾客满意度定义为"购买者对购买过程中所付出代价的回报是否适当的一种认知状态";Day(1977)认为顾客满意度的定义应包括四个因素——消费者感知的产品性能或服务质量、消费者的期望、采购或使用产品及服务过程中的感知代价或牺牲、购后或使用后的评价;著名的营销大师菲利普·科特勒对顾客满意的定义为:"满意是指一个人通过对一个产品的可感知的效果(或结果)与他的期望值相比较后,所形成的愉悦或失望的感觉状态";ISO 9000:2000 对顾客满意的定义是"顾客对其要求已被满足的程度的感受"。尽管上述定义有些许分歧,但可以看到的共性在于,顾客满意是主观概念,是顾客对一个组织所提供的全部产品或服务在满足其需要方面所做的综合评价,是他们所感知到的顾客价值的判断,是心理预期与实际体验的比较。

在零售业,顾客满意指的是顾客对零售业所提供的人员服务、购物流程、环境设施、服务的便利性等方面的综合评价。这种有关外部服务质量的评价很大程度上取决于顾客的心理认知,源于顾客的心理预期与实际体验的比较。在心理预期的形成方面有多种来源:以前的使用经验、别人的推荐、企业的宣传和承诺、自己希望的理想状态等。一般认为,优异的服务质量会带来顾客满意。PZB(1996)认为,服务质量仅着重于服务因素,而顾客满意是一个更广泛概念,它受产品质量、价格、情景因素、个人因素及服务质量等的综合影响,服务质量是影响顾客满意的重要因素之一。Artreassen et. al(2000)实证研究结果也表明,服务质量是顾客满意的前因。Cronin 和 Taylor(1992)针对银行、害虫防治、干洗及速食店

---

① 孙丽辉. 顾客满意理论研究[J]. 东北师范大学学报(哲学社会科学版),2003(4):18—23.

进行服务质量研究,在结论中指出顾客满意对顾客的购买意图有显著影响,服务质量是顾客满意的前因变量。Taylor 和 Baker(1994)针对游乐场、航空业、健康照顾及长途电话公司进行实证研究,结果表明"顾客满意是比服务质量更高一级的概念",也认为服务质量会影响顾客满意度。国内学者张雪兰(2005)、陆娟等(2006)、王海忠等(2006)的研究也证明了"服务质量对顾客满意具有直接的正向影响"。也有学者对服务质量与顾客满意度的关系持不同意见,但普遍认为,服务质量着重于服务因素,而满意度所涉及的范围比服务质量广,它受产品质量、价格、情景因素、个人因素及服务质量等因素的影响,服务质量是影响顾客满意度的重要因素之一。

## 5.2 内部服务质量管理

### 5.2.1 员工满意的内涵及其测量

#### 1. 员工满意的内涵

员工满意的内涵建立在顾客满意的研究基础上。对顾客满意的研究在 20 世纪 60 年代中期开始,不同的学者从不同的角度提出了各种理解,可谓见仁见智。1965 年,Cardozo 首次将顾客满意引入营销领域,开创了顾客满意研究的先河。早期对于顾客满意的定义并没有摆脱经济学中投入产出的分析范式,如 1969 年,Howard 和 Sheth 认为"顾客满意就是消费者所付出的代价与所获得的收益是否合理而进行评价的心理状态"。到了 90 年代,学者们终于意识到顾客满意是由顾客消费前的预期和消费过程中的心理评价决定的,于是他们开始从顾客期望与顾客感知价值的角度来定义顾客满意,尽管他们在表述上有所差别。如"顾客满意就是产品预期与结果的函数"(Kotler,1991),认为满意是指一个人通过对一种产品的可感知效果(或结果)与他或她的期望值相比较后,所形成的愉悦或失望的感觉状态,等等。

对内部顾客的研究较少,在西方人力资源管理研究中,对员工满意的研究也不多见,满意一直被视为一个想当然而无须多谈的概念。1969 年

Locke将员工满意定义为"个人的工作达成或帮助达成工作价值而带来的愉快的情绪状态"①。斯蒂芬·P.罗宾斯把"员工满意"定义为"员工希望得到的报酬与他实际得到的报酬之间的差距"②。内部顾客满意如何形成？它有哪些影响因素呢？对这些问题的科学回答是进行内部顾客满意研究和获得满意的内部顾客所必须首先搞清楚的问题。

中国文化中的"满意"是指"满足自己的愿望，符合自己的心愿。满意是人的一种感觉状态、水平，是在比较自己对某事或某物的期望与实际情况后所产生的感觉"③。一些中国学者也对内部顾客满意进行了定义，如南剑飞认为"所谓员工满意，是和用户满意相对而言的，是指员工对其需要已被满足程度的感受，员工满意是员工的一种主观的价值判断，是员工的一种心理感知活动，是员工期望与员工实际感知相比较的结果"④；徐哲认为"员工满意度是相对于个体的生活满意度和总体满意度而言，特指个体作为职业人的满意程度，是员工比较薪酬、工作环境等方面组合的期望与薪酬、工作环境等方面组合的实际后得出的对满意度的评价"⑤。尽管这些定义触及了"员工满意"的部分本质问题，但过于简单。从历史发展和社会环境的改变来看，员工满意度的内涵也在与时俱进、不断更新。

综上所述，无论是外部顾客满意还是内部顾客满意，从本质上看，都表现为个体心理的满足程度。所谓内部顾客满意，是指内部顾客根据以往的经验、企业的承诺以及从多种渠道获得的信息进行综合判断后，形成了对工作的心理预期，该心理预期与进入企业工作后获得的实际体验进行比较后所达到的一种心理状态。若预期超过实际体验，则员工不满意；若实际体验超越预期，则员工满意。内部顾客满意的动因仍值得继续探讨，尤其要考虑到新的经济发展阶段和不同的国别文化环境的差异。

---

①　Locke E. What is Job Satisfaction? Organizational Behavior and Human Light at the End of the Tunnel[J]. *Psychological Science*,1969(2)：240-246.

②　斯蒂芬·P.罗宾斯.组织行为学[M].北京：中国人民大学出版社,1997.

③　夏征农.辞海[M].上海：上海辞书出版社,2003.

④　南剑飞等.员工满意度模型研究[J].世界标准化与质量管理,2004.(2)：17.

⑤　徐哲.组织支持与员工满意度相关分析研究[J].天津商学院学报,2004,(1)：21—22.

2. 员工满意的测量

在测量员工满意方面,国外已经形成了多种方式和方法,在此介绍 6 种量表。一是工作满意度指数 (Index of Job Satisfaction)是由 Brayfield 和 Rothe(1951)编制而成,衡量工作者一般的工作满足,亦即综合满意度 (Overall Job Satisfaction);二是明尼苏达满意度问卷 (Minnesota Satisfaction Questionnaire,简称 MSQ)是由 Weiss 等人(1967)编制而成, MSQ 的特点在于对工作满意度的整体性与项目皆予以完整的衡量,但是缺点在于受测者是否有耐心和够细心完成 120 道题目,在误差方面值得商榷;三是工作说明量表(Job Descriptive Index,简称 JDI)由 Smith、Kendall 和 Huilin(1969)编制而成,它主要衡量工作者对工作本身、薪资、升迁、上司和同事等五个方面的满意度,JDI 的特点是不需要受测者说出内心感受,只由其选择即可,适用于教育程度较低的受测者;四是 SRA 员工调查表 (SRA Employee Inventory),又称 SRA 态度量表 (SRA Attitude survey),是由芝加哥科学研究会 (Chicago Science Research Association)(1973)编制而成,可测量工作者对 14 个工作方面的满意度;五是工作诊断调查表(Job Diagnostic Survey,简称 JDS)是由 Hackman 和 Oldham (1975)编制而成,可测量工作者一般满意度,内在工作动机和特殊满意度(包括工作安全感、待遇、社会关系、督导及成长等方面),以及测量工作者的特性及个人成长需求强度;六是工作满足量表(Job Satisfaction Inventory)是由 Hackman 和 lawler 编制而成,可测量受测者对自尊自重、成长与发展、受重视程度及工作权力等 13 项指标。

参照国内外测量方法可以得出,决定工作满意度的重要因素可以概括为工作本身、组织环境、薪酬福利、个人发展、人际关系。工作本身包括工作环境、工作内容、工作职责等方面;组织环境是员工工作的"软环境",其组织文化和制度政策影响和规范每个员工的行为和态度;在所有的工作分类中,员工们都将薪酬福利视为最重要或次重要的指标,薪酬福利能极大地影响员工的行为和工作绩[1];个人的成长与发展已被越来越多的

---

[1]　陈子光.影响知识分子工作满意度的主要因素[J].应用心理学,1990,(5):16—22.

青年人作为选择职业、单位的首要指标,尤其企业中的知识型员工更是如此;人际关系是个体之间在社会活动中形成的以情感为纽带的相互联系,是直接影响员工的满意程度的重要因素之一。

### 5.2.2 内部营销的内涵及其实施

#### 1. 内部营销的内涵

内部服务质量的管理依赖于内部营销和内部顾客的理论指导。简单说,就是把营销意识应用到内部员工管理上,视内部员工为内部顾客,实现员工满意的管理目标。内部营销思想的萌芽可以追溯到 1953 年由日本丰田汽车公司提出的准时化生产方式(Just In Time,简称 JIT),JIT 生产方式的一个重要思想就是认为下道工序是上道工序的顾客。服务领域对内部营销的关注较早始于 1976 年,Sasser 和 Arbeit 在"服务产业中推销工作"一文中,提出吸引最优秀的雇员的方式是实现服务工作岗位的推销,工作是企业提供的"产品",雇员是"顾客",促进经理们对所提供的工作精心设计。服务管理大师克里斯蒂·格鲁诺斯在 1981 年的著作中,称内部营销是"把公司推销给作为'内部消费者'的员工"[①]。员工的满意程度越高,说明该公司越有可能成为一个以顾客和市场为导向的公司。Berry(1981)是较早使用"内部营销"一词的学者,在"将雇员当作顾客"的文章中,给内部营销做了一个定义"内部营销是指将雇员当作顾客,将工作当作产品,在满足内部顾客需要的同时实现组织目标",在 1991 年对该定义进行了修正,"内部营销通过创造满足雇员需要的工作来吸引、发展、激励和保持高质量的雇员。它是将雇员当作顾客的哲学,是使工作符合人的需要的一种战略"。西方学者们大多倾向于认为内部营销是将市场营销与人力资源管理相联系的一种哲学。内部营销在服务领域和制造领域都有很广泛的应用,丹尼斯·克希尔出版了有关内部营销的专著《内部营销》(*Internal Marketing: Your Company's Next Stage of Growth*)[②],作者探讨了内部营销的概念、内部营销的实施方法和策略、内部营销与企

---

① 克里斯蒂·格鲁诺斯.服务市场营销管理[M].上海:复旦大学出版社,1998.

② 丹尼斯·J.克希尔.内部营销[M].北京:机械工业出版社,2000.

业管理创新的关系、服务业内部营销的实施效果等问题，使人们对内部营销的认识更加系统和全面，并有力地推动了内部营销管理实践的发展。

内部营销可以看作是企业以人为本的一种管理哲学，同时也是一种重要的管理策略。内部营销作为一种重塑管理思维和提升管理效率的方法已经得到更多企业的认同。在质量管理体系方面，内部营销可以帮助明确质量管理部门以及其他各部门的责任，最大限度减少企业内部人员之间、部门之间的摩擦，使企业员工和部门共同为质量体系的运行加力，为各项工作计划或者制度规定提供稳定和有效的保障。

2. 内部营销的实施：员工买入和雇主品牌化

内部营销是"成功地雇佣、培训和激励有能力的员工更好地服务顾客的任务"，它不仅包括人力资源招聘培训和沟通的内容，也包含了企业何种程度上被认为是"被选择的雇主"和招聘过程中的吸引力问题[①]。该概念明确说明了一个组织的员工是他的第一个市场，员工就是内部顾客，工作就是内部产品。当强调组织的整体目标时，要求工作产品一定要吸引人，能发展和激励员工，能满足内部顾客的需要和欲望。这既需要员工对工作和公司的欣赏，也需要公司管理好自身形象，吸引员工加盟，这就是内部营销需具体开展的工作：员工买入和雇主品牌化。企业和员工之间的关系是双向互动关系，仅靠管理好任意一方是不够的。因此除了对员工进行适当管理提高企业业绩外，反过来，企业本身还要提高吸引力促进员工满意，即培育雇主品牌和雇主吸引力。

在员工买入方面，较早提出该概念并进行研究的是 Kevin Thomson 等人[②]，他们集中于内部品牌化（Internal Branding）研究，提出最大程度的员工理解（知识买入，Intellectual Buy-in）和承诺（情感买入，Emotional Buy-in）能强化服务品牌和商业业绩，是品牌成功的发动机，开发了知

①　R. D. Gatewood, M. A. Gowan, G. J. Lautenschlager. Corporate Image, Recruitment, Image and Initial Job Choice Decisions [J]. *Academy of Management Journal*, 1993, 36(2)：414 – 427.

②　Kevin Thomson, Leslie de Chematony, Lorrie Arganbright, Sajid Khan. The Buy-in Benchmark：How Staff Understanding and Commitment Impact Brand and Business Performance[J]. *Journal of Marketing Management*, 1999(15)：819 – 835.

识—情感买入矩阵,展示了管理者怎样能更好地使用内部沟通强化员工买入,进而改善业绩,增加"冠军"员工是战略性建议之一。一个成功的服务品牌不仅要做好外部沟通,外部化为一组受顾客欢迎的功能和情感价值,还需要借助品牌战略来驱动品牌内部化工作,争取到员工的理解和执行,某种意义上,品牌内部化过程决定了品牌外部化效果。因此企业必须重视员工对品牌战略的理解(知识买入)和承诺(情感买入)。

员工对品牌战略的理解就是"知识买入"。对内部营销研究的一个主要原因是员工满意和顾客满意密不可分[①]。品牌成功的要件是团队活动的协调一致,这就需要建立一种适当而强烈的公司文化,以文化支撑品牌,借助内部沟通促进员工对品牌价值的承诺,从而使他们能按照企业需要的方式行动。另外,一个组织内不同部门的员工会接触混合的信息源来理解公司的品牌战略。即便从最高层传达了清晰的信息,内部的品牌沟通还是不能被精确地管理[②],因此需要整合各层次各职能部门的内部沟通来减少误解。实践证明在缺乏有效的内部沟通下进行的兼并中,员工业绩降低 20%,承诺降低 11%,工作满意度降低 21%;相比较,有效内部沟通的兼并中,业绩和承诺没有任何下降,工作满意度仅降低了 2%(Schweiger,Denisi,1991)[③]。在一个高级管理者不断从组织变化中寻求优势的时代,Worrall 和 Cooper(1997)[④]通过调查发现有很少管理者得到了商业变化中的利益,主要缘于可怜的内部沟通。同样,视沟通技能为核心竞争力的公司比较那些不作为核心竞争力的可以多得到 24%的股东回报。

员工对品牌战略的承诺就是"情感买入"。如果说员工的行动是为了建立和顾客的关系的话,那么他们首先需要信任他们的公司战略并承诺

---

①　Valarie A. Zeithaml, Mary Jr. Bitner. Services Marketing[M]. New York: McGraw-Hill,1996.

②　Tom Duncan, Sandra E. Moriarty. A Communication-based Marketing Model for Marketing Relationships[J]. *Journal of Marketing*,1998,62(2): 1 - 13.

③　David Schweiger and Angelo Denisi. Communication with Employees Following A Merger: A Longitudinal Field Experiment[J]. *Academy of Management Journal*, 1991,34(3): 110 - 135.

④　Les Won-all, Cary L. Cooper. The Quality of Working Life: Survey of Managers' Changing Experiences[J]. *The Institute of Management*,1997: 43 - 56.

实施。承诺是影响成功的长期品牌关系的显著因素。Moorman(1993)等人定义承诺(commitment)是"维持一个有价值的关系的持久要求"[①]。一个员工的承诺产生了组织中的个人身份、心理归属、关心组织的未来福利和忠诚。员工的承诺在强化公司名声和成功品牌中扮演媒介角色[②]。成功的品牌具有有力的员工和顾客关系特征。现实中,情感的商业利益,如承诺、忠诚和信任被视为一个组织的"情感资本"[③]。很多研究已表明,承诺的员工越多,一个组织的情感资本就越多。员工承诺的重要性最近也得到了Rucci(1998)等人的证实,在考察了美国零售商 Sears 最近几年里营销战略和内外部顾客关系的改革及关系中,发现 Sears 的改革目标不仅要做受欢迎的销售地点,还要做受欢迎的工作和投资地点。研究证明5个百分点的员工态度改进带来顾客满意度改善 1.3%,导致收益增长 0.5%。在一年的改革中,员工和消费者满意都提高了大约 4%,给 Sears 增加了 2 亿多的额外收入[④]。所以,员工的承诺(情感买入)会促进员工态度改进和工作满意度,进而改善了顾客满意和公司业绩。

"雇主品牌"是"由雇佣公司识别的,由就业提供的集功能、经济和心理利益为一体的包裹"[⑤],和传统品牌一样,雇主品牌也有个性和定位。雇主品牌化就是在潜在劳动力群体心目中建立一个形象,比较其他公司而言的"伟大的工作场所"。在企业鉴别、获取和保留有技能的员工方面,借助广告来建立和保持引人注目和差异化的就业条件。具体来说,发展强势的雇主品牌需要五步:一是理解组织;二是创造一个对员工的引人注目的承诺,而且反映出企业品牌对顾客的承诺;三是发展测量品牌承诺实现程度的标准;四是联盟所有人的行为用于支持和强化品牌承诺;五是

① Moomian, Christine, Deshpande, Rohit and Zaltnan, Gerald. Factors Affecting Trust in Marketing Relationships[J]. *Journal of Marketing*, 1993,57(1):81-101.

② Dowling, Grahame R. *Corporate Reputations-strategies for Developing the Corporate Brand*[M]. London:Kogan Page,1994.

③ Thomson, Kevin. Trofitable Relationships Come from the Inside Out[J]. *Market Leader*,1998,Autumn:58-61.

④ Rucci, Anthony, Kim, Steven and Otiinn, Rued. The Employee-customer-profit Chain at Sears[J]. *Harvard Business Review*,1998(1-2):82-97.

⑤ Ambler, T. & Barrow, S. The Employer Brand[J]. *Journal of Brand Management*,1996,4(3):185-206.

执行和测量。强势雇主品牌能潜在地降低员工获取成本,改善员工关系,比较那些雇主品牌差的企业增加了员工保留率和节省了薪水(Ritson,2002)[①]。Collins 和 Stevens(2002)提出雇主品牌形象的两个维度和潜在员工的就业决定相关[②],这两个维度是:对公司的总的态度和感知到的工作属性。因此说,一个强势的雇主品牌是通过公司的持续的雇主品牌化努力实现的差异化个性,这有利于吸引员工和满足员工,是实现内部营销所倡导的内部顾客满意的保证。

和"雇主品牌化"最相关的概念是"雇主吸引力"。这个概念在职业行为领域、管理领域、应用心理学领域、沟通(Bergstrom et al.,2002)[③]、营销领域(Gilly 和 Wolfinbarger,1998)[④]被广泛讨论。在商业新闻中也成为热门词汇,"最好的雇主"形象也成为更多企业努力的目标。雇主吸引力的评价和管理可借助五个维度来操作:兴趣价值、社会价值、经济价值、发展价值、应用价值。①兴趣价值:是雇主借助提供令人兴奋的工作环境、新奇的工作实践激发员工创造力对员工产生吸引力的程度。②社会价值:是雇主借助提供有趣、愉快、好的同事关系和团队氛围的工作环境对员工产生的吸引力程度。③经济价值:是雇主借助提供超过平均水平的薪水、奖金补贴、工作保险和提升机会对员工产生吸引力的程度。④发展价值:是雇主借助提供认知、自我价值和自信、职业强化体验和未来就业跳板对员工产生吸引力的程度。⑤应用价值:是雇主借助提供给员工应用和传授所学知识的机会、顾客导向和人本主义环境对员工产生吸引力的程度。改善雇主吸引力就是提升雇主品牌竞争力和品牌权益,雇主品牌化工作和员工买入行为促进了公司和员工间的良性互动,保证

---

① M. Ritson. Marketing and HE Collaborate to Harness Employer Brand Power [J]. *Marketing*,2002,24(10):24.

② C. J. Collins,C. K Stevens. The Relationship Between Early Recruitment Related Activities and the Application Decisions of New Labor-market Entrants:A Brand Equity Approach to Recruitment[J]. *Journal of Applied Psychology*,2002,87(6):1121-1133.

③ A. Bergstrom,D. Blumenthal,S. Crothers. Why Internal Branding Matters:the Case of Saab[J]. *Journal of Communication Management*. 2002,5(2/3):133-142.

④ M. C. Gilly,M. Wolfinbarger. Advertising's Internal Audience[J]. *Journal of Marketing*,1998,62(1):69-88.

了内部营销的落实,必然提升员工满意和员工忠诚,因此也将更好地支持公司品牌形象,改善公司竞争力。

综上所述,员工在服务型企业的营销活动中具重要性和特殊性,员工不仅决定了交易瞬间的服务质量和顾客满意,还影响了企业长期的服务利润和竞争优势,因此服务型企业需要采用内外部平衡视角,通过深化内部营销来保证外部营销的效果。在内部营销方面,要争取员工最大程度地理解和实施公司的品牌战略,即员工买入。当员工认同和承诺实施品牌战略后,员工才会在和顾客接触的"真实瞬间"中兑现公司品牌承诺,达到顾客满意,从而产生良好的外部服务质量。为了提高员工对品牌战略的承诺程度,服务型企业要加强自身品牌建设,提高员工的归属感和荣誉感。具体来说,在员工关心的五个价值方面培养公司对员工的吸引力:兴趣价值、社会价值、经济价值、发展价值和应用价值。公司有良好的雇主品牌和吸引力,自然会保证员工队伍和服务质量的稳定性[①]。

## 5.3 外部服务质量管理

### 5.3.1 过程质量管理

1985 年美国学者 Parasuraman,Valarie Zeithamal 和 Leonard Berry 在对四家服务公司进行广泛的探索性质量调查后,提出了服务质量差距分析模型,该服务质量模型揭示了引起消费者不满的对服务的预期和享受到的服务之间的差距(差距 5)是由服务过程中四个方面的差距决定的,差距 5 是差距 1、差距 2、差距 3、差距 4 的逐渐累积,所以要提高服务质量水平就要尽力缩小这四方面的差距。由于这些差距难以完全避免,因此进行及时的服务补救也是重要途径之一。该服务质量模型的意义在于为企业指明了服务质量的形成过程,从顾客调查—管理制度—服务传递—顾客体验的逐级传递中,认识和分析服务质量的差距形成。通过借鉴该模型来理解零售业服务质量,我们认为提升零售业顾客服务水平也

---

① 刘璐,王淑翠,顾宝炎. 服务型企业—员工互动关系管理:员工买入和雇主品牌化[J]. 商业经济与管理,2008,7:31—36.

必须从缩小前 4 个差距入手实现最大程度上的顾客满意。

### 1. 减少差距 1——认知差距

造成零售商对消费者对服务期望认识出现偏差的原因在于对消费者需求缺乏深入的调查了解。所以缩小认知差距,提供优质服务最重要的第一步就是要了解目标顾客需要什么,可以通过调查顾客和调查服务人员来了解需求信息。了解消费者需求不能凭主观的判断,需要实际的调查以掌握顾客真实的期望。具体说,可以采取抽样调查和顾客深度访谈方式。另外,顾客抱怨和投诉也是重要的信息来源。顾客抱怨往往能提供更具体的有关需求方面的信息,因此处理抱怨是获得准确信息和改善服务质量的重要手段。不满意的顾客可能会有抱怨,但未必投诉,所以零售业要鼓励顾客通过各种渠道反映不满意原因,譬如在商场显眼的地方设置顾客服务台或开设免费投诉电话,让顾客便于反映问题和得到问题的反馈,当然对顾客抱怨一定要及时处理才能真正提高服务质量。最后,加强一线员工的培训,鼓励他们更好地收集顾客信息。尤其是一线的售货员和顾客服务代表由于直接接触顾客,因此对顾客对服务的期望和问题有更多的了解。

### 2. 减少差距 2——标准差距

掌握了顾客期望和需求后,企业要利用这些信息来制定适当的标准和建立相应的系统提供顾客满意的服务。服务质量标准要尽可能地体现出管理层对顾客服务期望的认识,减少标准差距。服务利润链已经表明,领导是驱动服务良好运作的最重要因素,管理层需重视并参与到服务运营中。如在酒店业流行"走动式管理",就是要求管理层重视顾客服务、了解基层业务。管理层的顾客意识也会感染和引导一线服务人员,促进一线服务人员为提高顾客服务而努力。其次,采用标杆管理。由于服务本身的无形性,增加了管理上很多挑战,如成本核定和价格制定、服务能力设计、服务质量管理等。通过标杆管理,企业可以选择做得最好的零售标杆企业,通过观察了解他们的服务包设计、服务规范、服务流程、价格水平等,根据自己和竞争者实力差距,确定自己是模仿跟踪还是保持适当距离。该办法可为零售业提供一种可行、可信的目标,也可以促进企业持续改进服务水平。再次,服务标准要清晰具体。服务标准除了要满足顾客需要这一基本原则外,应该清晰具体并能量化,否则就不能指导员工。另外服务标准的制定让员工参与能让他们更好地理解和接受该标准,如果由管理层强行武断地下达标准只会受到员工的抵制。最后,定期进行评估反馈。需要不断地评估服务质量才能确保服务标准的实现。例如通过顾客调查来评估服务质量:销售人员多久才问候你?销售人员的表现像是要做你这笔买卖吗?销售人员对商品的知识了解程度如何?借助顾客调查报告对一线服务人员进行考评、奖罚和激励。

### 3. 减少差距3——交付差距

设定好服务标准后,关键在实施过程中如何减少交付差距,即减少服务标准和实际提供的服务之间的差距。首先,要培训员工。商场员工必须对商品和顾客需要有充分的了解,具备这些知识才能回答顾客的问题和推荐商品,同时也能逐渐地增强员工的自信和理解能力,有助于解决服务问题。而且员工在同顾客尤其是生气和不安的顾客打交道时,需要掌握一定的社交技巧。所以必须培训员工怎样提供更好的服务并安抚不满的顾客,尤其是对售货员和顾客服务代表。其次,适度的员工授权。零售业的服务接触大多是人人接触,不像银行可以引入大量的自动取款机减少人员接触,因此员工的情绪、态度常导致服务产出的不一致,顾客的差异化需求也加重了服务质量的差异化,这对企业品牌和形象的形成非常不利。因此零售业适当的员工授权行为可以增加人员接触中对突发事件和差异需求的处理灵活性,同时也可以提高员工的成就感和满意度,充分发挥员工的主动性和创造性,调动员工的智慧和减少员工流动率,改善员工生产效率。其次,激励员工。要提供相应的系统和设备来帮助员工有效地提供优质服务,如利用计算机系统提高结账速度,为收银员配备通话机同经理联系以快速处理一些问题。另一方面,要处理顾客问题并始终保持微笑,服务人员会承受不小的心理压力。所以营造同事间相互友爱支持、上级关心理解的氛围将是对服务人员有力的精神支持,能鼓励他们更好地工作。最后,调节服务供求关系。供不应求导致的服务排队现象很难保证交互质量,供求关系管理一直是服务业面临的难题。零售业的节假日、周末的销售高峰以及付款时的排队常导致顾客的抱怨。改善供求关系可以从供给和需求两方面做起,在服务供应方面,企业要把握需求变化规律,科学设计服务供应能力;在服务需求方面,企业可以通过价格变动和其他促销手段来调整需求,也可以利用预约方式储备需求。

4. 减少差距 4——体验差距

夸大提供服务会提高消费者的预期,而如果做不到的话,则顾客的体验达不到他们的期望,就会觉得不满,夸大宣传只会带来负面效果。首先,加强与消费者的积极沟通,合理界定服务承诺的水平。过高的承诺常会导致顾客的失望和不满,因此要科学合理地界定服务承诺的水平,避免夸大其实和模糊不清。另外,某些服务问题也常由顾客知识不够、使用不当导致,譬如看病时对缺乏基本的医学知识、在未读说明书之前不正确地使用产品等。所以服务宣传活动中应帮助顾客了解自己在接受服务前、服务中和服务后所应具备的知识和能力,扮演好合作的角色。告诉他们发现自己的合理需要、寻找适合自己的服务、正确的理解服务和配合服务传递,以及告诉消费者服务问题的售后处理措施和投诉程序,引导顾客合理地反映问题和解决问题。其次,各部门之间积极沟通,宣传内容要高度一致。宣传计划由营销部门制定,而具体的服务是由其他部门来提供。所以如果各部门之间缺乏沟通则会导致宣传活动中的承诺和实际提供的服务不一致。因此在进行宣传时,营销部门和服务执行部门之间一定要沟通好才能协调一致。

### 5.3.2 结果质量管理

继 SERVQUAL 量表之后,有许多学者热衷于对服务质量的结果测量和评价。针对零售业服务质量结果评价的最新量表是 Dabholkar,Thorpe 和 Rentz(1996)三位学者提出的"零售业服务质量阶层模型"[①]及其量表,简称 RSQS 量表,如图 5-1 所示,指出零售业的服务质量是两阶层模型,第一阶层有五个基本维度——实体性、可靠性、人员互动、问题解决与公司政策所组成,其中三个基本维度各含有两个次维度,即实体方面的次维度有方便、外观;可靠性包含正确、承诺两个次维度;人员互动则有

---

① Dabholkar P. A. ,Thorpe D. I, Rentz J. A Measure of Service Quality for Retail Stores:Scale Development and Validation[J]. *Journal of Academy of Marketing Science*,1996,24(1):3-14.

信心及礼貌、帮助两个次维度,并发展出 28 个题项的量表来衡量零售业的服务质量。经过实证研究,发现该模型和量表有较好的科学性,因此本部分以其作为结果管理的理论依据。

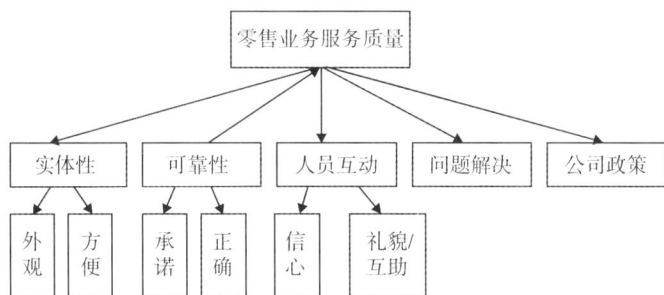

图 5-1　零售业服务质量阶层模型(Dabholkar 等,1996)

### 1. 改善实体环境

由于服务的无形性,顾客对服务产品购买前的理解需要借助于一些有形的线索,因此服务的有形展示管理是必要的和重要的。早在 1973 年,科特勒把"营销氛围"作为一种营销工具,建议"设计一种环境空间,以对顾客施加影响";1977 年,萧丝塔克引入了术语"服务有形展示管理"。有形展示可定义为"指在服务市场营销管理的范畴内,一切可传达服务特色及优点的有形组成部分"。学者从构成要素的角度对有形展示进行划分,认为有形展示主要表现为三种要素类型:实体环境、信息沟通和价格。朱里·贝克(Julie Baker)把实体环境分为三大类:周围因素,设计因素和社会因素。周围因素是指不易引起顾客立即注意的背景条件,设计因素是顾客最易察觉的刺激,体现为一些美学因素和功能因素,社会因素指在服务场所内的人,包括顾客和服务职员。零售业要通过管理实体环境营造顾客的良好体验。首先,结合商品特点确定如何制造卖场氛围,因为顾客有不确定购买行为和感性购买行为,现场体验对其影响很大。如卖场熟食销售,可以通过透明的制作过程和自然的气味刺激顾客的视觉和嗅觉,满足其感观体验,促进购买;某些商品生动的造型,吸引顾客的兴趣而促进冲动购买。其次,要进行全程管理和细节管理。体验是一个过程,从顾客进入店铺的那一刻起,就开始了"体验"。所以能触动顾客感观、情感、思想、行为等方面的所有店铺构成要素都需要纳入"管理对象",

如店铺装修材料、色彩、空气湿度、灯光、商品摆放、声音、味道、固定设施的造型、员工的言行举止、体验路线、其他顾客等都影响了体验结果。卖场既要通过环境心理学做好店铺装饰设计和产品摆放，还要管理好员工和其他顾客，创造和谐舒适的购物氛围。最后，要进行差异化的实体环境定位。不同的零售商有不同的顾客群和市场定位，要根据顾客特点设计卖场环境，而不要千店一面，如装修的风格、环境的氛围、空间的宽敞程度、商品和服务包的差异等。在商业店铺经营中，经营差异化就意味着竞争力和市场，环境设计也要如此。如济南银座和万嘉隆在济南商业店铺中也有适合自身定位和差异化效果的服务环境，前者装修豪华舒适、服务细致周到，后者简约朴素、自由随意。

2. 提高可靠性效果

可靠性指"按照承诺行事"。在服务质量的结果评价中，可靠性被认为是最重要的决定因素，可以理解为准确可靠地执行承诺服务的能力。结合零售业的服务特点，需要从三方面去落实可靠性：承诺适当、人员专业、过程便利。零售业要结合自身的业态特点和市场定位做出合适的承诺，如银座作为一家国有百货公司，在假货横行的时代，把经营"真货"作为当然义务，大张旗鼓地提出"买真货，到银座"，该承诺不仅吸引了足够的消费者，而且也明显差异化于竞争者，最重要的是积累和奠定了企业的良好信誉和形象。作为一家定位中高档的百货公司，银座很少打价格牌，更不会主动引发价格战，坚挺的价格策略捍卫了企业的品牌资产和良好形象。人员专业才能传递令顾客满意的服务，为此，零售商要不定期培训服务人员的专业知识和技能。除了各岗位共同的培训内容，如沟通技巧、礼仪、美容、商品保管、票据处理、英语口语等内容外，还要结合不同的商品种类进行不同的培训，如纺织品知识、色彩学、人体美学、家电知识、儿童生理知识等，这些知识能够帮助服务人员快速处理顾客的咨询，推荐合适产品和品牌，消除购买疑虑和购买失误，改善顾客满意。过程便利会减少购物时间，提高购买效率。这涉及卖场环境的过程管理。所有的有助于完成顾客经历的服务工作活动构成了一个完整过程。这个过程中每个工作环节的工作，环节之间的交接配合，参与每个活动的人员表现，协调控制各个活动的规章制度都影响了顾客的经历和服务体验。因此把过程管理当作一个独立的营销组合要素来看是整合绩效保证服务质量的前提条件。过程包括了一个产品或服务交付给顾客的程序、任务、日程、结构、活动和日常工作。它包括了有关顾客参与和员工判断的政策决定。通过过程的管理解决诸如效率、个性化服务、灵活性、满意度、程序化和标准化等方面的改善,在组织效率成本和管理难度与顾客参与,满意程度和差异化需求之间寻找最佳结合点。如零售业可以通过延长营业时间、增加收银柜台、合理设计不同楼层的商品类别创造购买的便利条件,提高顾客的购物效率。

3. 重视人员互动质量

从顾客的角度来看,当其与服务公司接触时,一项服务在服务接触或是真实瞬间中能够给其带来最生动的印象。接触过程中每一个环节和每一个员工都是重要的,零售业可以把这些真实瞬间连接起来构成一个服务接触层次,顾客正是在这些接触的过程中获得了对零售业服务质量的第一印象。因此,从零售业的角度来看,每一次的服务接触也提供了证明其作为合格服务提供者的潜力和提高客户忠诚度的机会。虽然说服务接触层次比较靠前的几级特别重要,但是在决定顾客满意度和忠诚度方面,任何阶段的接触都可能成为潜在的决定性因素。顾客和零售业的第一次接触会使该顾客留下对公司的第一印象。即使顾客与零售业有许多联系,每一次接触对于在顾客心目中建立零售业的完美形象也起着重要作用。许多积极的体验积累起来会树立起高质量的零售业形象,而负面接触则会产生相反的效果。从逻辑上说,在建立关系方面并不是所有的接触都同等重要,对每一次服务而言,都有一些特定的接触是实现顾客满意的关键。除了关键接触外,还有一些重要接触。重要接触一旦做不好,往往会使服务产出前功尽弃。服务接触往往是愉快体验或不愉快体验的来源,因此通过对服务接触的研究和重视,减少不愉快事件发生,开发愉快经历。一方面,这要求服务人员有强烈的顾客意识,有必要的授权处理特殊要求的能力,有专业熟练的业务能力,有快速有效的服务补救措施。零售业通过制作服务蓝图来考察顾客的每一个要求和管理每一次来自服务人员的接触,尽量保证每次接触都是"愉快"的真实瞬间。另一方面,零售业要管理好顾客。顾客在服务供应中可能扮演三种角色:顾客作为生产资源、顾客作为质量和满意的贡献者、顾客作为竞争者。对顾客的管理有两种观点：一种认为服务供应系统应尽量和顾客投入隔离，减少顾客给生产带来的不确定性。另一种观点认为指导培训顾客完成他们可以扮演的角色，最大限度地贡献于服务产出，可以提高组织生产力。研究表明，那些相信在服务中已有效地完成了自己的任务角色的顾客更容易对服务感到满意，参与活动本身对他们具有一定吸引力，如一些顾客喜欢在互联网上购物获得成就感。

4. 提高问题解决能力

零售业的问题主要指投诉的管理上，投诉管理基本上包含投诉预防、投诉受理、投诉处理、投诉分析四个方面，涉及企业管理人员、服务人员、流程管理、制度政策设计、公关传媒等多个方面，不仅仅是客户服务一个部门的职责。从客户投诉的预防、受理到处理，是为公司节约成本挽留老客户的经营过程，再通过投诉分析挖掘出商机，寻找市场新的卖点，使投诉成为服务利润链的发力点和企业潜在利润中心，即是从投诉管理走向投诉经营的过程。投诉管理工作中，最重头的环节在于投诉预防工作，应从识别并处理好客户抱怨做起。抱怨是客户不满足的一大讯号，企业应在发现的最初期就把它处理好，无论是销售期间还是在最初的服务接触中，无论是在现场还是热线电话中，调动公司每一位员工的主观能动性，鼓励其处理好每一起接触到的客户不满或抱怨。其次做好投诉受理。首先企业是要有一个平台，建立客户联络中心；二是要有顺畅的渠道，如投诉电话、电子邮箱、客户回访、服务渠道等；三是要有规范处理流程，从记录、受理、处理、分析、反馈都流程化。所有核心工作就是如何将客户的信息完整地收集进来，然后通过标准化的、人性化的管理将不同的客户、不同的需求进行分流、处理。再次，进行投诉处理，投诉处理也是投诉管理的核心，是鼓励客户忠诚消费的行动。投诉处理可以减少客户"剧变"并挽救那些濒临破裂的客户关系。客户投诉处理是一项集心理学、法律知识、社会文化知识、公关技巧于一体的工作，需调动多个部门一起解决问题。投诉还应进行层级化管理，通常可分为一般投诉、严重投诉和恶性投诉。应对不同的投诉设定严格的定义，并依此设定不同的处理流程，在这个团队建立共享制度，以保证给处理人员或部门以统一的口径及处理思路。最后,投诉整理分析。做投诉分析的目的是从众多具体的投诉中,发现一些规律性或异常的问题,我们可以发现产品或服务的盲点。从客户投诉分析中,我们可以挖掘出有价值的东西,进而将信息资源变为知识资产。因此,投诉分析可为企业提供持续改进的方向和依据,还可以通过投诉问题分析改进公司的质量管理体系,作为市场调查数据加以充分利用,挖掘顾客潜在需求。

### 5. 完善内部政策环境

无论宏观层面应对外资零售业的行业竞争压力,还是微观层面强化自身竞争力的需要,制度和政策设计都是重要的内容。零售业的内部制度和政策内容与服务质量密切相关,也就是说要通过完善内部政策环境来提高内部管理和控制能力。内部管理控制包括计划控制、生产控制、质量控制、物资存货控制、营销业务控制以及管理组织机构和组织人事控制等,涉及管理控制的各部门。不仅需要通过制度政策合理划分各管理部门的权限,明确其责任,还要保障经营管理行为有计划、有组织地落实,高效经济地实现零售业的任务目标。就国有零售业而言,有三点建议。首先,零售业所有者的职能要实施到位。大型零售业一般属于国有企业,其成长原动力来自于国家税收任务和政治责任,作为经营者要本着对国家负责的态度,科学避免经营风险,追求经济利益和社会效益的最大化。其次,完善法人治理结构。所有权与经营权的分离,促使所有者对经营者形成控制和制衡机制,防止经营者滥用权力。通过在企业内的权力机构、决策机构、监督机构和执行机构,保障所有者对企业最终控制权,形成所有者、经营者、劳动者之间的激励和制衡机制,从而使三者的利益得到保障。最后,强化控制环境建设。包括员工的职业道德、组织结构、经营理念和风险、各种外部影响、董事会的关注和要求等。上述要求均需通过各种内部政策和制度得到明确和规范,这样零售业各项经营管理工作才会有序开展,外部服务质量也才会得到保障。

## 5.4　小　结

根据服务利润链原理,服务质量和服务利润一样,是由内而外逐级生成的。因此,首先要做好内部服务质量的管理,内部服务质量简言之就是公司服务于员工的质量,是有关员工满意度管理的问题;外部服务质量是公司和员工服务于外部顾客的质量,是有关顾客的满意度管理问题。在内部服务质量管理方面要重视内部营销思想和相关工作的落实,把员工当顾客来管理。在外部服务质量研究方面,成果较多,但主要从过程质量(如差距模型)和结果质量方面(如 RSQS 量表)开展工作。本书认为员工买入和雇主品牌化是做好内、外部服务质量管理的重要理念和管理措施。

成功实施全面质量管理有赖于良好的内部服务质量和企业文化,忽视员工满意的企业文化,必然导致员工对工作的抵制和敷衍,也会产生组织和员工间的摩擦和冲突,因此,作为高层管理者需要重视员工管理和员工满意,消除理念和任务执行中的障碍。首先解决员工在工作中存在的问题和困难,对他们进行培养和教育,形成一支专业、满意和忠诚的员工队伍。因此,培养内部顾客满意对零售业的服务质量工程是至关重要的。所谓的内部顾客满意,是指内部顾客在进入一个企业前与进入企业工作后,对预期价值与实际中的自我感知价值进行比较后所达到的一种心理上的平衡状态。研究发现,决定工作满意度的重要构成因素有工作本身、组织环境、薪酬福利、个人发展、人际关系等因素。为了提高内部顾客满意度,需要落实内部营销工作,具体来说包括五步骤:开展内部市场调研、细分内部市场、制定内部营销组合、执行和控制。

本章对外部服务质量的阐述从过程质量管理和结果质量管理两个部分进行。在本书中,服务全过程的质量管理问题借鉴了差距模型(gaps-model)进行了探讨,建议通过减少前 4 个差距最终降低第五个差距,即服务期望与服务体验的差距。在结果质量管理方面,借鉴了 RSQS 量表提出了改善质量的措施,具体说来包括实体性、可靠性、人员互动、问题解决与公司政策等五个方面。

# 第六章

# 零售业服务质量感知影响因素的实证研究

本章主要讨论结合零售业服务质量管理的有关内容,对零售业服务质量量表研究所使用的定量研究方法论问题,包括结构方程模型分析方法、问卷设计中相关量表的开发以及主要应用的数据分析程序与方法,确定了正式调查问卷。之后,本书主要采用结构方程模型(SEM)来评价 RSQS(Retailer Service Quality Scales)的改进模型和检验理论假设,综合运用了 SPSS11.5 和 LISREL8.51 等统计软件进行数据分析。

## 6.1 问卷设计

### 6.1.1 既有模型的讨论

认识到零售商店的不同服务质量维度和开发量表的必要性后,Dabholkar 等人(1996)进行了现场调查和探索性的深度访谈,运用定性研究技术跟踪了顾客购物体验的心理过程。作者在文献研究的基础上,充分借鉴了 SERVQUAL 量表,以及这次定性研究的发现,形成了 RSQS,该量表包含的 5 个基本维度是实体性、可靠性、人员互动、问题解决和公司政策(Physical Aspects,Reliability,Personal Interaction,Problem Solving,Policy)。作者提出顾客从 5 个基本维度评估零售服务质量,并认为零售服务质量是分层的因子结构(a Hierarchical Factor Structure),总体服务质量是更多的或者二级的层次结构,如图 6-1 所示。

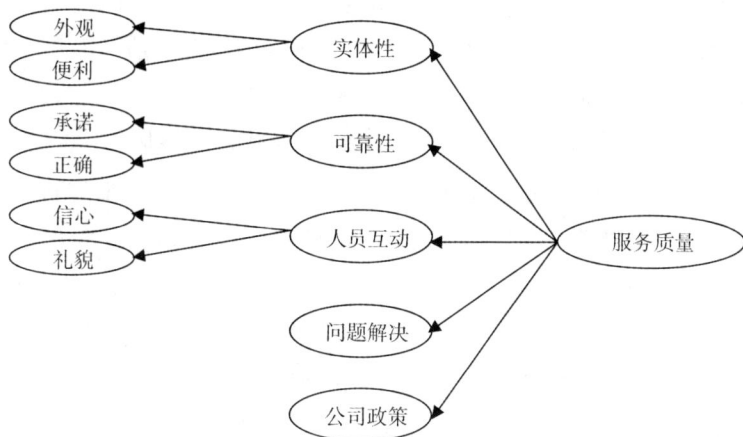

图 6-1　Dabholkar(1996)服务质量影响因素模型

另外,通过不同国家对 RSQS 量表的应用和验证来看,其适用性也有其局限性。尤其值得关注的是,Kim 和 Jin(2001)对美国和韩国的折扣店顾客进行的调查,两国顾客对折扣店的服务质量评价维度互不相同,且只有 4 个维度,证明不同文化背景下的顾客对零售服务质量的评价内容及侧重点是不同的,国别文化是做理论应用时不可忽视的重要影响因素。

在国内服务质量研究方面,苏秦等人(2007)通过对零售业的顾客调查发表了"基于交互模型的客户服务质量与关系质量的实证研究"一文,明确提出顾客与环境的交互质量对关系质量中顾客满意、顾客信任维度存在直接正向影响,顾客满意对于顾客信任和顾客承诺均存在直接的正向影响。钱丽萍等(2005)针对中国消费者的特征及文化背景,对 Dabholkar(1996)提出的零售服务质量评价模型进行了改进。赵辉(2007)在"零售业服务质量评价实证研究"一文中提出了影响超市服务质量的 24 个变量,发现有较好的信度和效度。

本章将在 Dabholkar 研究的基础上,结合目前国内外研究的最新成果,特别是相关变量在中国文化背景下的适用性和局限性,通过内容分析和结构方程模型(SEM)方法以定量统计的方式分析零售企业服务质量维度在中国的应用情况,发现其中的内在逻辑关系并加以合理的解释。

### 6.1.2 确定变量和问卷设计

为了进一步确定本书的变量及相对应量表,本书在对相关文献进行梳理的前提下,首先采取了深度访谈和内容分析研究。所进行的访谈,主要目的在于增进访问者对受访者内在观点的更进一步了解,因此采用个别的、直接的、半结构式深度访谈。访谈内容没有严格限制,我们预先制定访谈大纲,但在实际访谈过程中并不全然遵循访谈大纲来进行,而是根据谈话的进度适当追问和修正问题。同时在取得受访者同意的前提下,以录音方式来进行,以保证访谈的流畅性及数据记录的完整性。每次访谈结束后,即刻根据录音逐字逐句誊写成稿进行分析。本书对所访谈的内容进行了录音、编码、整理和数据分析,形成本书类目的基础。内容分析阶段共有 4 个步骤,如图 6-2 所示。

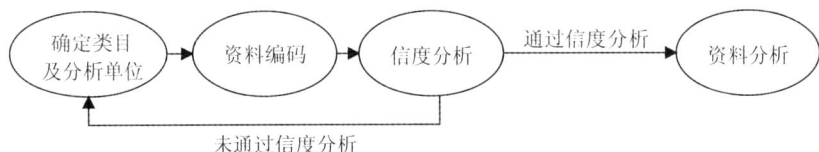

图 6-2　本书的内容分析

资料来源:作者设计

本书的受访对象为零售行业的从业人员和相关领域的专家,共抽样访谈 10 人,受访者基本资料如表 6-1 所示。遵循的原则是:收集的资料要尽可能达到饱和状态,受访者应该有零售商店购买或从业经历,了解该行业的情况,愿意接受访谈并同意录音。实施访谈时间为 2009 年 6 月,这一阶段总计花费了一周左右的时间。

表 6-1　受访者基本资料

| 受访者 | 性别 | 年龄 | 职业 |
|---|---|---|---|
| 1 | 男 | 46 | 服务管理专业教授 |
| 2 | 男 | 54 | 营销管理专业教授 |
| 3 | 女 | 36 | 服务管理专业博士 |
| 4 | 女 | 43 | 零售企业管理人员 |
| 5 | 男 | 45 | 零售企业管理人员 |

| 受访者 | 性别 | 年龄 | 职业 |
|---|---|---|---|
| 6 | 男 | 45 | 零售企业管理人员 |
| 7 | 男 | 35 | 零售企业管理讲师 |
| 8 | 女 | 38 | 零售企业管理讲师 |
| 9 | 女 | 25 | 零售企业前台员工 |
| 10 | 女 | 28 | 营销管理专业讲师 |

资料来源：作者整理

　　根据 10 位访谈对象的访谈录音整理形成的文字稿,是本书形成语干的基础。经包括笔者在内的三位编码员共同进行内容分析,在交互主观性原则指导下,总计挑出 85 个相关语干,并基于文献探讨建立以下类目,如表 6-2 所示。

表 6-2　内容分析的类目

| 整体层变量 | 主维度层变量 | 分支维度层变量 |
|---|---|---|
| 零售企业服务质量 | 实体性 | 外观 |
| | | 便利 |
| | 可靠性 | 承诺 |
| | | 正确 |
| | 人员互动 | 信心 |
| | | 礼貌 |
| | 问题解决 | |
| | 公司政策 | |
| | 公司品牌 | |

资料来源：作者设计

　　内容分析法的信度分析,是要测度研究者使用所设计的类目和分析单位,是否能将内容归入相同的类目中,并且使不同编码者所得的结果一致(Pederson,2000)。编码者间的信度(intercoder reliability)取决于:独立的编码者用同样的编码方法,对同样的内容进行编码,能取得结果的一致性。为达到可接受的信度水准,本书采用以一致性百分比的形式确定数据信度的公式：

信度＝$(N \times A) / 1 + [(N-1) \times A]$

$A = 2M / (n_1 + n_2)$

其中：$N$——编码员的个数。

　　　$A$——编码员之间的相互同意度(average interjudge agreement)。

　　　$M$——编码员之间分类相同的个数。

　　　$n$——各编码员各自进行分类判断的样本个数。

就内容分析的信度检验而言，信度系数达到 0.85 以上(Kassarjian，1977)，即可认为编码质量符合要求。

接下来我们将根据录音来识别具体的影响变量，同时确定其信度。本书选用了 3 名编码员对录音进行编码和识别。A 编码员(笔者)为男性，企业管理专业博士研究生；B 编码员为女性，服务管理专业硕士；C 编码员为男性，服务管理专业硕士。编码员的编码能力及彼此间对编码表的认知，是影响内容分析研究交叉信度的重要因素。为了求得有意义的信度值，在编码之前每个编码员必须对已定义好的类目有彻底的了解。因此，在正式编码前，研究者必须向编码员解释编码的内容及其操作型定义，并任选一份访谈记录让两位编码员进行练习，由练习中来发现问题，例如定义不清或无法判定的问题。

信度分析如下：

AB 编码员的相互同意度(Aab)＝$2 \times 69 / (85 + 85) = 0.81$

AC 编码员的相互同意度(Aac)＝$2 \times 72 / (85 + 85) = 0.85$

BC 编码员的相互同意度(Abc)＝$2 \times 76 / (85 + 85) = 0.89$

平均相互同意度(A)＝$(0.81 + 0.85 + 0.89) / 3 = 0.85$

信度＝$3 \times 0.85 / [1 + (3-1) \times 0.85] = 94.4\%$

由于信度计算的结果在 0.85 以上，超过了最低信度水准(Kassarjian，1977)，显示编码员对于各语干的分类意见是一致的。

根据本书提出的零售企业服务质量的概念，以及已有学者对服务质量研究的文献回顾，考虑到有效的类目系统中，所有的类目都应具有互斥性、完备性和可信度。我们没有将所有学者关于服务质量研究的各个维度罗列出来，因为不同学者研究的角度不同，彼此按照不同的标准进行维度划分时会有交叉包含的现象。因此，根据本书的研究目的，作者选了

Dabholkar 等人研究的维度作为服务质量这一变量的前因变量。然后由每位被访者选择他认为重要的维度,数量不限。我们发现多数专家学者和零售从业人员都赞同实体性(包括外观、方便)、可靠性(包括承诺、正确)、人员互动(包括信心、礼貌)、公司政策、公司品牌等维度,提到的频次超过了 6 次。而问题解决一项却只有 5 次,为了探求原因,我们进一步与专家进行了沟通,结果发现问题解决与人员互动在具体的测量维度上具有一定的重叠性,因此本书决定将问题解决一项归入到人员互动维度中。具体细分维度出现的频次如表 6-3 所示。

表 6-3　零售业服务质量感知细分维度频次

| 维度 | 频次 |
| --- | --- |
| 实体性 | 10 |
| 可靠性 | 9 |
| 人员互动 | 7 |
| 问题解决 | 5 |
| 公司政策 | 9 |
| 公司品牌 | 7 |
| 外观 | 10 |
| 便利 | 10 |
| 承诺 | 9 |
| 正确 | 7 |
| 信心 | 8 |
| 礼貌 | 6 |

资料来源:作者整理

在确定了研究变量之后,本书将继续对量表进行设计。量表开发对实证研究十分重要,一般来说,需要遵循以下几方面的原则:

一是操作必须建立在正确的概念化基础上。二是有效的测量工具必须从一般的问项库(pool)中抽取有代表性的问题(Churchill,1979)。三是多问项测度原则。对于具体的量表设计,一个基本的科学原则是,特定的概念至少应该通过两个以上的问项来测量(Churchill,1979)。四是信度和效度原则。设计完成的量表和问卷必须具备相应的信度和效度,才能应用于正式研究。内容效度(content validity),又称表面效度,是对量表的内容表现特定测量任务优劣程度的一个主观而系统的评价。内容效度是研究最初步的实证效度,它通常是通过该领域专家的判断来确定的(Nunnally 和 Bernstein,1994)。为此,需要由研究者或其他人检测量表项目是否充分地覆盖了被测概念的全部范围。虽然单独的内容效度不是量表效度的充分指标,但是它却有助于对量表分值的常识性解释。为了保证量表的内容效度,我们严格按照以下步骤进行量表设计工作。

本书首先对 Dabholkar(1996)的研究中给出 RSQS 量表进行了翻译和梳理,我们主要做了以下工作:一是邀请国内某大学一位英语系教师将其翻译成汉语,并与我们的翻译进行比较;二是聘请一位英语专业的研究生将汉语再翻译成英语,与问项原文进行比较,我们对语义存在出入之处进行了修改;三是请中文专业的研究生对翻译过的问项进行审阅,并对不符合中文语境的问项做语言上的调整。考虑 Kim 和 Jin(2001)研究中某些变量所对应的问项的合理性,同时借鉴钱丽萍等(2005)、赵辉(2007)研究中的相关问项编制了一个具有 42 个问项的量表。其中由于本书所引入的"公司品牌"变量在相关的文献中没有发现现成的量表,本书则从消费者对零售企业品牌的知名度、偏好度和美誉度方面编制了 4 个问项,该量表的信度和效度我们将在之后的数据分析中予以认定。

在以上的基础上,我们借鉴了社会心理学、组织行为学、服务营销、零售业管理等研究领域中已有的成果,包括理论研究和实证研究,结合我国现阶段零售业服务质量维度的特点,对 10 名专家和零售行业的从业人员进行了第二轮结构化访谈,并对真实的消费者进行了相关的调研,通过内容分析法对每个概念的量表进行设计。实施访谈时间为 2009 年 9 月,这一阶段总计花费了两周左右的时间。实施过程简述如下:将编制好的量表发放给被访者,每位被访者独立完成对每个变量所对应问项的甄别和判断,选择其认为重要的问项保留。通过对每个问项所提频次的计算,淘汰了低于 4 次的问题,得到了包含 38 个问项的预调研问卷。

再次,进行问卷前测。为了避免问卷内容仍有语意方面的问题,造成受测者误答问卷,影响问卷的效度,本书采用问卷前测(pretest)的方式进一步检验了问卷内容。我们在某超市中再次对 43 位超市光顾者进行预调研问卷调查,让他们就问卷给出的 38 个问项对于评价超市服务质量的重要程度打分。填写问卷的受测者可以随时就问卷内容提出疑义。主要包括三个步骤：

（1）请参与前测的受测者，在不经提示的情况下，开始填答问卷，如果受测者对问卷有任何疑问，即可随时提出。

（2）征询受测者意见。在受测者全部填答完成问卷之后，研究者再就问卷中的测项逐一解释题意，以确认受测者对于问卷内容所欲表达的意思是否领会，而不再有任何可能引起误解等语意方面的问题。

（3）我们根据调研结果的汇总，删除了重要程度较低的变量，之后请服务管理学专家对问卷进行了最终的审阅，对原始量表中某些有歧义、模糊的问项作了进一步修正，最后确定出了 33 个问项，得出本书变量所对应的量表，参见表 6-4。

综合考虑受访者的实际判断能力，本书量表的所有问项都采用 7 级 LIKERT 量表。数值"1"表示非常不同意，"4"表示不确定，"7"表示非常同意。

在调查问卷中，我们对一些问项采用了反向措辞，目的是为了减少响应偏差（response bias）。响应偏差由受访者的态度和事先倾向所致。最常见的响应偏差，即响应受到了对正面或负面答案的总体趋势的影响。Schmitt 和 Klimoski（1991）[①]建议，对一些问项采用正面措辞，而对另外一些问项采用负面措辞，是克服响应偏差的较为常见且有效的方法。

表 6-4　本书所采用的服务质量感知量表

| 潜变量 | 观测变量 |
|---|---|
| 外观 | $AP_1$：我认为这家店铺内外的装修比较美观 |
| | $AP_2$：我认为员工服装和外表整洁 |
| | $AP_3$：这家店铺设有卫生间和休闲设施 |
| 便利 | $CO_1$：我认为商品摆列整齐，易于寻找 |
| | $CO_2$：我认为商品摆放会给行动带来不便（R） |
| | $CO_3$：我认为排队等候付款时间比较合理 |
| | $CO_4$：我认为店铺对消费者提供指示说明很详尽（例如优惠公告等） |

① Schmitt N., Mellon P. M. Life and Job Satisfaction: Is the Job Central? [J]. *Journal of Vocational Behvior*, 1993,68(16)：51－58.

**续　表**

| 潜变量 | 观测变量 |
|---|---|
| 承诺 | $PR_1$：我认为店铺履行了对消费者的承诺（退货或赔偿） |
| | $PR_2$：我认为店铺没有及时提供许诺的服务（$R$） |
| | $PR_3$：我对店铺提出的许诺很放心 |
| 正确 | $DR_1$：店铺会在第一次就把事情做好 |
| | $DR_2$：我在这家店铺购买商品的小票从来没有出错 |
| | $DR_3$：我觉得这里的商品种类齐全、货源充足 |
| 信心 | $CF_1$：我认为这家店铺的员工令人信赖（例如您能放心地让他替您保管物品、相信他对您推荐的商品） |
| | $CF_2$：我觉得这里的员工有充分的专业知识，以回答消费者的问题 |
| | $CF_3$：我觉得的言行使我对这家店铺感到很放心 |
| | $CF_4$：我觉得当我遭遇丢失物品等问题时，这里的员工会尽力协助解决 |
| 礼貌 | $CH_1$：我觉得这里的员工乐意随时为消费者提供帮助和服务 |
| | $CH_2$：我觉得这里的员工能迅速对消费者提供所需的送货、退货、保养和维修服务 |
| | $CH_3$：我觉得这里的员工会因为太忙而疏于响应消费者的询问（$R$） |
| | $CH_4$：我觉得这里的员工保持对消费者的礼貌性 |
| | $CH_5$：我觉得这里的员工会给予消费者个别性的注意 |
| 公司政策 | $PO_1$：我觉得这家超市的商品质量有保证 |
| | $PO_2$：这家超市门口乘车便利 |
| | $PO_3$：这家店铺没有提供停车、存包场所（$R$） |
| | $PO_4$：这家店铺提供非现金支付方式（例如记账、信用卡等） |
| 公司品牌 | $BR_1$：我认为这家店铺品牌的知名度较高 |
| | $BR_2$：这家店铺是我喜爱的品牌 |
| | $BR_3$：我认为这家店铺的品牌有很好的口碑 |
| | $BR_4$：我经常光顾这家店铺 |
| 服务质量 | $SQ_1$：我认为这家店铺的总体服务质量很好 |
| | $SQ_2$：我认为这家店铺提供的服务令我感到很愉快 |
| | $SQ_3$：我认为这家店铺满足了我的需要 |

注：$R$ 为反向问题

除了上述研究模型中核心概念的量表以外,我们还简要设计了以下有关人文统计变量的问项。我们选择了性别、年龄、学历、收入4个具体变量,具体选用的量表如表6-5所示。

表6-5 人文统计变量的量表

| 人文统计变量 | 问 项 |
|---|---|
| 性别 | 男/女 |
| 年龄 | 20岁以下/21～25岁/26～35岁/36～45岁/45岁以上 |
| 学历(文化程度) | 初中及以下/高中或中专/大专或本科/研究生以上 |
| 收入 | 1000元以下/1001～2000元/2001～3000元/3001～5000元/5000元以上 |

## 6.2 假设和模型的提出

在美国市场营销协会的资助下,美国学者 A. Parasuraman,V. Zeithaml 和 L. L. Berry(简称 PZB)合作发表于 1985[①]、1988[②]、1988[③]、1991[④]、1994[⑤] 年的五篇文章,奠定了服务质量差距模型和 SERVQUAL (service quality)测量方法的基础,它为量化服务质量提供了一种可行的方法,并得到了广泛的应用和发展。其研究的重点是服务质量的构成要

[①] A. Parasuraman, V. Zeithaml and L. L. Berry. A Conceptual Model of Service Quality and Its Implications For Ruture Research[J]. *Journal of Marketing*, 1985, Autumn: 41-50.

[②] A. Parasuraman, V. Zeithaml and L. L. Berry. SERVQUAL: A Multiple-item Scale for Measuring Consumer Perceptions of Service Quality[J]. *Journal of Retailing*, 1988, 64(spring): 12-40.

[③] V. A. Zeithaml, L. L. Berry and A. Parasuraman. Communication and Control Processes in the Delivery of Service Quality[J]. *Journal of Marketing*, 1988, 52(4): 35-48.

[④] A. Parasuraman, V. Zeithaml and L. L. Berry. Refinement and Reassessment of the SERVQUAL Scale[J]. *Journal of Retailing*, 1991, 67(4): 420-50.

[⑤] A. Parasuraman, V. Zeithaml, L. L. Berry Reassessment of Expectations as a Comparison Standard in Measuring Service Quality: Implications for Further Research [J]. *Journal of Marketing*, 1994, 58(1): 111-125.

素及评价方法。他们通过在银行服务、信用卡、证券经纪和产品维修四个服务行业的实证研究,构建了服务质量差距模型(1985)。并于 1985 年提出服务质量是顾客全面感知的服务质量,是由期望服务质量(ES)与感知服务质量(PS)之间的差距得来的观点,即服务质量 ＝ 期望的服务－感知的服务。当 ES＞PS 时,感知质量得不到满足,会得到不可接受的服务质量(unacceptable quality);当 ES＝PS 时,感知质量得到满足;当 ES＜PS 时,感知质量得到极大的满足,会得到理想的服务质量(ideal quality)。PZB 通过访谈的方式,开发了用以测量服务质量水平的概念性模型,归纳出服务质量的决定因素,共计 10 个维度:

① 可靠性(reliability):意指企业第一次提供服务时就能做对(doing the service right the first time),表示企业对其承诺的尊重。

② 响应性(responsiveness):指员工提供服务的意愿与及时性。

③ 胜任性(competence):指员工具有执行任务所需要的专业知识和技能。

④ 接近性(access):指顾客易于接触到饭店所提供的服务。

⑤ 礼貌性(courtesy):服务人员的体贴、友善与礼貌。

⑥ 沟通性(communication):指员工愿意倾听顾客的意见,并能以顾客听得懂的语言来交谈。

⑦ 可信性(credibility):指企业及员工值得信任并诚实。

⑧ 安全性(security):指顾客免于受到危险。

⑨ 理解和熟悉顾客(understanding/knowing the customers):指致力于了解顾客的需求并能够认识顾客。

⑩ 有形性(tangible):指为顾客提供服务的实体设施设备,包括提供服务的工具、设备以及员工的外在形象等。

Lehtinen(1982)提出两种服务质量的定义。首先从服务的生产过程的观点将服务质量划分为:①实体质量(physical quality):包括实体的环境、设施、设备及产品等质量。②互动质量(interactive quality):包括顾客与服务人员的关系,以及顾客之间的互动关系。③企业质量

（corporate quality）：包括了企业整体的形象与声誉等因素。[①]

Haywood-Farmer（1988）提出服务质量是有形设备过程和程序（如地理位置、服务场所大小、设备可靠性、流程的控制与弹性、服务的速度等）、服务人员行为与响应性（沟通、态度、衣着、礼貌、处理抱怨和解决问题能力）及专业性判断（如诊断、革新、信任、识别和知识技能等）三者交互产生的结果。[②] Getty 和 Thompson（1993）[③]提出的量表将 PZB 服务质量的 5 个维度整合为 3 个维度：可靠性、有形性和沟通性，共有 22 个问项，也分为期望和感知两个部分，合计 44 个问项。Amy，Alison 和 Christopher（1999）[④]提出的量表修正 SERVQUAL 的 5 个维度为 3 个维度：员工、有形性与可靠性，其中，员工此一维度涵盖了 SERVQUAL 量表的响应性、移情性和保证性的内容。本书对其中的 22 个问项进行了修正和增加，共计 28 个问项。

在 SERVQUAL 模型的基础上，还有其他学者也针对不同行业的服务特点，提出了改进的模型，特别是 Dabholkar 等（1996）针对零售业的经营环境，建立了用于评价零售服务质量的 RSQS 模型，对影响服务质量的实体性、可靠性、人员互动性和公司政策进行了定量分析和有益的探讨。其中实体方面比 SERVQUAL 的有形性更宽泛，包括实体设施、商店布局和公共区域。可靠性和 SERVQUAL 基本一致，包括公司的承诺和员工的正确行事。人员互动测量了顾客对商店员工礼貌性和助人方面产生购买自信和信任的感知。公司政策也会直接影响服务质量的各方面，包括高质量的商品、便利的停车场、便利的商店营业时间、可使用的信用卡和商店信用卡的获得。

国内学者也对 Dabholkar 的 RSQS 模型进行了有益的探讨，钱丽萍

---

① U. Lehtinen, J. R. Lehtinen. *Service Quality：A Study of Quality Dimensions* [J]. Helsinki：Service Management Institutes，1982.

② J. Haywood-Farmer. A Conceptual Model of Service Quality[J]. *International Journal of Operations & Production Management*，1988,8(6)：19 - 29.

③ Getty and Thompson. The Relationship Between Quality，Satisfaction，and Recommending Behavior in Lodging Decisions[J]. *Journal of Hospitality and Leisure Marketing*，1994,2(3)：3 - 22.

④ Amy and Christopher. Research and Concepts Analysing Service Quality in the Hospitality Industry[J]. *Managing Service Quality*，1999,9(2)：136 - 143.

等(2005)针对中国消费者的特征及文化背景,对 RSQS 模型进行了改进,同时模型也验证了构成零售业服务质量维度的变量与服务质量间的正向影响关系。

基于以上的分析,结合本书的研究目的,我们得到了如下的研究假设:

$H_{1a}$:零售企业的外观与服务的实体性具有正向相关的关系。

$H_{1b}$:零售企业的便利与服务的实体性具有正向相关的关系。

$H_{2a}$:零售企业的承诺与服务的可靠性具有正向相关的关系。

$H_{2b}$:零售企业的正确行动与服务的可靠性具有正向相关的关系。

$H_{3a}$:零售企业员工的信心与服务中的人员互动具有正向相关的关系。

$H_{3b}$:零售企业员工的礼貌与服务中的人员互动具有正向相关的关系。

$H_4$:零售企业服务的实体性与服务质量具有正向相关的关系。

$H_5$:零售企业服务的可靠性与服务质量具有正向相关的关系。

$H_6$:零售企业服务中的人员互动与服务质量具有正向相关的关系。

$H_7$:零售企业的政策与服务质量具有正向相关的关系。

另外,本书新引入了企业品牌这一概念,尝试探讨零售企业所建立的企业品牌对其服务质量的影响关系。Paul A. Argenti 和 Bob Druckenmiller(2003)[①]提出公司品牌化(corporate branding)是顾客对公司及其供应物的全部联想。企业把整个公司作为营销对象并在全部供应物上体现公司名称的行为就是公司品牌化战略[②]。在零售业中也理解为品牌化店铺(Branding the Store),正引起零售领域的更多关注。Steve L. Burt 和 Leigh Sparks(2002)[③]探讨了不同零售品牌战略的类型与其服务质量在顾客中认同度的差异化,随着其品牌化工作的深入和提升,顾客对其服务质量的感知有着明显的增加。因此,公司品牌塑造和高质量的服务具有一

---

① Paul A. Argenti, Bob Druckenmiller. Reputation and the Corporate Brand[D]. Working Paper No. 3 - 13. 2003, http://ssrn. com/abstract=387860.

② 王淑翠. 零售业的公司品牌战略研究[J]. 太平洋学报, 2006(5):57—58.

③ Steve L. Burt, Leigh Sparks. Corporate Branding, Retailing, and Retail Internationalization[J]. *Corporate Reputation Review*, 2002,5(2/3):194 - 212.

致性的趋向。同时,诸如"沃尔玛""家乐福"等对顾客更熟悉、更有影响力的零售商品牌,也使得其高品质的产品形象在消费者中得到了固化。基于以上的分析,结合本书的研究目的,我们得到了如下的研究假设:

$H_8$:零售企业的公司品牌与服务质量具有正向相关的关系。

综合以上分析,我们整合了实体性、可靠性、人员互动、公司政策以及公司品牌的相关研究,根据本书的研究假设和目的,构建了本书的概念化模型(见图 6-3),确定了影响零售业服务质量维度的前因变量。

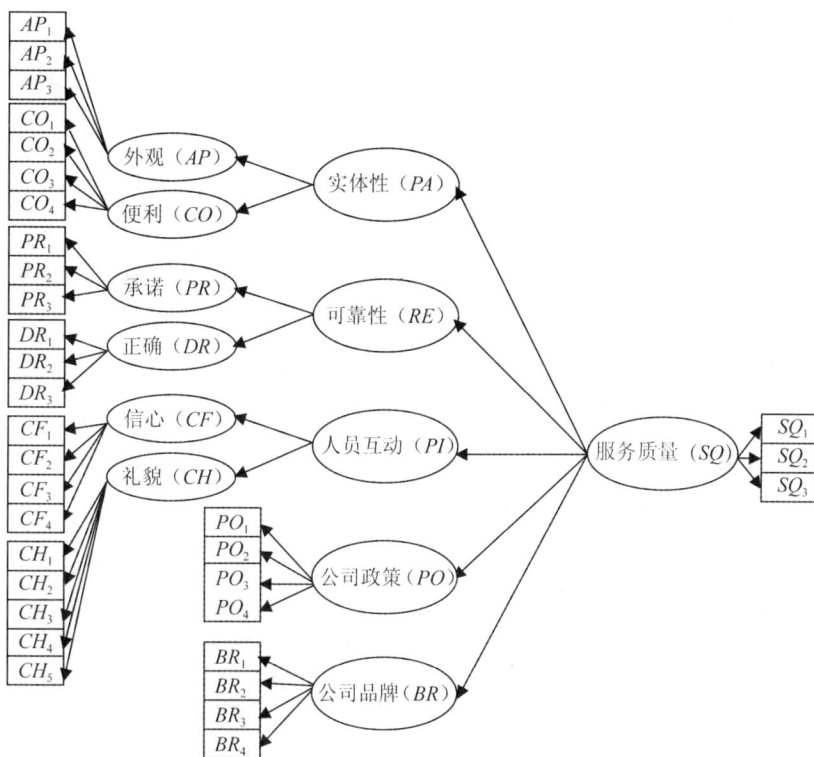

图 6-3 零售业服务质量维度研究模型图

资料来源:作者设计

## 6.3 正式调研与信度和效度分析

正式调研在济南的两家 XY 商业集团超市中随机抽取顾客作为受

访对象。访问员的素质和工作质量直接影响着调研的可靠性和准确性,因此我们对访问员的选择是谨慎且严格的。在实际的调查过程中,我们聘用在校研究生进行调查,并对其就正式调研问卷进行了1天的专业培训。我们对访问员的要求如下:一是让受访者现场填答问卷。当受访人有疑问时,访问员应随时、适当地给予解释,但访问员不能表明观点,不能影响受访者的判断。二是访问员要当场检查填完的问卷,发现问题当场纠正。检查的项目包括:是否有问项漏填;是否有单个问项填答了两个以上答案等。一旦出现以上情况,访问员应提示受访者重新判断填答。当有连续多个问项填答为同一个数值时,访问员应要求受访者进行检查确认,以保证填答是认真负责的。三是要求受访者尽量填写个人电话,便于事后的检查确认。在调研的实施过程中,我们要求访问员每天都应将完成的问卷于当天及时交回,这样我们就可以实时监督调研的进展情况,检查问卷的质量,同时听取访问员的意见、帮助他们解决调查中遇到的问题。同时为提高受访者的配合程度,我们向每位受访者赠送一份价值5元左右的纪念品表示感谢,以提高问卷的回收率和真实性。

样本规模在使用结构方程模型方法进行估计和解释变量之间关系时起着非常重要的作用。样本规模通常与四个因素有关:一是模型允许的误差大小。误差越小,需要的样本规模越大;二是数据是否为正态分布。数据偏离正态分布越远,需要的样本量越大;三是模型中待估计的参数数量;四是模型的估计过程。使用最大似然法进行估计时需要的样本规模为200。Boomsma(1982)发现不论是模型有恰当解的百分率、参数估计的精确性,还是统计量的分布,研究结果都显示N越大越好。他建议N最少应大于100,但大于200则更好。简单而言,容量少于100的样本,所产生的相关矩阵不够稳定,使得结构方程分析结果的信度降低。因此,综合考虑各项标准,以及预调研的有效问卷回收率,本书将样本规模确定为300个左右。

实际调研中共发放问卷400份,收回问卷358份,问卷的回收率为89.5%;其中有效问卷323份,有效回收率为80.75%。根据国外学者Babbie(1998)的观点,调查资料要能分析与报告,回收率非常重要,至少应达50%才算"适当";60%视为"良好";70%以上则视为"非常好"。依据上述观点,本书的问卷回收率达到"非常好"的程度。上述过程在 2009 年 6 月至 7 月间完成。样本的基本统计资料见表 6-6。

表 6-6　样本的人口统计特征

| | 样本特征 | 频数(人) | 百分比(%) |
|---|---|---|---|
| 性别 | 男 | 115 | 35.6 |
| | 女 | 208 | 64.4 |
| 年龄 | 20 岁以下 | 76 | 23.5 |
| | 20～25 岁 | 144 | 44.6 |
| | 26～35 岁 | 55 | 17.0 |
| | 36～45 岁 | 38 | 11.8 |
| | 45 岁以上 | 10 | 3.1 |
| 学历（文化程度） | 初中及以下 | 20 | 6.2 |
| | 高中或中专 | 136 | 42.1 |
| | 大专 | 70 | 21.7 |
| | 本科 | 92 | 28.5 |
| | 硕士及以上 | 5 | 1.5 |
| 收入 | 1000 元以下 | 144 | 44.6 |
| | 1001～2000 元 | 121 | 37.5 |
| | 2001～3000 元 | 30 | 9.3 |
| | 3001～5000 元 | 18 | 5.5 |
| | 5000 元以上 | 10 | 3.1 |
| 总计 | | 323 | 100 |

首先,我们运用 SPSS13.0 的 Recode 程序对反向问项的数据进行了重编码,变为正向数据。其次,采用 EM(Expectation-Maximization,期望最大化)算法来处理缺失值。EM 算法是一种迭代算法,最初由 Dempster 等提出,主要用来求后验分布的最大似然估计值,该算法在缺失值的估计上非常有效。它的每次迭代由两步组成:E 是求出期望,M 则进行极大化,如此反复迭代,直到收敛为止。这种算法可以从未缺失数据的分布情况中推算出缺失数据的估计值,从而能够有效地使用所有数据进行分析,来提高统计结果的可信度。

### 6.3.1 正式调研观测变量描述性统计

结构变量描述性统计分析主要包括每个观测变量的最小值、最大值、均值和标准差等信息。本书有效回收样本中主要观测变量的描述性统计分析结果如表 6-7 所示。

表 6-7 观测变量描述性统计

| 观测变量 | 最小值 | 最大值 | 平均数 | 标准差 |
|---|---|---|---|---|
| $AP_1$ | 1.00 | 7.00 | 4.85 | 1.44 |
| $AP_2$ | 1.00 | 7.00 | 4.34 | 1.69 |
| $AP_3$ | 1.00 | 7.00 | 4.78 | 1.45 |
| $CO_1$ | 1.00 | 7.00 | 4.51 | 1.60 |
| $CO_2$ | 1.00 | 7.00 | 4.51 | 1.71 |
| $CO_3$ | 1.00 | 7.00 | 4.57 | 1.66 |
| $CO_4$ | 1.00 | 7.00 | 5.11 | 1.35 |
| $PR_1$ | 1.00 | 7.00 | 4.95 | 1.85 |
| $PR_2$ | 1.00 | 7.00 | 4.19 | 1.84 |
| $PR_3$ | 1.00 | 7.00 | 4.13 | 1.71 |
| $DR_1$ | 1.00 | 7.00 | 4.53 | 1.61 |
| $DR_2$ | 1.00 | 7.00 | 3.87 | 1.72 |
| $DR_3$ | 1.00 | 7.00 | 4.54 | 1.52 |
| $CF_1$ | 1.00 | 7.00 | 5.28 | 1.57 |
| $CF_2$ | 1.00 | 7.00 | 4.51 | 1.60 |
| $CF_3$ | 1.00 | 7.00 | 4.65 | 1.53 |
| $CF_4$ | 1.00 | 7.00 | 5.49 | 1.27 |
| $CH_1$ | 1.00 | 7.00 | 5.17 | 1.38 |
| $CH_2$ | 1.00 | 7.00 | 5.33 | 1.29 |
| $CH_3$ | 1.00 | 7.00 | 4.66 | 1.47 |

| 观测变量 | 最小值 | 最大值 | 平均数 | 标准差 |
|:---:|:---:|:---:|:---:|:---:|
| $CH_4$ | 1.00 | 7.00 | 4.55 | 1.52 |
| $CH_5$ | 1.00 | 7.00 | 4.53 | 1.64 |
| $PO_1$ | 1.00 | 7.00 | 4.71 | 1.53 |
| $PO_2$ | 1.00 | 7.00 | 4.73 | 1.50 |
| $PO_3$ | 1.00 | 7.00 | 4.67 | 1.63 |
| $PO_4$ | 1.00 | 7.00 | 4.92 | 1.43 |
| $BR_1$ | 1.00 | 7.00 | 4.79 | 1.55 |
| $BR_2$ | 1.00 | 7.00 | 4.89 | 1.43 |
| $BR_3$ | 1.00 | 7.00 | 4.80 | 1.51 |
| $BR_4$ | 1.00 | 7.00 | 4.63 | 1.33 |
| $SQ_1$ | 1.00 | 7.00 | 4.29 | 1.51 |
| $SQ_2$ | 1.00 | 7.00 | 4.68 | 1.45 |
| $SQ_3$ | 1.00 | 7.00 | 4.35 | 1.37 |

### 6.3.2　信度和效度分析

为了确保模型拟合度评价和假设检验的有效性,我们对调研数据进行了信度和效度的分析。首先我们使用 SPSS13.0 软件对总体样本进行了探索性因子分析,我们运用主成分分析法以特征根值大于 1 为标准来截取数据,并对结果的载荷矩阵进行了最大化正交旋转法(Varimax)。结果显示,正式量表的总体 KMO 值为 0.933。学者认为 KMO 值较小时,表明变量不适合做因子分析。通常按以下标准解释该指标值的大小:0.9 以上为"非常好";0.8 以上为"好";0.7 以上为"一般";0.6 以上为"差";0.5 以上为"很差";0.5 以下为"不能接受",因此本书结果符合要求。同时累计方差解释度为 72.29%,并通过了 Bartlett's 球型检验($p < 0.000$),所有的 33 个问项共会聚成 9 个特征值大于 1 的有效因子,且每个因子的载荷都大于 0.6,可以判断变量测量项目之间具有较好

的会聚有效性。Kaiser(1974)认为,因子分析中项目的平均共同度最好在0.70以上,如果样本数大于250,则平均共同度应在0.60以上。从表6-8中的数据可以看出,各测项的共同度在0.512~0.836,平均共同度为0.678,大于0.60,符合实验要求如表6-8所示。

表6-8 观测变量的探索性因子分析载荷

| 潜变量 | 问项 | 1 | 2 | 3 | 4 | 5 | 6 | 7 | 8 | 9 | 共同度 |
|---|---|---|---|---|---|---|---|---|---|---|---|
| 外观 | $AP_1$ | 0.902 | | | | | | | | | 0.819 |
| | $AP_2$ | 0.941 | | | | | | | | | 0.804 |
| | $AP_3$ | 0.865 | | | | | | | | | 0.798 |
| 便利 | $CO_1$ | | 0.862 | | | | | | | | 0.742 |
| | $CO_2$ | | 0.824 | | | | | | | | 0.730 |
| | $CO_3$ | | 0.765 | | | | | | | | 0.748 |
| | $CO_4$ | | 0.624 | | | | | | | | 0.679 |
| 承诺 | $PR_1$ | | | 0.800 | | | | | | | 0.743 |
| | $PR_2$ | | | 0.731 | | | | | | | 0.651 |
| | $PR_3$ | | | 0.790 | | | | | | | 0.662 |
| 正确 | $DR_1$ | | | | 0.810 | | | | | | 0.757 |
| | $DR_2$ | | | | 0.715 | | | | | | 0.634 |
| | $DR_3$ | | | | 0.634 | | | | | | 0.581 |
| 信心 | $CF_1$ | | | | | 0.764 | | | | | 0.623 |
| | $CF_2$ | | | | | 0.796 | | | | | 0.680 |
| | $CF_3$ | | | | | 0.754 | | | | | 0.585 |
| | $CF_4$ | | | | | 0.760 | | | | | 0.650 |
| 礼貌 | $CH_1$ | | | | | 0.828 | | | | | 0.686 |
| | $CH_2$ | | | | | | 0.771 | | | | 0.594 |
| | $CH_3$ | | | | | | 0.801 | | | | 0.608 |
| | $CH_4$ | | | | | | 0.795 | | | | 0.695 |
| | $CH_5$ | | | | | | 0.761 | | | | 0.580 |

| 潜变量 | 问项 | 1 | 2 | 3 | 4 | 5 | 6 | 7 | 8 | 9 | 共同度 |
|---|---|---|---|---|---|---|---|---|---|---|---|
| 公司政策 | $PO_1$ | | | | | | | 0.814 | | | 0.595 |
| | $PO_2$ | | | | | | | 0.741 | | | 0.718 |
| | $PO_3$ | | | | | | | 0.754 | | | 0.639 |
| | $PO_4$ | | | | | | | 0.693 | | | 0.586 |
| 公司品牌 | $BR_1$ | | | | | | | | 0.612 | | 0.523 |
| | $BR_2$ | | | | | | | | 0.632 | | 0.512 |
| | $BR_3$ | | | | | | | | 0.744 | | 0.669 |
| | $BR_4$ | | | | | | | | 0.790 | | 0.654 |
| 服务质量 | $SQ_1$ | | | | | | | | | 0.814 | 0.773 |
| | $SQ_2$ | | | | | | | | | 0.863 | 0.833 |
| | $SQ_3$ | | | | | | | | | 0.851 | 0.836 |

注：因子载荷小于 0.4 的数据省略

　　评价内部一致性的一种方法是计算每个概念的 Cronbach 系数,它的可接受的水平为 0.70(Nunnally 和 Bernstein,1994)。[①] 随后,我们以总体样本为例,对由 33 个观测变量构成的 9 个潜变量计算其信度系数 Cronbach's Alpha 值。从各量表所包含测项的偏 α 系数中,我们发现,各个量表内部一致性较高,同时所有的潜变量的 α 系数处在 0.7091～0.8892,均明显高于 0.70 这一可接受的最小临界值,这表明变量的测量具有较好的信度,如表 6-9、表 6-10 所示。

表 6-9 各变量偏 Cronbach 系数

| 观测变量 | 删除该问项后的总体信度 |
|---|---|
| $AP_1$ | 0.8357 |
| $AP_2$ | 0.8593 |

① Nunnally J. C., Bernstein I. H. *Psychometric Theory* [M]. New York： McGraw-Hall，1994.

**续　表**

| 观测变量 | 删除该问项后的总体信度 |
|---|---|
| $AP_3$ | 0.8621 |
| $CO_1$ | 0.7246 |
| $CO_2$ | 0.7688 |
| $CO_3$ | 0.6475 |
| $CO_4$ | 0.7591 |
| $PR_1$ | 0.8346 |
| $PR_2$ | 0.7743 |
| $PR_3$ | 0.8283 |
| $DR_1$ | 0.7526 |
| $DR_2$ | 0.5610 |
| $DR_3$ | 0.7866 |
| $CF_1$ | 0.5199 |
| $CF_2$ | 0.4590 |
| $CF_3$ | 0.5715 |
| $CF_4$ | 0.4014 |
| $CH_1$ | 0.5610 |
| $CH_2$ | 0.6470 |
| $CH_3$ | 0.7060 |
| $CH_4$ | 0.5437 |
| $CH_5$ | 0.5798 |
| $PO_1$ | 0.7461 |
| $PO_2$ | 0.6279 |
| $PO_3$ | 0.7543 |
| $PO_4$ | 0.5642 |
| $BR_1$ | 0.7395 |
| $BR_2$ | 0.7150 |

| 观测变量 | 删除该问项后的总体信度 |
|---|---|
| $BR_3$ | 0.6462 |
| $BR_4$ | 0.5257 |
| $SQ_1$ | 0.8646 |
| $SQ_2$ | 0.7743 |
| $SQ_3$ | 0.8283 |

表 6 - 10　各变量的 Cronbach 系数值

| 量表名称 | 问项数 | Cronbach 系数 |
|---|---|---|
| 外观 | 3 | 0.8892 |
| 便利 | 4 | 0.7903 |
| 承诺 | 3 | 0.8544 |
| 正确 | 3 | 0.7672 |
| 信心 | 4 | 0.7700 |
| 礼貌 | 5 | 0.7927 |
| 公司政策 | 4 | 0.7905 |
| 公司品牌 | 4 | 0.8091 |
| 服务质量 | 3 | 0.8840 |

　　之后,我们利用 LISREL8.51 软件进行了验证性因子分析,如表 6-11 所示。结果表明各个观测变量在相应的潜变量上的标准化载荷系数均在 0.5 以上,并小于 1,而且因子载荷的 $t$ 值从 4.130~17.825,全部通过了 $t$ 检验,在 $t<0.001$ 的水平上显著。这说明本书的各变量具有充分的收敛效度。

　　此外,评价效度的另一种方法是考察每个概念(潜变量)的 AVE 值,看它是否达到了 0.50 的最低标准值要求,同时看它是否大于该概念与其他概念之间的方差。如果 AVE 值大于概念之间相关系数的平方(或者说 AVE 值的平方根大于概念之间的相关系数),那么就说明存在判别效度。因为,这意味着某一具体概念与其标识之间的共同方差大于该概念与其他概念之间的共同方差。从表 6-12 的相关系数矩阵可以看出,测量模型中各个潜变量间的相关系数在 0.103~0.658,AVE 的平方根在

0.535～0.737,都大于各潜变量相关系数的绝对值,同时也都大于 0.5,证明概念之间有良好的判别效度,这也就是验证性因子分析的结果。

表 6-11　潜变量的信度和效度检验结果

| 潜变量 | 观测变量 | 非标准化系数 | 标准化系数 | $t$ 值 |
|---|---|---|---|---|
| 外观 | $AP_1$ | 1.000 | 0.781 | — |
| | $AP_2$ | 1.110 | 0.794 | 15.391 |
| | $AP_3$ | 0.863 | 0.665 | 12.408 |
| 便利 | $CO_1$ | 1.000 | 0.818 | — |
| | $CO_2$ | 0.864 | 0.786 | 15.910 |
| | $CO_3$ | 0.791 | 0.647 | 12.360 |
| | $CO_4$ | 0.738 | 0.683 | 11.818 |
| 承诺 | $PR_1$ | 1.000 | 0.737 | — |
| | $PR_2$ | 0.831 | 0.559 | 4.130 |
| | $PR_3$ | 0.903 | 0.627 | 10.502 |
| 正确 | $DR_1$ | 1.000 | 0.762 | — |
| | $DR_2$ | 0.987 | 0.757 | 13.013 |
| | $DR_3$ | 0.883 | 0.659 | 11.483 |
| 信心 | $CF_1$ | 1.000 | 0.772 | — |
| | $CF_2$ | 1.043 | 0.752 | 13.910 |
| | $CF_3$ | 0.921 | 0.710 | 13.031 |
| | $CF_4$ | 0.963 | 0.748 | 13.822 |
| 礼貌 | $CH_1$ | 1.000 | 0.729 | — |
| | $CH_2$ | 0.802 | 0.554 | 9.424 |
| | $CH_3$ | 0.841 | 0.674 | 6.342 |
| | $CH_4$ | 0.931 | 0.709 | 12.098 |
| | $CH_5$ | 0.875 | 0.639 | 7.896 |
| 公司政策 | $PO_1$ | 1.000 | 0.818 | — |
| | $PO_2$ | 0.864 | 0.786 | 15.910 |
| | $PO_3$ | 0.791 | 0.647 | 12.360 |
| | $PO_4$ | 0.938 | 0.783 | 15.818 |

| 潜变量 | 观测变量 | 非标准化系数 | 标准化系数 | t 值 |
|---|---|---|---|---|
| 公司品牌 | $BR_1$ | 1.000 | 0.791 | — |
|  | $BR_2$ | 0.828 | 0.744 | 12.289 |
|  | $BR_3$ | 0.903 | 0.775 | 13.913 |
|  | $BR_4$ | 0.874 | 0.759 | 12.660 |
| 服务质量 | $SQ_1$ | 1.000 | 0.748 | — |
|  | $SQ_2$ | 0.838 | 0.728 | 13.881 |
|  | $SQ_3$ | 0.799 | 0.716 | 12.166 |

表 6-12　判别效度检验

| | 1 | 2 | 3 | 4 | 5 | 6 | 7 | 8 | 9 |
|---|---|---|---|---|---|---|---|---|---|
| 1.外观 | 0.661 | | | | | | | | |
| 2.便利 | 0.545 | 0.571 | | | | | | | |
| 3.承诺 | 0.271 | 0.330 | 0.664 | | | | | | |
| 4.正确 | 0.366 | 0.263 | 0.478 | 0.540 | | | | | |
| 5.信心 | 0.188 | 0.189 | 0.227 | 0.115 | 0.535 | | | | |
| 6.礼貌 | 0.103 | 0.286 | 0.355 | 0.211 | 0.467 | 0.556 | | | |
| 7.公司政策 | 0.299 | 0.180 | 0.362 | 0.283 | 0.341 | 0.124 | 0.655 | | |
| 8.公司品牌 | 0.245 | 0.357 | 0.358 | 0.304 | 0.358 | 0.256 | 0.431 | 0.737 | |
| 9.服务质量 | 0.378 | 0.468 | 0.399 | 0.478 | 0.379 | 0.490 | 0.598 | 0.658 | 0.634 |

注：对角线上为 AVE 的平方根，对角线下为各潜变量的相关系数

## 6.4　模型的数据分析

### 6.4.1　模型拟合优度

我们借助 LISREL8.51 软件、利用最大似然法（Maximum-likelihood

method)进行结构模型(structural model)的数据分析,并以此为基础来评价理论设定模型的合理性。

拟合优度统计指标反映了结构模型整体的可接受程度,本书设定模型的拟合优度分析结果见表 6-13。结果显示,近似误差均方根 RMSEA 为 0.054,接近理想水平 0.5;拟合优度指数 GFI、AGFI 超过了 0.8,简约的拟合优度指数 PGFI 超过 0.7;相对拟合指数的两个指标 NFI、NNFI 均达到了理想水平 0.9,而简约规范拟合指数 PGFI 也超过了 0.8;另两个相对拟合指数 CFI、IFI 达到了 0.9。从分析结果可以看出,理论设定模型的拟合优度是比较理想的,理论模型与样本数据拟合较好,这表明理论模型的设定是可接受的。

表 6-13　验证性因子分析检验结果——模型拟合优度

| 拟合指数 | 参数估计 |
| --- | --- |
| $\chi^2$ | 550.846 |
| df | 239 |
| RMSEA | 0.054 |
| GFI | 0.895 |
| AGFI | 0.882 |
| PGFI | 0.814 |
| NFI | 0.907 |
| NNFI | 0.908 |
| CFI | 0.924 |
| IFI | 0.912 |

6.4.2　潜变量之间的路径关系

在检验了设定模型的外部关系后,我们继续分析设定模型的内部关系,即各个潜变量之间的路径关系,并检验本书对理论设定模型所提出的 11 个假设是否成立。设定模型的标准化路径系数和显著性检验情况见图 6-4。设定模型的假设检验结果见表 6-14。

表 6-14　设定模型评价指标结果

| 假设 | 变量之间的关系 | 标准化路径系数 | T 值 | 标准差 |
|------|----------------|----------------|------|--------|
| $H_{1a}$ | 外观—实体性 | 0.718 | 9.286*** | 0.272 |
| $H_{1b}$ | 便利—实体性 | 0.673 | 8.146*** | 0.246 |
| $H_{2a}$ | 承诺—可靠性 | 0.695 | 8.335*** | 0.115 |
| $H_{2b}$ | 正确—可靠性 | 0.536 | 6.147*** | 0.219 |
| $H_{3a}$ | 信心—人员互动 | 0.538 | 4.104*** | 0.227 |
| $H_{3b}$ | 礼貌—人员互动 | 0.479 | 3.498*** | 0.114 |
| $H_4$ | 实体性—服务质量 | 0.631 | 7.321*** | 0.321 |
| $H_5$ | 可靠性—服务质量 | 0.563 | 4.016*** | 0.188 |
| $H_6$ | 人员互动—服务质量 | 0.354 | 2.675* | 0.034 |
| $H_7$ | 公司政策—服务质量 | 0.485 | 3.051** | 0.162 |
| $H_8$ | 公司品牌—服务质量 | 0.526 | 3.179** | 0.214 |

注：*$<0.05$；**$<0.01$；***$<0.001$。

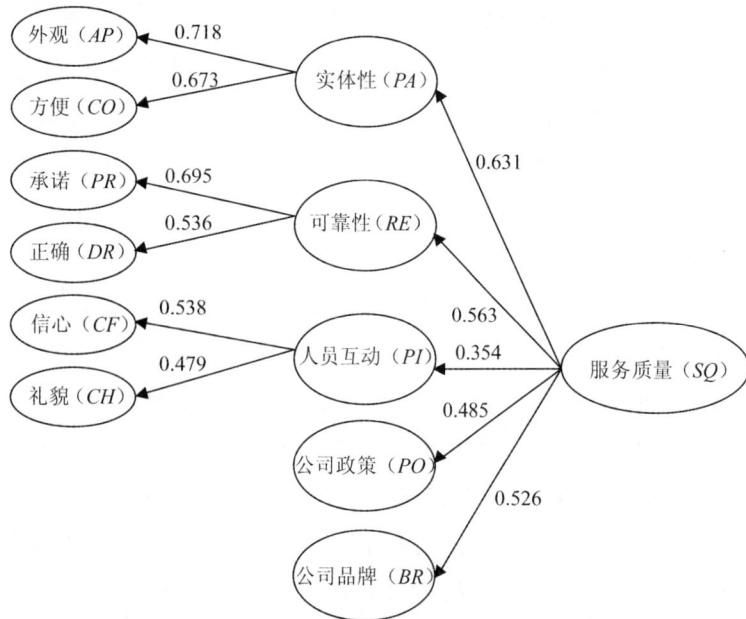

图 6-4　设定模型的标准化路径系数及显著性检验

注：*表示显著性水平为 0.05；**表示显著性水平为 0.01

表 6-14 列出了用 LISREL 分析得到的设定模型的标准化路径系数和 $t$ 值检验结果。结果显示,模型的 11 个假设全部通过了显著性检验。

## 6.5 讨论和结论

在服务质量的研究过程中,不同领域的专家针对具体的服务行业做出了尝试性的探索。在零售业面临着激烈竞争的生存环境下,零售业服务质量构成维度的研究对于提升零售业的核心竞争力具有极其重要的意义,特别是定量研究方法的使用,更为清晰地探讨了不同维度在影响服务质量水平方面的重要性和显著性。从本书的定量分析结果来看,验证结果与本书的前期设想基本吻合,所提出的 11 个假设均得到了数据的支持,证明本书的设定模型具有一定的合理性。

首先,数据表明,在零售行业中,影响其服务质量的诸多因素中实体性依然具有最为重要的作用,特别是外观和便利因素方面有着最为突出的作用,这与 Dabholkar(1996)、钱丽萍(2005)、赵辉(2007)的研究结论是吻合的。根据研究问卷结果显示,顾客对外观和便利两个因素的平均值均超过中间值 4,表明顾客对于所调研超市的实体性展示总体满意,店铺的整洁程度、货物摆放的设计、排队等候的时间、员工的整洁程度都超过较为满意的水准,而对超市的公告说明则接近满意。以上各方面的较高评价构成了实体性对服务质量影响正面作用的基础,是有效提高顾客的感知服务质量的重要保证。

其次,可靠性成为继实体性之后最为重要的影响服务质量的因素,它从另一个角度说明了顾客对于商铺的信任度。从实证研究的结果来看,顾客对于超市所提出退货或赔偿承诺的感知评价程度平均值超出中间值 4,达到了较为满意的结果,表明所调研超市许诺的服务得到了大多数顾客的认同。同时就货源的种类和充足性、购物小票准确性而言,也得到了消费者的基本认同,达到了满意的水平,这是顾客感知到较高水准总体服务质量的重要基础。总之,在构成可靠性的承诺与正确这两个维度上,问卷回答者都给出了较满意的回应,有力地提高了顾客对于超市总体服务质量的评价度。

再次,员工互动也构成了影响超市服务质量的一个重要因素。在实证研究中,员工互动涵盖超市员工的礼貌和信心,作为与顾客接触最为紧密的人员,顾客对服务人员的评价有力地影响顾客对超市的总体印象。数据结果显示,在信心维度上,顾客对于员工的信赖程度以及在遭遇问题时对员工给予协助的评价都超过了满意的水平,而在员工知识储备和举止言行方面也得到了顾客超出中间值的评价。就礼貌这一维度而言,员工对顾客的个别关注以及随时为顾客服务的意愿都得到了顾客的肯定,总体满意也同时超越了中间值。据此可以说,加强员工的服务理念和知识水平是提高顾客对于员工服务信心的重要保证;同时,解决问题的及时性和对顾客的礼貌程度也构成了影响最终服务质量的前提。总之,员工互动是顾客服务接触中必不可少的环节,它是对企业实体展示之外的一种有益补充,同时也应该成为可靠性的强劲支柱,在日常工作中培养员工与顾客互动的技能也就成为保证企业高效服务质量的重要一环。

此外,除了以上被学者广泛提及的实体性、可靠性和人员互动以外,公司政策的优劣在实证分析中也被认为是零售企业服务质量的重要组成部分。结果显示,超市为顾客提供的信用卡、停车和存包配套服务、出售商品的质量都获得了被调查顾客的普遍认同,满意度同样超过了中间值4,这些方面的评价都是公司政策的重要组成部分,而正向的路径系数也表明其对提高总体服务质量产生了有力的支持。

最后,本书也对公司品牌的作用进行了有益的探索。已经有研究表明,良好的品牌知名度、美誉度和忠诚度是服务质量的重要保障和体现,本书的实证分析也充分支持了这点。从实证数据中可以看出,受访顾客对于被调查的超市品牌也给予了较好的评价,对于超市的口碑和知名度的认知均高于中间值4,有效地体现了企业品牌在顾客中的积极地位,而路径结果也表明这种良好的企业品牌形象对于最终服务质量评价起到了有效的正面推动作用。

总而言之,零售企业高水平的服务质量的形成绝不是单一因素所造就的。在想方设法提高服务质量的过程中,企业不仅要注重对顾客服务实体感官的改善,更要时时从影响顾客心理的方面干涉顾客对企业服务质量的感知,只有软硬两方面的措施得当,才能有效提升企业在顾客中的良好印象,而最终的目的就是为保留顾客发挥更为重要的作用。

# 第七章

# 提升全面质量的内部组织要素

　　零售业服务质量的管理工作不仅是营销部门的工作,而且需要所有部门和员工的参与和配合,尤其是人力资源部和运营部,这两个部门都致力于对前台员工的招聘、培训、激励、监督和管理,保证员工专业地生产和传递服务产品。但是服务质量还受制于其他的一些组织环境因素,这些因素间接地影响了服务质量。作者结合文献查阅和工作体验,总结出四个值得关注的组织因素:企业文化、公司品牌、组织结构和社会公民意识,这些组织因素具有不同于制造业的变革趋势和新特点,应体现服务特性的特殊要求。

## 7.1　建立内部营销导向的企业文化

### 7.1.1　内部营销导向的企业文化

　　企业文化是组织中共有的价值体系,体现了企业长期形成的稳定的文化观念和历史传统以及特有的经营精神和风格,包括企业独特的指导思想、发展战略、经营哲学、道德规范、风俗习惯等。Ouchi(1981)指出一个公司的文化由其传统和风气所构成,包含着一个公司用于确定活动、意见和行为模式并且不断传递的价值观,如进取性、灵活性等。刘光明(1999)

指出"企业文化是一种从事经济活动的组织之中形成的组织文化。它所包含的价值观念、行为准则等意识形态和物质形态均为该组织成员所共同认可。企业文化有广义和狭义之分,广义的企业文化是指企业物质文化、行为文化、精神文化的总和;狭义的企业文化是指以企业的价值观为核心的企业意识形态。"像部落文化中支配每个成员及影响外来人的图腾和戒律一样,组织拥有支配其成员行为的文化。在每个组织中,都存在着随时间演变的价值观、信条、仪式、神话和实践的体系或模式,这些共有的价值观在很大程度上,决定了成员的看法及对周围世界的反应。当遇到问题时,组织文化通过提供正确的途径来约束员工行为,并对问题进行概念化、定义、分析和解决。

内部营销的作用是通过企业文化建设、组织与员工的营销信息沟通,以及奖励和表扬机制,统一员工的价值观,激发员工的工作热情和创新能力,引导企业成为学习型的组织,形成企业竞争优势。这些目的与服务企业的文化建设的目标是一致的。内部营销概念的产生与发展,顺应了企业建立以人为本的企业文化,以实现可持续发展的要求。

美国学者谢恩认为,企业文化是在某一群体处理其外部适应性和内部一体化问题时创造或出现的,内部营销就是要将市场导向和组织的愿景信息传递给企业职工,并在其相应的行为标准及人工制作物中反映出来[1]。因此,企业文化的共享价值观如何发生作用则需要内部营销。任何企业文化必须注意员工个人目标和企业目标的统一,否则企业文化失去了基础,内部营销也不可能获得满意的效果。可以说,内部营销与企业文化有相互作用的特征。

定期持续的员工满意度调查可以用来监测服务企业文化建设的效果。服务企业文化建设是一项长期复杂的系统工作,服务企业应该通过连续跟踪调查的方式,及时掌握员工满意度的变化与发展情况,为制定企业文化建设策略提供依据,并保证其沿既定路线发展。

---

[1]　乔·L.皮尔斯,约翰·纽斯特朗.管理宝典:开管理新纪元的36部经典著作集萃[M].大连:东北财经大学出版社,1998.

### 7.1.2 服务企业和生产企业文化的不同

企业文化包括精神文化、制度文化和物质文化三部分。由于服务具不同于有形商品的四个特性：无形性、不可分离性、易逝性、差异性，因此服务性企业文化和生产性企业文化也有不同之处。

1. 精神文化的差异：主要包括企业的价值取向、企业精神、经营哲学等

（1）企业的使命和愿景

生产性企业侧重于对企业发展的定位，注重品牌，并往往通过产品的诉求来实现。服务性企业则偏重顾客的体验，追求顾客满意度，体现"服务"的属性。如生产性企业红塔集团的企业文化是"成为世界一流的卷烟生产供应商"，而服务性企业香格里拉则是"为客人提供物有所值的特色服务和创新产品，令客人喜出望外"。

（2）企业的价值观

生产性企业更强调创新、责任等理念；服务性企业则更偏重真诚、爱心等。如生产性企业企业李宁体育用品有限公司的价值观是"崇尚运动、诚信、激情求胜、创新协作"，而服务性企业北京蓝岛大厦则是"一切从顾客需要出发，一切对顾客负责，一切让顾客满意"。

（3）经营理念

生产性企业的经营理念围绕产品的生产和销售，注重质量、安全、环保等，以利润的获取方式为导向。服务性企业由于企业人员更多地直接面对客户，为客户提供服务，"以人为本"的理念更加凸现。如阿里巴巴曾提出过这样的口号"员工第一、顾客第二"，将员工列为第一的目的在于使企业员工满意，以快乐的心情服务于顾客，从而实现顾客的满意。

2. 制度文化的差异：指组织统一的行为标准和规范

（1）生产性企业强调程序、政策、标准的一致性和权威性，以保证生产和销售的顺利进行

很多企业使用质量管理体系、定量化管理、数据模型等管理方法加强管理的规范性，保证产品的质量，以满足消费者的需求。服务性企业则偏重于运用这些程序、政策、标准时所应具有的弹性和适应性。服务性企业

所面对的是比生产性企业更加多变的环境,环境的不确定性需要服务性企业以权变理论为指导,制定一些具有弹性的规章制度,适当授权给一线员工,灵活应对复杂多变的环境。

(2)生产性企业更为注重执行力,不折不扣地按制度办事,形成井然有序的秩序,保证工作效率

服务性企业更注重观念的培养和深入。服务性企业有着特殊的生产和消费本质,在生产者与消费者的互动营销过程中,人的因素起着决定性影响。由于环境的不同,顾客的行为也无法标准化,因此服务企业需要有鲜明的企业文化去告知员工如何对新的、无法预知的、不确定的环境做出反应。

3. 物质文化的差异:主要包括企业产品结构、企业劳动环境、企业的文化设施,以及企业的厂容厂貌等

(1)生产性企业提供的产品是有形的,产品的整体形象、实用价值、质量都能成为企业形象的有力体现,产品是企业物质文化层面的主要载体

服务性企业提供的服务是无形的,在顾客购买之前并不能陈列展示,就需要在有形设施中多下功夫,以影响顾客感知服务质量,化无形为有形。比如电信营业厅的环境应该暗示出快速和有效的服务。企业的外部和内部设计要做到整洁明快,办公桌子的摆设、人行通道等都应进行认真设计规划,等待接待的顾客所排队伍不应过长,应有足够的座位给正在办理业务的顾客。

(2)服务性企业更应注重企业形象的塑造和传播

产品是可以显示和保存的。产品本身也是企业宣传的一种载体。服务则无法保存,也无法通过服务本身作有效的传播。因此服务性的企业更需要对企业形象的塑造和宣传以增加顾客的感知和信任,促进顾客的消费选择。人们不会通过一个工厂的厂容厂貌来决定是否购买产品,却会通过一个宾馆的外在面貌来决定是否去住宿。

### 7.1.3 建立内部营销导向型的服务企业文化

评价企业文化可以参考员工的做事风格和思考方式,先进的企业文

化重在营造尊重人的工作环境,追求企业与员工价值共享。比如蒙牛的共享文化——首先是共识,其次是共鸣,最后是共振。文化就是让大家认识上一致、行动上一致。企业文化不是给外界看的,员工的认同与否是衡量企业文化的基础因素。

1. 内部营销导向型的服务企业文化的核心思想

结合服务的特性和服务质量的主观性,服务性企业的企业文化的核心思想应该是"人性化",这是所有服务企业应追求的最高境界。服务的本源,是为了协助顾客满足某种需求,并且尽量使满足过程愉快。好的服务应该是按照顾客的想法和意愿来设计的,是从顾客的角度来考虑的,它是一种"想顾客所想,备顾客所欲"的精心安排,它应该是让顾客觉得合心意的。这就要求服务体现顾客对轻松、自然、方便、简单的要求,体现人性。

要想实现对外部顾客的人性化服务,企业需要首先服务于内部顾客。内部营销必须先于外部营销,在公司打算提供优质服务之前促销是没有意义的。换言之,外部服务价值始于内部服务价值,没有满意的员工,就没有满意的顾客。所以"人性化"还要体现在内部顾客的管理上。岗位设计、工作环境、薪酬分配、奖罚制度、作息制度等要符合员工的要求,让员工同样能轻松、自然、快乐地工作。

2. 内部营销导向型的服务企业文化的主要内容

基于内部营销理念的服务企业文化,要充分体现在以员工为本的核心价值观和内部管理制度两个方面。

(1)核心价值观

内部营销应像外部营销一样,努力满足员工的需求,实现员工满意。因此首先需要了解员工的需求,要进行内部营销调研。在当今时代,人们的生活行为以及思维方式都发生了巨大的变化,每个人需求的个性化越来越突出。要准确了解员工的需求,不能凭主观想象,只能依靠营销调研。各种外部营销调研技术如一对一的访谈、问卷调查、圆桌会议、实地观察等,都可以用来了解员工的动机、情绪、信仰、价值观、潜在的恐惧等。其次是进行内部市场细分。在对营销调研进行分析的基础上,同时结合员工自身能力与素质水平,根据需求类型进行大致的市场细分。对细分群体采取有针对性的措施以提高员工满意度。如对希望获得个人能力提升的员工进行有针对性的培训等等。如花旗银行在营销中导入了"银行内部关系营销"理念，根据与客户接触的程度，把员工分为四类：与客户直接接触者、间接干涉者、施加影响者和隔离无关者，每一类员工都被作为营销组合中的一个因素。花旗银行的管理者首先将银行推销给员工，先吸引员工，再吸引客户，让员工主动地去营销和服务客户，效果极佳。相应地，其内部关系营销计划分为两个层次：战略性内部关系营销和战术性内部关系营销。战略性内部关系营销是指通过科学的管理、人员职位的合理升降、企业文化的方向、明确的规划程序，激发员工主动向客户提供优质服务的积极性。战术性内部关系营销主要是采取一系列措施提高员工素质和技能，如经常举办培训班、加强内部沟通、组织各种性质的集会、加快信息的交流和沟通等，进而把员工为本的价值观落到实处。

（2）内部管理制度

基于内部营销的企业文化变革，不仅要有理念层面的变革，更要有制度层面的变革作为保证。一是组织制度的变革。当前我国很多国有的服务组织结构的主要弊端是：权力过度集中、管理层次多、行政色彩浓、市场反应慢、运作效率低、关键是体制问题。变革的方向是实行"扁平化"的组织形式。"扁平化"的本意是减少管理层次，使高耸的"官僚"结构变得"扁平"起来。更深层的内涵是，利用高效的信息传导机制，通过内外营销的结合，向员工充分授权，高效地向客户提供服务。二是激励制度变革。企业要通过内部调研等手段了解员工的多样化、层次化的需要和愿望、个人特点等信息，针对性地利用薪资福利、股权、期权等利益激励手段以及岗位轮换、授权、管理参与、建立建议制度、畅通的内部沟通管道等精神激励手段，实现对员工全方位个性化的激励。其次，建立一套完整的人才选用机制，在公平、公开、公正的条件下选择和任用人才，创造让他们受到优待和重视的机会。最后，高度重视员工的培训和开发，建立完善的员工培训体系。商业银行应通过课堂教学、专题研讨、经验介绍、参观学习等多种形式和途径，充分调动员工为客户服务的积极性和主动性。

美国哈佛大学的约翰·科特教授和詹姆斯·赫斯克特教授在《企业文化与经营业绩》一书中指出，重视企业文化建设的公司，其经营业绩远远胜于那些没有这些企业文化特征的公司。在其11年的考察期中，前者总收入平均增长 682%,后者则仅为 166%;前者公司净收入增长为 756%,而后者仅为 1%。这说明企业文化建设的好坏与企业业绩有着很强的正相关性。文化要想内化、固化为领导和员工的自觉行动,还要审视企业制度是否支持它。企业文化建设较好的企业,大多会在制度制定、修订过程中进行与文化匹配性的审查,以免二者出现冲突。

## 7.2 公司品牌和公司品牌化

### 7.2.1 零售业的公司品牌化意识

公司品牌化(corporate branding)(Paul A. Argenti, Bob Druckenmiller,2003)也称为机构品牌化(institutional branding),是顾客对公司及其供应物的全部联想。企业把整个公司作为营销对象并在全部供应物上体现公司名称的行为就是公司品牌化战略。在零售业中也理解为品牌化店铺(branding the store),正引起零售领域的更多关注。公司品牌化的本质是"强势品牌化"(power branding),已经公开的研究成果表明强势品牌化战略的设计和执行需要整合各种品牌化要素(branding elements),如公司名字、符号、标识和传说(sayings),借助所有的供应物培育整体品牌身份,这样提高了市场中的差异化程度。零售商也尝试通过各种活动来投资推广和提升公司品牌,给顾客提供附加价值(Burt, 2002)[①]。因此,把公司品牌认为只是"私人标签"是错误的,零售商自身就可以成为品牌。

品牌化正从制造业向零售业转移。"店铺形象"比较"商品品牌"在购物中心管理中更重要,因此零售业公司品牌化值得研究和关注。Charles Dennis 等人(2002)[②]定量调查了消费者对购物中心的个性以及差异化的描述。提出"强大而善变"的公司比较"呆板和讨厌"的公司获分数更高,

---

① Steve L. Burt, Leigh Sparks. Corporate Branding, Retailing, and Retail Internationalization[J]. *Corporate Reputation Review*,2002,5(2/3): 194-212.

② Charles Dennis, John Murphy, David Marsland, Tony Cockett, Tara Patel. Measuring Image: Shopping Centre Case Studies. *The International Review of Retail, Distribution and Consumer Research*,2002,12(4):355-373.

品牌形象是重要的影响因素,良好的公司品牌管理将会获得顾客数量、销售收入和租金收入方面的回报。甚至有学者认为零售商的公司品牌权益已经超过了曾经领先的制造商的品牌权益(Mcgoldrick,2002)[①]。

Jary 和 Wildman (1998)曾怀疑零售商是否需要品牌,得出的结论是零售品牌确实不同于商品品牌,不仅仅因为管理零售品牌的多重属性的难度。即便如此,较大的零售商还是努力建立了公司品牌,如"沃尔玛"远比他们所经营的商品品牌对顾客更熟悉、更有影响力,这些零售商重视公司品牌价值及其市场影响力,也在模仿制造业的品牌形象管理理论。对英国的零售业品牌战略演变的研究也发现,公司品牌成为最新的第五代零售业品牌战略,而之前分别经历了第一代无品牌化战略、第二代自己标签战略、第三代自有商标战略、第四代零售商品牌化战略。但是零售运行特性导致公司品牌化方面的新问题产生,如零售商整个店铺就是零售产品、员工角色问题、经营空间分散性和统一管理的矛盾问题等。因此零售业的公司品牌化方法和其他领域的实践不同,需要学术领域理论化(Dawson,1993)。

### 7.2.2　零售业的公司品牌化动因

#### 1. 零售业是服务业,具备学者开发和研究公司品牌的行业背景

零售是将产品和服务出售给消费者,供其个人或家庭使用,从而增加产品和服务的价值的一种商业活动。零售商是连接制造商和消费者的分销渠道中的终端业务环节。零售商的主要活动包括提供各种商品和服务组合、分装商品、保存商品、卖场销售活动、提供服务。因此,零售商提供给顾客的是具有一组利益和效用的商品和服务的混合产品包,零售业是服务业(Berry,1986)[②]。

公司品牌和服务品牌方面的密切关系曾在文献中得以体现(King, 1991;Ambler 和 Barrow,1996;Schultz 和 de Chernatony,2002;Leslie de

---

①　McGoldrick,P. J. *Retail Marketing*［M］. New York, NY:McGraw-Hill Education,2002.

②　Leonard L. Berry. Retail Businesses Are Services Businesses［J］. *Journal of Retailing*. 1986,62(1),spring:3 - 6.

Chernatony,Susan Drury,Susan Segal-Horn,2004），这两个概念也是可替代的。考虑到服务产品的无形性，公司作为品牌具有重大意义（Diefenbach,1992;Berry,2000）。打造品牌的公司属性对服务产品的推广特别重要，因为这会帮助顾客形成清晰的服务特征、个性化和形象（Berry et al.,1988）。公司品牌化是服务性公司急需关注的问题之一（Berry,1986）。

**2. 公司品牌面向各种利益相关者而不只是顾客，和零售业复杂的业务关系不谋而合**

瓦拉瑞尔·A. 泽丝曼尔和玛丽·乔·比特纳提出了"服务营销三角形"概念。通过外部营销，根据顾客的期望以及提供方式，公司向顾客做出承诺。传达的承诺需要保持，这是互动营销的任务。服务承诺通常是由企业的员工或第三方提供者保持或破坏的，有时服务承诺甚至是通过技术来提供的。互动营销是在顾客和组织之间、服务生产和消费的瞬间发生的。营销的第三种形式——内部营销则发生于实现承诺的过程中。为使提供者和服务系统按照做出的承诺提供服务，员工必须具备提供服务的技艺、能力、工具和动力。内部营销是以员工满意度和顾客满意度密切相关这个假设为前提的。对于服务营销管理而言，缺少任何一边，都不能保证服务质量和顾客满意。零售业本身科技含量并不高，胜败的关键并非靠技术，而是对企业发展的利益相关者综合管理的能力，如对顾客的熟悉程度和顾客忠诚状况，和供应商的关系，员工的服务水平，与企业关系、政府关系、竞争者关系等。公司、员工和顾客三者关系是零售业最重要的关系。这样复杂的企业内部关系和外部关系网络的维系需要一个枢纽，公司品牌就发挥了这个作用，借助它联系了各种参与主体，传递了企业的远景、价值和文化，培养了彼此间的信任，降低了关系风险和交易成本。培养公司品牌，就是开发公司名片和信誉证书。

Francesca Dall'olmo Riley 和 Leslie de Chernatony（2000）[①]也指出公司品牌是公司内外关系构建的核心。在联结外部机会和公司竞争力方

---

① Francesca Dall'olmo Riley, Leslie de Chernatony. The Service Brandas Relationships Builder[J]. *British Journal of Management*，2000,(11)：137–150.

面,公司品牌化是一个整合过程,在内整合企业和员工,在外整合员工和顾客,通过内外整合将避免出现品牌承诺和现实之间的差距,其中公司品牌是全部关系的支点。这种品牌化认识反映了服务业的产出过程不同于一般制造业的特殊性。

3. 公司品牌具备天然的差异化,这缓解了零售业由于商品范围相似、定位相似、位置集中而带来的激烈竞争

自有品牌是零售业差异化竞争战略中谈论最多的品牌策略。但二者相比较,公司品牌具更多优势和更强实用性。零售企业自有品牌在国外又称 PB (Private Brand,自有品牌)和 PL (Private Label,自有标签),是指零售企业通过收集、整理和分析消费者对某类商品需求特性的信息,提出新产品功能、价格和造型等方面的开发设计要求,进而选择合适的生产企业进行开发生产,最终再由零售企业使用自己的商标对新产品注册并在本企业内销售的产品。零售业的发展一般从代理制造商的品牌开始,但随着制造业和零售商利益和权利的冲突和斗争,自有品牌顺势而生,这是零售商为了强化自身竞争地位、降低对制造业依赖、充分利用自身的渠道优势而采取的一种竞争战略,最终目的是保持更多独立性和获取更多利润。公司品牌比较自有品牌能更好地实现了上述目的。公司品牌借助强化自身形象和影响力处理各种关系,不仅要获取制造商的青睐,还要获取同行的关注和消费者的情有独钟,而这些效果的实现则取决于公司品牌文化在内部所有员工中被接受、被喜爱、被支持的程度,巧妙处理各种关系创建公司品牌是零售业采取的相对温和的竞争手段和生存方式。公司品牌战略不需涉入生产环节,不需投入资金、资源和精力来开发推广产品,不需承担产品销售中的风险,所做的工作就是内外部沟通,先把公司品牌文化传递给员工,通过"员工买入"让他们理解和执行;借助员工、外部顾客和公众的接触,把品牌文化进行推广,得到顾客检验和认可;利用广告等促销方式向公众广泛宣传,对潜在顾客形成吸引力和培养合理的期望;利用公司品牌和形象联结和强化合作伙伴的信任关系。这些工作的完成需要较少量的资金和更多的知识和智慧,是一项智力活动。

**4. 公司品牌是零售业在环境不断变化中维系顾客和利益相关者关系的最简单直接的有效方式**①

今天的企业生存环境日益复杂和动荡,如企业兼并、市场扩大、新竞争者挑战、技术普及和服务相似等新变化都在挑战和考验企业的战略。企业间、行业间、地区间的企业兼并活动频繁,学者和管理者一致认为,兼并是促进企业成长的最快捷的途径。兼并后的企业如何能快速建立和保留复杂繁多的战略伙伴关系和顾客关系呢? 答案是"有信誉的公司品牌",当兼并后企业面临新的合作伙伴和新的顾客群时,已经建立的企业名声是很好的化解疑虑、加速联合的黏合剂。全球化也是这个时代的显著特征之一,随着企业活动范围在全球范围内的不断扩大,企业面临着来自新市场的当地文化背景下的顾客群体和利益相关者的质疑和检验,富含全球人类所共享的核心文化内容的企业品牌文化会较快在新市场扎根成长,从而带动各种产品在新市场的顺利着陆。新竞争者的不断加入、由于技术普及速度加快带来的产品同质性和服务相似性等外部环境特点都将导致企业原有竞争优势减弱或消失,而企业品牌将成为企业差异化自己的最后一道坚固防线,也成为顾客鉴别选择企业的最简单实用的一个线索。我国本土企业面对的竞争者不仅仅是规模上的"恐龙",我们还需要面对的是竞争者已经具备十分成熟的业态扩张模式与强大的复制能力。统计资料显示,美国 1 万多家百货商店中,采取连锁经营的占 95%;日本所有百货商店中,连锁经营占 90%。世界最大的 50 家零售业集团,无一例外地实行了连锁经营。相比之下,中国零售业集中度较低,前 4 位零售企业的经营额仅占全国整个零售市场份额的 3% 左右,而同期美国则高达 34%。从世界零售企业在其他国家的发展情况看,兼并一国的零售企业向来是首要撒手锏。强烈的反差使得中国的零售业必须认识到兼并的迫切性,公司品牌战略有助于零售业实施兼并策略。

---

① 刘璐,王淑翠.公司品牌化模型探讨——以零售业为例[J].商业研究,2008(12):134—137.

### 7.2.3 零售业公司品牌化模型

历史上,品牌化被视为借助可视的标识、名字和广告来创造形象或个性的途径。但是到 20 世纪 90 年代中期,仅靠品牌名称或标识来建立企业形象或个性是不够的,在实践中,顾客和其他利益相关者在通过各种方式和途径考察和检验品牌。从文献研究中得知,企业的所有东西都有助于形成品牌形象。品牌形象不总是在企业意识状态下传递,还在无意识状态下形成。于是品牌化可以理解为品牌外部化(external branding)和品牌内部化(internal branding)。品牌外部化是指企业主动地向企业外部利益相关者传递品牌价值和重要信息,促进形成正面的、积极的品牌形象认知,形成顾客购买行为意向。品牌内部化则是确定品牌内涵并对员工等内部可控要素传递品牌价值和重要信息,促进员工买入(buy-in),向外部公众传递品牌内涵[①]。也可以说,品牌外部化是利益相关者的接触管理,品牌内部化是针对员工的品牌文化管理(De Chernatony,1999)[②]。

#### 1. 公司品牌外部化

在品牌外部化过程中,需要研究品牌价值如何被目标受众和利益相关者理解和偏好,即形成怎样的公司形象,以及品牌对目标受众行为意向的影响程度。"形象"一词最早由 Bolding(1956)提出,他认为"人类的行为并非全然由原始的知识和资讯所引导,而是其所感知的形象下的产物"。所以人并非针对事实作反应,而是对他们所感知的事实做出反应。首先将形象的观念应用于零售领域的学者是 Martineau(1958),他认为"消费者在心目中定义某商店的方式,部分是根据商店的功能特质,部分则是根据商店心理属性的气氛,并以商店的时尚感、商店气氛及商店的广告等所构成商店形象的因素"。功能性特质是顾客选择商店时考虑的价

---

① Kevin Thomson, Leslie de Chematony, Lorrie Argan Bright, Sajid Khan. The Buy-in Benchmark: How Staff Understanding and Commitment Impact Brandand Business Performance[J]. *Journal of Marketing Management*. 1999(15): 819 – 835.

② De L. Chernatony, F. D. Riley. Experts, Views about Defining Services Brands and the Principles of Services Branding[J]. *Journalof Business Research*, 1999,46(2): 181 – 192.

格高低、信用制度、商品摆设等客观的商店因素。商店心理属性的气氛是指顾客感受到的归属感、温暖或亲切的感觉，或是有趣的感受。零售商形象影响了消费者的购买行为。

学者常用品牌忠诚程度考察品牌形象对顾客的态度和行为影响。品牌忠诚能产生企业营销优势，如降低营销成本，具有重要的杠杆作用，能使忠诚顾客抵御竞争者诱惑，给企业创造更高的利润。品牌忠诚从结构上被认为包括态度和行为元素。当考察品牌忠诚时，单纯从重复购买行为中（也就是行为忠诚）认识忠诚是不明智的，因为便利、偏好、新奇、机会和节目等也是购买行为的缘由。在服务市场中，态度忠诚比行为忠诚更敏感(Rundlethiele,Bennett,2001)。

综上所述，作者决定把公司形象和顾客购买行为意向（态度忠诚）这两个重要概念纳入公司品牌外部化的研究框架中。

2. 公司品牌内部化

(1) 公司品牌价值的来源

公司品牌和一般品牌一样，能够代表价值，是一组功能价值和情感价值的结合，但与一般商品不同的是，公司品牌的功能价值和情感价值的来源更丰富，能够代表公司的一切东西都可以强化价值和破坏价值。Leslie de Chernatony(2002)[①]认为最主要的价值源泉来自于公司远景、员工价值和组织文化。作者认为员工价值和公司文化概念有很强的相关性，一个设计与管理科学的公司文化，应该能反映出员工个人价值，只有设计和管理不当，公司文化和员工个人价值才会严重分离。公司文化归根结底要体现人本主义，作者把 Leslie de Chernatony 提出的员工价值和组织文化归到一起，统称为"价值"。

概括之，支撑公司品牌价值的战略层面内容主要有公司远景、公司任务和价值观三个要素。其中公司远景是组织中人们所共同持有的意向或景象，它创造出众人是一体的感觉，这种力量渗透到组织全面的活动，每个人天然的社会归属需要决定了公司远景的必要和意义。心理学家马斯洛

---

① Leslie de Chernatony. Living the Corporate Brand: Brand Values and Brand Enactment[J]. *Corporate Reputation Review*，2002,5(2/3):114 - 132.

晚年从事于团体的研究,发现杰出团体最显著的特征是具有共同远景[①]。公司任务则是在远景指引下整个公司要完成的具体事情,即为特定顾客提供特定需要的满足,公司的任务说明充当一只无形的手,引导着广大而又分散的职工各自地、但却是一致地朝着同一个方向—为实现公司任务而进行工作。执行公司任务过程中为了增加员工间的合作和理解,还需要规范和灌输统一的价值观。远景、任务和价值观层层递进地培育了公司品牌价值,公司品牌价值是三者的融合和提炼,形成于公司品牌概念,表现于员工言行和公司运营系统,最终实现品牌价值由内而外地传递给利益相关者。

（2）公司品牌内部化维度

学者们对一般品牌、服务品牌和零售品牌的品牌化要素进行了长期地研究,对这些承载品牌内涵的可控要素和行为方式,用了不同的概念来表达,如"要素（Factor）""媒介（Medium）""属性（Attribute）""方式（Manner）""维度（Dimension）"等。如 John. Kunkel 和 Leonard L. Berry (1968)提出零售商品牌的 12 项要素:商品价格、商品质量、商品分类、商品时尚、销售人员、地点便利、其他便利因素（商店内外环境）、服务、销售促进、广告、商店气氛、调整的信誉;Wolff Olin's (1995)认为形成服务品牌有四种媒介——产品、环境、员工行为、沟通;Francis Piron(2001)提出零售业品牌的 9 个属性——便利性、商店形象、商店氛围、商店设计、商品价格、商品种类、商品质量、商店和顾客的关系、顾客服务;Majken Schulz 和 Leslie de Chernatony(2002)则认为有内部和外部两个维度,等等。

上述众多观点中,对品牌构成要素或品牌传递媒介的定义不同,概念解释有差异,因此作者认为有必要进行整合提炼,由于这些要素是品牌价值传递的载体和工具,是品牌文化的物化,是品牌外部形象的内部来源,因此作者认为用"公司品牌内部化维度"来表达"公司品牌内涵的内部传递载体、要素、工具、方式等"更合适。至于零售业公司品牌有哪些具体的内部化维度,有待采用实证研究进一步论证。

通过对公司品牌外部化、公司品牌价值的来源和公司品牌内部化维度三个主题的文献解析和概念梳理,可以勾画出零售业公司品牌化模型,

---

① 彼得·圣吉.第五项修炼——学习型组织的艺术与实务[M].上海:三联出版社,1998.

如图 7-1 所示。

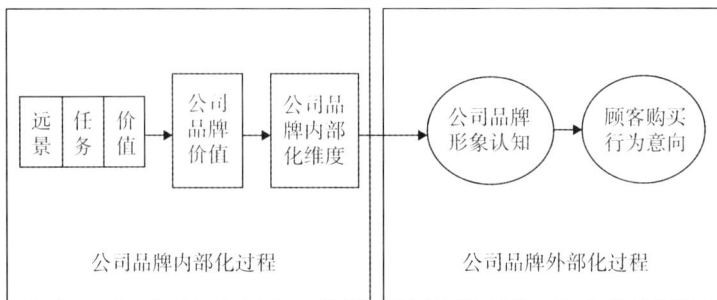

图 7-1　零售业公司品牌化模型

资料来源：刘璐，王淑翠，公司品牌化模型探讨——以零售业为例[J].商业研究，2008，12：134—137

## 7.3　构建流程型组织结构

20 世纪 80 年代以来，市场化、信息化、全球化及竞争高度化时代的到来，不仅深刻地改变着人类社会，也对企业原有的组织形式也提出了挑战。

### 7.3.1　流程型组织兴起的背景和含义

流程型组织的产生不是偶然的，其产生的驱动力来自于三个方面：一是组织外部的环境变化，全球经济一体化，顾客需求多样化，技术创新更新快；二是组织内部的驱动力，机构设置臃肿，部门互相推诿，存在"部门墙"，顾客长时间等待，导致服务质量差、顾客抱怨等问题；三是流程再造、价值链、核心竞争力等理论的发展，为流程型组织的诞生提供了理论依据。

1993 年麻省理工学院教授 Micheal Hammer 和管理咨询专家 James Champy 提出了"业务流程再造"理论（BPR：Business Process Reengineering，也译为业务流程重组或企业流程再造)，强调为提高工作效率，企业必须以"满足顾客需求为导向"的经营理念重组组织结构。Micheal Hammer 和 James Champy 在《公司再造：企业革命的宣言》一书指出：两百年来，人们一直遵循亚当·斯密的劳动分工思想来管理企业，即把工作分解为最简单和最基本的步骤；而目前应进行变革，应该把工作任务重新组合到首尾一贯的工作流程中去。他们给 BPR 下的定义是："为了飞跃性地改善成本、质量、服务、速度等现代企业的主要运营基础，必须对工作流程进行根本性的重新思考并彻底改革。"其基本思想就是须彻底改变传统的工作方式，即改变自工业革命以来、按照分工原则把一项完整的工作分成不同部分、由相对独立的部门依次进行的工作方式。

哈默和钱皮认为，要打破传统的职能型组织，建立全新的流程型组织，从而实现企业经营在成本、质量、服务和速度等方面的飞跃性改善，必须打乱原来职能制组织的角色定位，重新组合新的合作关系。由于流程变革是局部的变革，因此企业变革容易流于形式。如何弥补流程再造的不足，构建一个以顾客导向、以业务流程为中心，使组织结构具有扁平化、组织边界动态化等特点的流程型组织形态，成为企业适应环境变化的迫切需要。

近些年，零售企业外部环境也发生了巨变：市场竞争加剧、客户需求细分、商品种类多、产品生命周期变短。面对外部环境的变化，企业未来持续的竞争优势将更多地出自企业内部的组织能力和流程能力。企业必须进行组织资源的优化配置，从而具备快速反应市场的高效流程、对市场和客户的响应能力，以期企业在成本、质量、速度和客户便利等方面获得竞争力。

为应对激烈的竞争和更好地适应消费者需求，国外许多大型零售企业如沃尔玛和家乐福等跨国公司纷纷减少企业的管理层次，向下分权，组织管理正积极向组织扁平化、管理分权化方向发展，这需要如员工培训、企业文化建设和信息化技术等管理工作的支持。组织结构的变革和其他工作的变革一起，共同服务于零售业的全面质量管理目标。

所谓流程型组织，就是以组织各级、各类流程为基础决定人员的分工、规划部门职责、设置部门，同时在此基础上建立和完善组织的各项机能。流程型组织作为一种极富弹性的柔性化组织，强调以核心流程为中心，通过梳理企业各种流程及其关系，围绕如何快速响应市场需求来重组企业流程和调整组织架构。因此，流程型组织能适应信息社会的高效率和快节奏。构建流程型组织，它强调通过流程导向的管理来扁平化组织结构,通过提升关键流程的能力来快速响应市场。

流程型组织结构是一种以顾客为中心、以业务流程为核心、对顾客的需求和意见能够快速响应、实现业务流程的运行与顾客的需求密切结合的组织结构。企业通过对业务流程的整体设计和优化,流程型组织结构是通过对业务流程的整体设计,使流程无间断连续运行,进而实现组织质量、服务、成本和服务效率优化,实现组织结构的整体优化。

近年来,尽管零售企业越来越重视"以人为本",但要使顾客导向的理念真正得以贯彻,解决顾客需求差异性、易变性问题,必须缩短公司和顾客的距离,及时调整公司的策略和组织结构。为此,企业应削减中间管理层次,进行流程变革和组织资源的优化配置,采用柔性化、扁平化的组织结构,通过强调部门间的合作和团队合作,进一步消除部门间的壁垒,以最快的速度为客户提供优质服务和产品,并能在企业中建立以客户为导向的强调团队精神的流程型文化。

### 7.3.2 企业流程再造和创新组织结构

当前,企业组织形态正在由职能型组织向着流程型组织发展,以业务流程再造为基础的流程型组织具有导向性、效率性、应变性、协作性等特点。由于业务流程再造涉及权限和责任的分配,要求角色在信息技术的支持下掌握多种技能,减少参与流程角色的数量,使得流程成本更低、效率更高。由客户需求牵引并能与信息技术进行很好结合的业务流程改造满足了这种趋势。

零售业传统流通活动缺乏效率的原因在于生产商、供应商和零售商之间各自以自我利益为中心处理合作关系,联系松散。另外,零售企业内部的采购、运营、配送和销售等部门间也缺乏有效率的合作。外部和内部合作的低效率和缺乏合作导致了中国零售业的竞争力低下。

通常来讲,企业组织结构可分为职能型、矩阵型和流程型组织结构三种形式。职能型组织结构是以产品为中心、将组织划分为相对独立的不同职能部门的组织结构,由于工作流程不连续,各部门追求局部优化,对顾客的需求认识不足,响应速度缓慢。矩阵型组织结构是一种以项目任务为中心、实行纵向部门经理和横向项目经理双重领导的组织结构,由于沟通环节多,职责和权限划分不清,影响了项目质量和效率。而流程型组织结构以顾客为中心、以业务流程为核心、面向业务流程,对顾客意见能快速响应。

零售企业在组织结构上必须进行创新,建立流程型组织结构,只有企业内部职能部门间和企业间突破个体利益,进行跨部门、跨职能、跨企业的综合管理协调,即进行业务流程重组,企业才能对顾客要求快速反应,才能在竞争中永远焕发活力。企业的业务流程重组包括三个方面:

一是部门内部的 BPR。零售企业手工业务处理流程中,如一些非创造性的统计、汇总、填表等工作,在各个部门间存在重复或无效的情况,目前先进计算机技术完全可以做到取消这些业务进而取消中间层,使每项职能只需一个职能管理机构,从而使机构不重叠、业务不重复。

二是部门之间的 BPR。零售企业根据供应链中的配合和角色,对原来的垂直型组织结构进行改变,重新设计和构造企业的业务流程,建立扁平化管理组织。目前,比较流行的是按照商品品类来设计部门,使得商品经营和管理活动更具有针对性和灵活性,从而有利于零售企业对单品实行全面控制。例如零售帝国沃尔玛在进行信息化时,围绕主导流程配送货物,对企业部门之间的业务流程进行优化和重组,不仅保证遍布全球的众多连锁店正常经营,且大大降低采购成本。

三是企业与企业之间的 BPR。供应链上各企业之间的信息交流大大增加,就要求企业之间必须保持业务过程的一致性,这就要求企业与企业之间进行 BPR,以实现对整个供应链的有效管理。如海尔实行的市场链管理制度,就以订单信息流为中心,带动物流、资金流运行,本质是一个跨企业的业务流程管理,它使顾客满意度大幅提高,企业的绩效从而也大大提高。

实践证明,企业的竞争力体现在流程上,而不是组织上;静态的组织不产生任何价值,只能通过流程创造价值;组织的设计应该符合业务流程的需要,而不是相反。面对零售企业连锁化、规模化的趋势,企业未来持续的竞争优势及更好地满足顾客需求的能力,将更多地来自企业内部的流程能力和流程化组织结构。麦德龙经过几十年的持续改进和完善,从商品选择、订货、追加订货,到收货、销售、收银每一个环节,都有先进的电脑信息系统流程配合各部门来进行严格的控制。这保证了麦德龙全球竞争力的发挥。这说明,零售企业必须对现有的业务流程重新审视,在消除各部门、各职能以及各企业之间的隔阂基础上,对顾客、企业自身与供应商组成的整个供应链业务流程重新设计,优化流程活动,进行相应的组织结构调整和业务重组,重塑流程型组织结构,消除业务处理中的重复,实现业务流程标准化、规范化和高效率,才能在竞争中立于不败之地。

实行以客户为中心,像沃尔玛、惠普等知名国际企业都在进行以流程为基础的组织结构和人力资源管理体系变革。企业流程与企业的运行方式、组织协调、员工管理、新技术的应用与融合等紧密相关。企业流程重组不仅仅涉及信息技术、职能部门,也涉及人文因素,包括观念、流程、企业文化和组织的重组。由于参与流程重新构建的职能部门和外部企业众多,因此在业务流程重新构建中,零售企业应考虑文化的协调和沟通等问题。

## 7.4　树立企业公民意识

### 7.4.1　履行社会责任的必要性和重要性

企业公民(corporate citizenship)是指一个公司将社会基本价值与日常商业实践、运作和政策相整合的行为方式。作为直接为消费者提供生活必需品的零售企业,建立具有社会责任感的品牌形象对于企业的经营和发展具有重要的意义。

社会企业(social corporate)、企业社会责任(corporate social)、企业公民(corporate citizenship)正在从多个维度重新塑造全球企业行为的评价体系。只有勇于承担社会责任的企业才能成就优秀的社会公民。陈迅和韩亚琴(2005)依据社会责任与企业关系的紧密程度,把企业社会责任分为三个层次:一是基本企业社会责任,包括对股东负责、善待员工;二是中级企业社会责任,包括对消费者负责、服从政府领导、搞好与社区的关系、保护环境;三是高级企业社会责任,包括积极慈善捐助、热心公益事业等①。

---

① 陈迅,韩亚琴.企业社会责任分级模型及其应用[J].中国工业经济,2005,(9):99—105.

企业经营者本质上受托于环境、社会、投资人三个股东的公民 CEO，不能再将雇员福利、公众健康、扶贫、教育、社区联系、商业道德实践视为分外之事，必须在雇员、客户、社区、供应商、环境方面成功"自我修炼"，才能成为受社会支持和爱戴的企业公民。

无数成功的案例说明，企业不仅是创造利润的社会单元，也是公民社会中同时拥有权利并承担责任的重要载体。它不仅仅属于股东，也属于社区、社会和人类共同体的一个部分。在核算成本时，除了企业自身的运营成本，还要考虑社会成本、环境成本；在计算收益时，会把企业、社会和环境收益同时计算在内；在做投资决策时，将市场、社会和环境的投资回报率计算在内。企业的成功与社会的健康和福祉密切相关。

一个优秀的企业公民在设计商业模式时候，会同时把股东、员工、客户、环境与资源、合作伙伴和社会等利益相关方同时考虑在内，进而实现企业、社会和环境的可持续。

与社会热衷于一年一度全国范围内的各类财富评选相比，目前，某些有远见卓识的媒体和有关单位坚持和宣传企业公民的理念，倡导优秀的中国企业承担更多社会责任，成为影响中国企业公民意识的先导者。如南方周末的"世界 500 强在华贡献榜"、21 世纪报系的"企业公民"评选、中国新闻社的"中国·最具社会责任感的企业评选活动"、人民网的"人民社会责任调查"等等。从 2004 年起，《21 世纪经济报道》《21 世纪商业评论》每年举办"中国最佳企业公民评选"，是国内最早的企业公民倡导者，通过寻找并记录一系列企业最佳实践，不但重新定义了什么是好的企业，也为中国成功企业树立了新的标杆。另外，目前备受瞩目的每年一度的CCTV 中国经济年度人物评选，评选的标准是责任、探索、远见和凝聚力，将把社会责任放在所有标准的最前面。如果说企业以前比谁赚的钱多，谁交的税多，今后比的是谁最有公益心。

### 7.4.2　强化落实零售企业的社会责任

目前看，企业公民在中国本土的发展历史不过几年的时间，企业公民价值观还不能够深入人心，企业、公众、政府和学界的认同还不够广泛。我们还缺乏适合中国本土的完整企业公民理论体系，以及具有实践价值的企业公民行为框架。另外，令人遗憾的是，在各类社会公民评选中，获奖者多以跨国公司为主。比起民营企业和国有企业,跨国公司无论实力、影响力还是经验都更强。跨国公司对社会责任的意识强,开展社会责任活动较早,也很成熟,而中国本土企业意识薄弱,实践力相对差很多。

目前,中国缺乏政府的立法来保证社会责任的实施。作为中国企业规范治理先进代表的上市公司,在社会责任方面的情况也不尽人意。自 2006 年 9 月深圳证券交易所和上海证券交易所分别出台《上市公司社会责任指引》《上市公司环境信息披露指引》以来,一些 A 股上市公司发布企业社会责任报告,并逐步成为潮流方向。

企业社会责任网的统计显示,2007 年仅有 47 家上市公司发布企业社会责任报告,2008 年增至 132 家,2009 年在 1556 家 A 股上市公司当中有 364 家,比例仅为 23.4%。这表明,超过 76% 的公司尚未发布社会责任报告[①],如表 7-1 所示。

表 7-1    2009 年 A 股上市公司发布企业社会责任报告统计表

| 排名 | 省份 | 上市公司数量(家) | 发布报告的公司数量(家) | 比例(%) |
|---|---|---|---|---|
| 1 | 福建 | 52 | 28 | 53.8 |
| 2 | 北京 | 119 | 47 | 39.5 |
| 3 | 山西 | 26 | 10 | 38.5 |
| 3 | 云南 | 26 | 10 | 38.5 |
| 5 | 江西 | 15 | 5 | 33.3 |
| 6 | 天津 | 27 | 8 | 29.6 |
| 7 | 广西 | 25 | 7 | 28 |
| 8 | 广东 | 202 | 54 | 26.7 |
| 9 | 山东 | 96 | 24 | 25 |
| 9 | 湖北 | 60 | 15 | 25 |
| 11 | 贵州 | 17 | 4 | 23.5 |
| 12 | 安徽 | 56 | 13 | 23.2 |
| 13 | 河北 | 35 | 8 | 22.9 |

①    参见企业社会责任网(www.csr9001.com)2009 年 11 月 26 日调查报告。

| 排名 | 省份 | 上市公司数量（家） | 发布报告的公司数量（家） | 比例（%） |
|------|------|------------------|----------------------|-----------|
| 14 | 青海 | 9 | 2 | 22.2 |
| 15 | 四川 | 66 | 14 | 21.2 |
| 16 | 浙江 | 131 | 27 | 20.6 |
| 17 | 辽宁 | 49 | 9 | 18.4 |
| 18 | 吉林 | 33 | 6 | 18.2 |
| 19 | 宁夏 | 11 | 2 | 18.2 |
| 20 | 江苏 | 114 | 19 | 16.7 |
| 21 | 湖南 | 49 | 8 | 16.3 |
| 22 | 上海 | 153 | 22 | 14.4 |
| 23 | 陕西 | 30 | 4 | 13.3 |
| 24 | 内蒙古 | 18 | 2 | 11.1 |
| 25 | 重庆 | 28 | 3 | 10.7 |
| 26 | 黑龙江 | 19 | 2 | 10.5 |
| 27 | 新疆 | 29 | 2 | 6.9 |
| 28 | 海南 | 19 | 1 | 5.26 |
| 29 | 西藏 | 3 | 0 | 0 |
| | 合计 | 1556 | 364 | 23.4% |

从表中看出，作为经济大省的江苏省和上海市的表现较差——江苏省114家公司中只有19家发布企业社会责任报告，比例低至16.7%；而上海市153家公司中仅为22家，比例为14.4%。

虽然A股上市公司具备披露企业可持续发展信息、发布社会责任报告的内在需求和能力。但是，当前多数上市公司尚未建立社会责任管理体系，报告编制水平也较低。

目前，中国零售企业主要靠自发的觉悟去强调职工利益，在产品质量、环境污染、绿色产品供应链、员工保护和培训、捐赠、公益事业等方面努力追求,比如苏宁、北京物美、福建永辉等连锁零售企业,在招收和培训员工、社区公益活动、绿色产品公益、废弃电器回收、减低噪音等方面大力承担社会责任,赢得社会赞许。

以跨国公司为例,跨国公司在中国经营多年,已经具备丰富的经验,建立了成熟的全面的社会责任评估框架,值得借鉴,如表 7-2 所示:

表 7-2 跨国公司社会责任评估框架

| | |
|---|---|
| 八大维度 | 可持续发展(环境、社会、经济) |
| | 引领者、赶超者、起步者 |
| 中国战略 | 国内销售量、市场份额、全球格局、经营哲学、中国区架构、社会责任组织体系 |
| 本地贡献 | 投资额、员工人数、纳税额、研发中心、产品组合与品牌引入(新能源产品) |
| 环境友好运作 | 环境管理体系(EMS)本地化、生命周期(绿色设计、制造、有毒物质、循环、包装、物流)(ISO14001、ROHS、WEEE) |
| 员工权益 | 职业健康安全管理体系(OHSMS)、培训发展、人才本地化 |
| 消费者权益 | 产品质量、客户满意、召回制度 |
| 商业生态链 | 供应商、经销商、行业协会、政府 |
| 社区与公益 | 公益及捐赠、NGO(非盈利的社团法人)、基金会 |
| 信息披露 | 环境社会信息公开(责任报告、公司网站) |

资料来源:北京绿海致胜管理咨询有限公司

具体来说,跨国公司在中国推进社会责任主要途径之一是实施供应链管理。零售商过去强调的是供应商的产品质量、交货期及价格,而现在已经把社会责任延伸到供应商。例如沃尔玛 2005 年在中国采购了 180 亿美元商品,管理供应商约 6000 家,几年来大概淘汰了 40% 左右的供应商,理由就是这些企业社会责任标准不达标。沃尔玛 2008 年首次在中国召开全球可持续发展峰会,公布了最新的绿色采购原则。宜家积极贯彻关于可再生森林认证的供应链要求等等,强化供应商及其采购工厂的社会、环境要求。

跨国公司还通过专业化、品牌化的公益活动在中国推进社会责任。由于西方社会具有较成熟的慈善传统和公益活动经验,在活动定位、协调组织、专业管理、品牌推广等方面经验成熟,在中国广泛开展了面向教育科研、环保和健康等公益活动,效果显著。

政府在推进企业社会责任实践方面的主要工作是立法和执法,以美国为例:1906 年制定食品和药品法;1953 年的"A. P. 史密斯案"使美国企业慈善活动合法化;1969 年制定了国家环境政策法出台,明确规定了企业应承担的保护环境的责任。20 世纪 80 年代以来,美国已有 29 个以上的州相继修改公司法,要求公司不仅为股东(stockholders)服务,也要为"利益相关者"(stakeholders)服务。在执法方面,政府主要是设立专门的执法机构、加强执法的处罚力度等。

社会各界需要大力营造本土零售企业的企业公民行为实践的氛围,鼓励和引导企业树立具有良好企业行为规范意识,在培育良好公民社会环境上下功夫。企业的社会责任关注员工和社会的共同利益,并通过对这些共同利益的满足最终实现企业、员工和社会的和谐共处。同时,实证证明,企业树立社会责任意识对顾客形成有效的购买欲望和企业绩效有明显的促进作用[①]。

在社会各界支持与倡导下,中国零售企业需要加强企业公民意识的培养,积极探寻企业经营的正道,倡导企业实践和承担社会责任,以集体的智慧和勇气持续改善我们的商业环境和商业生态,最终才能改善企业的经营重心和提高服务质量水平。

## 7.5　小　结

按照服务管理三角形理论,零售业服务质量的管理工作不仅是营销部门的工作,还需要人力资源部和运营部的协同配合。因此遵循系统观点,需要从组织环境的整体建设去培育和生成良好的服务质量。本章总结出四个值得关注的组织因素:企业文化、公司品牌、组织结构和社会公民意识。服务企业文化和生产企业文化不同,构建"人性化"的内部营销导向型的服务企业文化是必要的,可以从核心价值观和内部管理制度上

---

①　常亚平,阎俊.企业社会责任行为、产品价格对消费者购买意愿的影响研究[J].管理学报,2008,(1):38－41.

去落实。公司品牌是适合服务型企业的首选品牌战略,英国零售业的品牌战略演变也证实了零售业也不例外,要从公司品牌内部化和外部化两部分去创建零售业公司品牌。零售业还需通过构建流程型的组织结构保障服务质量,该组织结构应具有顾客导向、以流程为中心、扁平化、组织边界动态化、整合性等特点,是零售业应对动荡环境的重要变革。最后,零售企业还需强化社会公民意识,履行和落实企业社会责任。通过组织环境的改善和完善,将更好地保障零售业服务质量水平。

# 第八章

# 提升服务质量的外部环境力量

零售业服务质量的改善仅仅依靠零售业本身的努力还是不够的,外部环境因素会影响企业服务质量的提升以及顾客对零售业服务质量的公正评价。服务质量尽管是企业的事情,但也是顾客感知的服务质量,是主观评价和判断,因此不仅需要企业提高和改善服务质量水平,也需要顾客的理解、配合及对企业的尊重和理解,从而达到公正、公平对企业服务质量进行评价和判断的目的。另外,全社会包括消费者、企业、行业协会、政府在内要共同努力,营造零售企业持续改善服务质量的氛围和条件也是重要的支持因素。

## 8.1  宏观：政府部门的调控和引导

近几年来,中国零售业面临的国际化竞争更趋激烈,但流通领域仍存在企业规模偏小、组织化程度低、现代化水平不高、市场法制体系不够完善等问题。为此,在推进建立良好社会消费环境方面,政府应尽快建立健全有关政策法规,鼓励企业发展和行业规范。通过健全立法和严肃执法,一方面规范企业行为,另一方面保护消费者权益,整顿行业竞争秩序,从而营造宽松和有序的社会氛围,为企业提高服务质量创造适宜的条件。

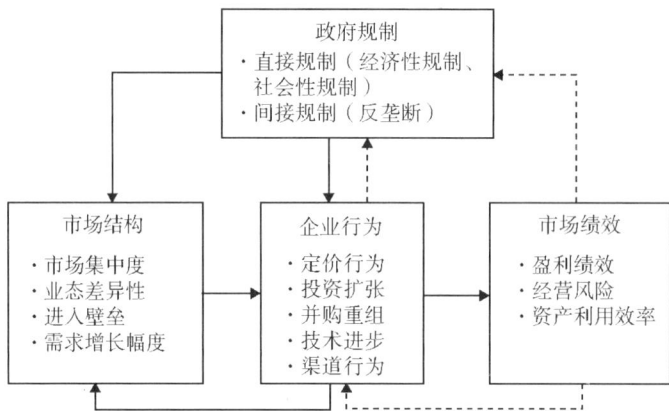

图 8-1 零售业的拓展"结构—行为—绩效"分析框架①

### 8.1.1 完善立法和政策,改善零售业生存环境

政府在推进零售业行业发展和实践方面的主要工作是立法和执法,从而切实改善零售业生存和发展的环境。

**1. 加快立法步伐,完善流通法律体系**

随着改革开放的深入和社会主义市场经济体制的完善,我国零售业在促进生产、引导消费、推动经济结构调整和经济增长方式转变等方面的作用日益突出,但法律法规不健全的问题也急需解决。有关部门应重点推进规范市场主体、市场行为和市场监管的立法进程,要继续完善政策法规,加快形成与国际惯例相适应的市场流通法律体系,应当结合我国丰富的流通实践,借鉴发达国家流通立法经验,加快制订流通领域法律法规,通过研究制订规范商品流通活动、流通主体、市场行为、市场调控和管理等方面的法律法规和行政规章,保障企业合法、合规、有序地从事零售活动。

**2. 加强政策引导和协调,创造良好的信用环境**

为促进零售商业和谐健康发展,零售规制政策在这一时期也更加多样,政策性质涵盖了直接规制(经济性规制、社会性规制)以及间接规制(反垄断规制)。代表性政策包括《零售业同业损害评估方法》(2005),《直

---

① 夏春玉,汪旭晖.中国零售业 30 年的变迁与成长[J].市场营销导刊,2008,6:12.

销管理条例》(2005),《整治商业零售企业恶意占压、骗取供应商货款欺诈行为专项行动工作实施方案》(2006),《零售商供应商公平交易管理办法》(2006),《零售商促销行为管理办法》(2006)等。此外 2008 年 8 月 1 日刚刚实施的中国《反垄断法》以及即将推出的《城市商业网点条例》(被称为中国"大店法"的《城市商业网点条例》已经完成征求意见程序,将于 2008 年年底公布)。这些间接规制政策,都将进一步规范我国零售市场的发展。

2004 年以来,国家有关部门相继发布了《流通业改革发展纲要》《商品市场体系建设纲要》等指导性文件,《零售业态分类》等国家标准也已实施。2005 年 8 月国务院又下发了《关于促进流通业发展的若干意见》。有关部门应加大政策引导和协调,修改、废止不适应零售业发展的有关政策、规定和标准,积极制定促进行业发展的各项政策,重点研究制定内外资平等竞争、规范供应商与零售商关系、打破垄断、保护消费者利益等方面的规则。例如,尽管外资零售业的进入促进了国内零售业整体服务水平的改善,给国内消费者带来了更多选择和实惠,但是,某些地方政府给予外资零售企业"超国民待遇"的做法,却破坏了零售市场公平竞争的环境,某种程度上阻碍了内资零售业的发展。因此,要通过立法的完善公平地对待内外资的利益问题。

在诚信体系建设方面,政府应该积极维护诚信经营环境。要求零售企业必须遵守诚实守信的基本原则,严格自律,不发布虚假广告,不销售假冒伪劣商品,保障商品(服务)的质量、性能、价格等信息的准确。规范企业促销行为,促使企业严格遵守有关法律法规和规章,不得侵犯消费者的利益。

3. 规制零售网点布局,防止过度进入和竞争

目前,我国零售行业由于行业门槛过低导致低效和无效竞争,必须实施进入规制,即实行政府管制、政府监管。发达国家均对大型零售店的发展实施规制政策,他们对大店的规制是保护生活环境和保护中小零售业,防止过度竞争,也是为有效合理利用土地资源。从世界范围来看,世界发达国家根据各自国情,对零售企业实施进入规制所采取的手段中,以日本和法国的《大店法》最引人注目。尽管目前中国还不具备出台《大店法》的

条件,但对大店的规制依然是非常必要的。从我国的实际情况出发,我国对大型零售店铺的规制应从防止过度进入和过度竞争入手,防止资源浪费,可以先制订管理条例和商业规划,然后推出专门的《大店法》。

为此,政府部门要尽早出台《城市商业网点规划条例》,对不同业态类型的商店需要作不同程度的规制,适当借鉴法国听证会的做法。1万平方米以上的商业设施必须实施听证制度,由工商、交通、环保、建设部门、生产流通部门、消费者协会、行业组织及专家等组成听证委员会,经科学论证和民主表决,防止零售市场恶性竞争或垄断局面的出现,规范零售行业的发展。

当前,我国零售业规制缺乏整体发展战略,规制体系不完善,零售业网点布局不尽合理,缺乏规划有效引导。很多商业网点是自发形成的组群,经营雷同、重复建设、资源浪费,一些现代新型业态又缺少必要的发展空间或发展格局,部分地区甚至出现了一两公里内同时开出两家超万平方米大卖场的现象。还有许多商业设施开发建成后,被大量闲置,无法形成集聚效应,筑不起商业圈。为了促进我国零售业管理变革,应建立长远的商业规划和布局,确定合理的发展速度和方向。要根据城市发展的总体布局,制订好商业网点规划,做好网点的调整和布局,做到有序竞争,避免资源浪费,同时按照结构宏观控制的原则,引导企业对仓储设施、物流配送等领域薄弱环节的投资,从而达到布局平衡、资源优化和效益提高的目的。

### 8.1.2　鼓励改革创新,促进服务质量改善

政府有关部门需转变职能,加强宏观管理,构筑统一、开放、竞争、有序的市场环境,促进中国零售业快速、健康、有序发展[1],主要有以下几个方面:

1. 加快零售企业改革步伐,提高核心竞争力

2005 年发布的《国务院关于促进流通业发展的若干意见》,明确提出

---

[1]　参见商务部《从六方面促进零售业快速发展》,http://zglsy.mofcom.gov.cn/rtl/wsgg/2007/3/1173088095018.html。

要加快培育大型流通企业,"要按照市场经济规律和世贸组织规则,积极培育一批有著名品牌和自主知识产权、主业突出、核心竞争力强、具有国际竞争力的大型流通企业","鼓励具有竞争优势的流通企业通过参股、控股、承包、兼并、收购、特许经营、托管等方式,实现规模扩张,引导流通企业做强、做大"。为此,国家应加快大型流通企业集团的培育,推进连锁经营,提高流通企业竞争能力,提高流通现代化水平。

同时,有关部门要加快引导零售企业积极采用信息技术和现代流通技术,改善营销方式、提高服务质量,全面提高零售企业现代化管理水平。通过制定和完善标准化、信息化政策,促进零售业发展。首先,要确定零售业技术发展目标和计划,包括各种具体的标准,如计量标准、质量表示标准、商品品类表示标准等技术规划;其次要制定零售技术促进政策,包括鼓励科研机构和企业间的合作,设立零售企业技术创新风险投资资金等,为企业发展提供更多资金及技术支持。

2. 鼓励行业兼并和重组,提高行业集中度

加入 WTO 后,外资零售企业加速进入中国,中国零售企业存在发展缓慢、规模过小、集中度低等状况,不利于与国际跨国零售企业的同场竞争。如果单纯地依靠企业自身积累、自我扩张来应对,显然要经历一个较长的过程,才能达到扩大企业规模的目的。目前中国零售业行业整体服务质量水平的低下、行业集中度过低是影响因素。

从长远的角度看,要充分发挥竞争机制,通过优胜劣汰规律,使更多的社会资源向优势企业集中,从而提高我国零售业的市场集中度。但是,也要借鉴发达国家形成大型零售企业的经验,我国政府应该侧重于鼓励零售企业实行"强强联合",鼓励企业兼并和重组,在较短的时间内形成具有较高水平的大规模零售企业集团,从而达到社会交易成本的极小化和社会经济效率的极大化。收购兼并是成就行业霸主的利器。政府应设置适度壁垒高度,同时提供零售企业兼并贷款等支持,促使零售业向有效市场集中度发展。就提高进入壁垒来说,重点应当是政策法规性壁垒。政府应根据目前我国零售企业的规模结构状况,根据不同地区的具体情况,同时结合城市规模、消费结构以及购买力等方面因素,实行大型商业零售网点建设的中长期规划,通过规划并配合有关政策来引导零售商业网点

的合理发展。在降低退出壁垒方面,政府应当完善再就业工程和社会保障制度,加强对企业跨产业转移的指导和支持。政府在提高零售业规模经济和调整进入退出壁垒两方面,通过设置合理适度的进入和退出壁垒,从而促进中国零售业市场集中度的进一步提高。

**3. 加强人才培训和素质提高,改善服务质量管理水平**

符合现代流通业要求的人才资源短缺,是目前零售企业发展的普遍"瓶颈"。人才的竞争是企业之间的竞争焦点,因此,有关部门要将培养人才作为一项战略任务来抓。首先可以在高等院校中设立物流配送、电子商务、特许经营等专业,为流通现代化培养后备人才;其次是培训机构在物流配送、连锁经营等领域开展执业资格认证,并纳入从业人员执业资格系列;三是通过设立流通现代化人才培养基金等方式,为人才培养提供保障。

从服务利润链来看,是否具有科学的服务营销观念和服务质量意识,主要看企业领导者的业务素质和管理决策能力,领导是影响内部服务质量的决定性因素,而这也是服务型企业文化的基础。在人才培养方面,越来越多的高等院校在商学院设立 MBA 和 EMBA 专业教育和专业培训,促进了零售业高级管理队伍综合业务素质的提高。

从服务接触管理和服务质量评价看,服务人员的团队意识和专业能力对顾客和服务产品质量产生直接的影响,所以服务人员的专业培训也是不可或缺的管理措施。这个工作的完成主要依赖企业人力资源管理部门和管理者的意愿。从基层服务人员到高层管理者都需要系统而专业的业务培训和团队学习,共同致力于构建顾客导向的服务型企业文化。

**4. 保护消费者权益,促进服务质量改善**

中国目前已经出台了一些法律法规,规定零售企业应提供符合要求的产品和服务质量,建立健全售后服务和换货退货制度,要求企业切实规范零售包括目前逐渐兴起的网上交易行为,做好售后服务,鼓励企业接受第三方交易保障体系的监督,公开发布并严格执行,维护消费者的合法权益。

例如,在商品质量管理方面,上海出台了《上海市商业零售企业商品质量管理办法》(1994 年 9 月 1 日执行),对零售业商品质量做了明确规定。如规定商品质量先行负责制,要求企业在商品售出后,应按照谁销售、谁负责的原则,在消费者发现有商品质量问题时,企业首先向消费者承担责任,然后再向责任方或商品供货方追偿;建立商品质量管理制度,设置商品质量管理机构或人员,负责商品质量检验和商品质量管理制度的执行,零售商有权要求供应商提供质量证明并进行商品质量检验,包括商品的质量、计量、商标、生产许可证、厂名、厂址等方面的内容,对于食品、药品和化妆品,还应包括卫生、生产日期、保质期等内容;另外对于有问题的商品质量处理方式以及争议的解决途径、针对处理过季商品的质量保证责任等等,都有明文规定。这样,零售商和消费者对商品质量的管理和判定有法可依。这是对企业最终提高全面质量管理水平是一个可靠的保障。

## 8.2　中观:零售行业的规范和行业协会的协调作用

### 8.2.1　引导中国零售行业的有序、规范发展

改革开放以来,由于经济的高速增长,消费者生活水平持续提高,中国零售企业通过引进吸收国外先进的管理理念和经营方式,已经有了很快的发展。但客观地说,在零售企业繁荣发展的同时,我国现有零售企业的规模仍然过小,零售业市场集中度过低。

我国零售企业在店铺形式、商品布局、供应链管理、营销等方面的经营管理模式,总体上仍不够成熟。缺乏本土创新的"拷贝式"成长使企业业态趋同,经营拉不开档次,在原有业态如百货商店、专业店进一步规范化发展的同时,新兴业态如超市、仓储店、便利店等几乎在同一时间迅速成长,形成了业态竞争多元化的局面,最终导致同地域、同档次、同类型的多家企业之间展开过度竞争。

目前,零售市场存在着企业间恶性价格竞争、盲目扩张造成资源浪费等情况。在管理上,大多数企业并不重视服务质量等深层次问题的管理水平的提高,尚处于浅层、表面变革的局面。另外企业的信用环境差,尤其是零售商和供应商之间的矛盾由于货款拖欠等原因不断加深,从而也影响了行业的良好秩序。企业之间的过度和恶性竞争导致一味地拼价

格,而不是在提高满足顾客需要的产品质量和服务质量上"下功夫",从而影响到了顾客的购物环境和企业服务质量水平的改善等。

为此,要加强零售行业自律,创造良好环境。我国零售业正经历快速发展、开业高峰时期,零售业产业活动单位明显增加,因而有必要按市场化原则规范和发展零售业,通过对零售企业的引导和规范,促进零售业行业自律和经营规范。

要引导零售商在提升零售企业品牌、打造零售自有品牌等营销管理方面进行大力创新,在加强信息系统、财务系统、人力资源管理等控制和提升能力之外,重点加强供应链整合工作,通过组织结构的流程化改造等创新来解决采购部门、配送部门与信息部门的职能整合问题,使目前加盟、连锁等先进经营方式发挥其应有集约化作用,实现集中采购、统一配送和营销联合等方面的规模优势,从而最终提高企业满足顾客需求的综合解决能力。零售企业只有通过管理创新和经营创新,才能实现经营控制的统一,实现零售企业自身实力的壮大以及规模的扩大。

### 8.2.2 零售业行业协会的协调和沟通

随着中国市场的逐步开放,政府的管理职能也应进行相应转变。作为高度竞争、高度开放的行业,政府对零售业的管理由直接管理市场主体向社会职能型转变,对零售行业的管理应借助于"行业协会"的力量,充分发挥零售协会的指导、服务、沟通、自律和监督作用,引导行业自我管理。

中国零售行业各级、分专业的行业协会(商会)是随着政府职能的转变、零售业的发展壮大而不断建立起来的。零售行业协会应成为零售企业自我约束、自我管理、维护整个行业合法利益的组织,零售行业协会应成为有共同利益的企业组成的合法的社会团体,而不是成为行业中大企业控制中小企业的工具,零售行业协会也不应成为政府控制零售企业、大零售企业合谋垄断的工具。政府部门应对零售行业协会进行监管,按市场化原则规范和发展流通领域的行业协会、商会等自律性组织,使其真正成为全体会员利益和行业利益代表,发挥在政策制订、信息交流、价格协调、资质认定、专业培训等方面的积极作用,促进行业自律和经营规范。

零售业行业协会目前已成为我国市场经济流通领域的重要组成部分,正在发挥着越来越重要的作用:

1. 发挥联系消费者、企业和政府的桥梁纽带作用

协会一方面服务于消费者和企业,另一方面一个重要职能就是上传下达,做好"桥梁",代表行业利益,并把行业的利益落实在政府部门、国家的有关政策中。立足本行业,深入实际调查研究,维护行业和企业利益,帮助会员解决政策、法律难题,为宏观零售行业规划和调控政策出台及时提出政策和措施建议,供政府决策参考。

2. 参与有关标准和政策的制定工作

协会通过参与研究制定有关产业政策、行业标准、行业准入条件,研究制定行规行约,针对行业特点,根据相关的服务质量标准建立服务质量保证体系和服务质量管理体系,推动企业履行社会责任,促进行业的健康发展。

以中国连锁业的发展为例,其变革与成长都与中国连锁经营协会的引领与支持分不开。近 5 年来,该协会共完成国家标准委和商务部委托的标准起草任务 8 项,其中国家标准 1 项、行业标准 7 项。其中,《零售业态分类》《特许经营管理规范》和《超市购物环境》等标准已经实施[①]。另外,由商务部发布、深圳市零售商业行业协会起草的《零售业基层岗位技能要求》系列行业标准——营业员、收货员、防损员、生鲜工、收银员(SB/T10512.1—5—2008),于 2009 年 8 月 1 日起正式实施,这是由地方行业协会起草的零售业全国标准,是对行业协会职能的充分肯定。

3. 开展行业协调和自律

零售业行业协会可以通过价格规范、合作协议等各项相关自律公约,不断加强商业职业道德建设,维护会员利益,促进整个行业的有序发展,另外一方面要加强企业自律行为,营造公平、有序、诚信的市场环境,促进行业持续、健康、快速发展。

协会要积极维护诚信经营环境。比如,行业协会可制定行规行约,以强化信用意识、防范交易风险为目标,强化会员诚信自律,鼓励行业内部开展信用活动,对失信行为进行评议,开展信用监管和公共服务。引导企业建立起以信用调查、评价、自律、信用档案管理和信用信息互通为主要

---

① 汪纯孝,蔡浩然.服务营销与服务质量管理[M].广州:中山大学出版社,1996.

内容的内部管理制度,不断加以完善,逐步使企业信用管理规范化、制度化。针对目前零售企业对供应商、制造商的强势地位从而导致信用缺失的普遍情况,行业协会配合政府制定行业信用发展规划,建立零售行业信用体系,对零售商进行有效的信用评估,正确处理和改善零售行业与供应商、顾客及公众利益之间的关系,创造有利于行业协调发展的信用环境。

4. 做好零售业服务质量监督工作

遵守公开、公平、诚实的原则,完善质量管理和监督,对服务质量投诉及时、有效处理。号召企业不以劣质低价的方式参与竞销,对降低产品和服务质量标准参与恶性竞争的零售业采取惩罚措施;积极促进行业间的信息沟通,加强联动,对成员采取信息互换、互相监督、联合检查、共同处理违约行为的办法开展工作;对服务质量水平低下、违反市场秩序和破坏行业信誉的行为进行监督和抵制,共同制裁违约行为。

5. 组织行业的沟通和交流合作

协会通过研讨会、交流会、展览会、考察参观等多种形式,拓展企业视野和合作的领域和空间,促进观念交流与商机合作;在国内、国际贸易和经济交往中,树立企业全球化视角,推进行业的国际交流,代表企业协调解决贸易纠纷,维护企业合法权益等。

6. 根据行业的特点,协会因地制宜开展多种形式的特色服务

行业协会通过承担的政府可出让的职能,如行业统计、资格认证、行业评比等等,引导会员企业、政府部门和社会各界的行为,规范行业秩序,提高企业管理和服务管理水平。比如,近些年,有关协会相继推出连锁业成就奖、最佳雇主、优秀特许品牌、金牌店长等项活动,表彰先进、树立楷模,对鼓励企业提高管理、优质服务、弘扬行业精神、扩大行业影响等起到了积极的推动作用;协会通过自身的努力,持续不懈地推动行业食品安全、环境保护、公益事业的开展,鼓励企业做有社会责任感的企业公民;倡导企业落实节约能源、绿色产品供应、减少环境污染和实现企业可持续发展的具体措施。这对于改善消费环境,提高我国零售业整体服务水平,促进零售业规范健康发展将产生积极的影响。

## 8.3 微观：消费者的合作与尊重

### 8.3.1 重视对消费者的有效沟通，引导形成合理消费预期

在零售业企业的市场沟通活动中，经常会发生两类情况：虚假宣传和缺乏宣传[①]。虚假宣传表现为夸大产品和服务效用，使消费者形成过高期望，企业无法实现承诺，则产生了不满和服务纠纷。另外，消费者对服务的质量特性往往缺乏了解，缺乏宣传也不利于消费者对服务和产品的认同。因此，在沟通过程中，要客观介绍服务企业和产品，加强消费者的服务常识，对顾客形成合理的消费预期、减少服务抱怨是重要的管理措施。

要想正确高效地宣传和提高服务质量，服务性企业必须在沟通活动中体现三点内容：

1. 提供真实信息

顾客对服务质量的评估会受他们期望的影响。期望与顾客对实际服务质量的评估标准成正比，因此，提供准确可靠信息，有效地影响顾客的期望，做好市场沟通工作，是服务性企业提高顾客感觉中服务质量的一项重要措施。在影响顾客期望的各个因素中，许诺是服务性企业可以控制的因素。要使本企业许诺的服务与实际的服务完全一致，企业应经常进行市场调研，先向服务人员和顾客了解本企业计划使用的促销词是否准确；了解价格对顾客期望的影响，以及顾客对本企业服务价值和价格的看法；做好有形证据管理工作，准确地向顾客暗示本企业的服务情况；绝不模仿竞争对手的虚假宣传等。

2. 强调服务属性和服务特色

可靠性是服务质量的核心属性。在市场沟通活动中，强调服务可靠性，比强调任何其他服务属性更能传递服务质量信息，更能影响消费者的

---

① 参见《中国连锁业经历风雨十年》，2007 - 11 - 19，http：//www. bjall. com/BI/cy/20071119/132721_3. html。

购买行为。比如山东某企业强调"买真货,到 XY",这种宣传服务特色的做法实际上就是在宣传企业诚信经营的特点,有效传递本企业服务质量信息。而买到真货也是消费者对各种服务属性的最为看重的产品和服务属性,实践中起到了明显促销效果。

3．帮助顾客理解他们的角色行为

零售企业应通过市场沟通活动,使顾客充分理解他们在服务工作中的作用,他们应该理解企业的规章制度,配合企业员工完成服务工作任务,顾客在一定程度上扮演了"兼职员工"的角色。在顾客和企业共同合作的过程中,消费者花更少的成本得到了更多的服务满足和服务效用,企业服务质量才得到了保证和完善,直接满足了单个消费者的需求和保护了消费者权益。作为整个行业的整体服务质量水平的提高,则推动了社会公民福利的改善。

8.3.2　促进顾客—员工间相互尊重,加强对消费者的道德建设

在零售企业提供产品和服务的过程中,顾客必须亲自参与过程,配合服务人员的工作,才能获得良好的消费经历。企业服务质量的提高,不仅需要服务者的责任意识,也需要顾客的合作意识。

顾客和企业员工相互尊重、相互配合,是提高服务质量的前提和必要条件。要全面提高服务质量,毫无疑问,我们应首先强调服务人员必须尊重顾客,但只强调企业员工的行为管理是不够的,在消费过程中,顾客也须遵守社会公认的消费行为准则,尊重服务人员的劳动。顾客的消费行为不仅会影响自己的满意程度,还会影响其他顾客的满意程度和服务人员的工作满意感。在消费过程中,有一些顾客,不愿遵守社会公认的消费行为准则和服务性企业的合理规章制度,比如购物付款中的插队现象;挑选产品时乱扔乱放行为;过分挑剔、打骂侮辱服务人员;破坏商业设施和公物,寻衅滋事打砸行为;偷窃商品、明知故犯、屡教不改者;等等。

社会对顾客的消费行为进行有效社会监督和舆论监督是必要的,要引导、教育顾客做理性、文明的消费者。同时,对于零售企业而言,如果企业无条件地执行"顾客永远是对的"观念,则会纵容顾客的不良行为,影响服务环境的和谐和服务公平性,甚至威胁到服务人员的人格尊严和身心

安全,产生很多的负面影响。因此零售企业在满足顾客的正当需要的同时,需要兼顾员工、企业和其他顾客三方的合法权益保护,不能纵容顾客的一切需要。

企业应教育员工在做好服务的同时,还要做好两方面的工作。一是要做好顾客行为管理工作,能够区别对待和研究、识别不文明顾客的特点、危害以及诱发因素,掌握和这些顾客交往的权利和技巧。通过培训,教会员工如何与顾客打交道。二是要做好顾客的道德培训工作,具体包括:提供必要的信息,使顾客理解自己在服务过程中的作用、应遵守的规章制度、应有的行为方式;帮助顾客掌握必要的知识和技能,鼓励顾客积极参与服务工作;指导顾客扮演好"兼职服务人员"的角色;及时地纠正顾客的不正确消费行为,防止顾客引起的服务差错。

## 8.4  小  结

具体说,本章提出三个建议:从宏观的政府层面,通过完善立法和政策,调控和引导零售业服务质量;从中观的行业层面,鼓励行业自律、有序竞争,发挥行业协会在行业自律、整合资源、营造诚信环境等方面的作用,做好商品供应、信息服务和政策引导,帮助零售企业解决实际困难,促进和协调零售业健康发展;从微观的企业和消费者层面,一是要重视对零售业社会公民意识的培养和引导,二是需要建立一种零售业和顾客间的合作与尊重的关系。总之,建立竞争有序、集中有度的现代零售业市场体系,提高中国零售业整体服务质量水平,需要消费者、零售企业、行业协会以及政府等多方面的共同努力最终才能够实现。

# 第九章

# 结论与展望

## 9.1 全文总结

本书采用了文献研究、案例分析和比较研究等多种定性和定量研究方法，从一般服务研究到零售业服务研究、从概念认识到测量工具、从过程管理到结果管理，由一般到个体、由浅及深地进行了系统研究，拟构建科学而系统的零售企业的服务质量管理理论框架，希望能推动中国零售企业服务质量的改善和竞争力的提高，打造中国零售业的"沃尔玛"。主要研究工作有：

1. 提出零售业复合价值链和全面质量管理的理念和概念性框架

在实践工作经验和文献研究的基础上，本书在"零售业是服务业"的基本认识上，提出零售业的供应物是有关商品和服务的混合包，因此，商品质量管理和服务质量管理是同等重要的、相互补充的两个构成成分，树立全局的以顾客感知价值为基础的全面质量管理意识和概念性框架是必要的和重要的。本书从顾客价值的角度思考了零售业的全面质量管理的内涵。提出零售业的价值链是有关商品价值和服务价值创造的复合价值链，商品和服务价值的创造过程不同，各自包含不同的环节,但二者管理的共同目标是扩大产品包所包含的顾客价值。在零售业的复合价值链的基础上,进一步探讨零售业的全面质量管理的内涵,据此得出,零售业的全面质量管理要体现零售业所提供的混合供应物的特色,既要控制商品质量,又要改善服务质量,并共同服务于零售业的目标顾客,创造最大的顾客价值。本书最终勾画出以顾客价值为基础的零售业全面质量管理蓝图,形成有行业特色的全面质量管理概念的理论框架和思维视野。

由于商品质量管理是零售业全面质量管理的重要组成部分,所以本书首先对商品质量管理做了理论阐述,并对 XY 商业集团的管理经验做了具体介绍。由于商品质量管理是比较成熟的研究领域,所以本书不做过多赘述。但需明确的是,商品质量是服务质量的前提和保证,没有商品质量的基本保证,零售业的服务质量工作将成为无源之水,无本之木;服务质量对于全面质量管理工作而言,是商品质量的锦上添花和画龙点睛之作,是附加价值创造的主要和重要领域。商品质量是零售业的生命线,服务质量则是零售业的竞争优势。本书的重点将放在理论研究和管理薄弱的零售业服务质量管理领域,后面的章节也将围绕这个问题逐步展开论述。

根据服务利润链原理,服务质量和服务利润一样,是由内而外逐级生成的。因此,首先要做好内部服务质量的管理,内部服务质量简言之就是公司服务于员工的质量,是有关员工满意度管理的问题;外部服务质量是公司和员工服务于外部顾客的质量,是有关顾客的满意度管理问题。在内部服务质量管理方面要重视内部营销思想和相关工作的落实,把员工当顾客来管理;在外部服务质量研究方面,成果较多,但主要从过程质量(如差距模型)和结果质量方面(如 SERVQUAL 量表)开展工作。本书认为员工买入和雇主品牌化是做好内、外部服务质量管理的重要理念和管理措施。

2. 阐述内部服务质量内涵和内部营销实施步骤

成功实施全面质量管理有赖于良好的内部服务质量和企业服务文化,忽视员工满意的管理文化,必然导致员工对工作的抵制和敷衍,也会产生组织和员工间的摩擦和冲突,因此,作为高层管理者需要重视员工管理和员工满意,消除理念和任务执行中的障碍,首先解决员工在工作中存在的问题和困难,对他们进行培养和教育,以员工为本,培育了专业、满意和忠诚的员工队伍,企业的质量管理才可能获得最终的成功。众多研究表明,内部营销与员工满意之间存在正相关关系;工作满意度与工作表现呈正相关,它们之间的相关程度取决于奖励机制;工作满意与缺勤之间有稳定的、接近中等程度的负相关;工作满意度与离职存在显著的负相关。

因此培养内部顾客满意对零售业的服务质量工程是至关重要的。所谓的内部顾客满意,是指内部顾客在进入一个企业前与进入企业工作后,对预期价值与实际中的自我感知价值进行比较后所达到的一种心理上的平衡状态。研究发现,决定工作满意度的重要构成因素有工作本身、组织本身、薪酬福利、个人发展、人际关系等因素。

为了提高内部顾客满意度,需要落实内部营销工作,具体来说包括五步骤:第一步,深入细致地开展内部市场调研;第二步,科学合理地细分内部市场和准确地进行市场定位;第三步,制定内部营销组合;第四步,有效的执行;第五步,及时控制。

### 3. 阐述外部服务质量概念及影响要素

本书对外部服务质量的阐述从过程质量管理和结果质量管理两个部分进行。这种认识来源于 Gronroos 的顾客感知服务质量概念,这个概念得到了众多学者的认可,尤其是过程质量和结果质量概念。在本书中,服务全过程的质量管理问题借鉴了差距模型(gaps-model)进行了探讨,建议通过减少前 4 个差距最终降低第五个差距,即服务期望与服务体验的差距,具体措施有:通过了解顾客需求减少认知差距;科学设计服务标准减少标准差距;准确提供规定服务减少交付差距;积极进行服务沟通减少理解差距;采取补救措施确保感知和期望的一致。同时也借鉴了服务交互模型重点探讨了交互质量。交互质量是服务质量的重要组成部分,却又是最不稳定、最不可预测、最灵活的服务质量的构成要素,是顾客评价总体服务质量的差异化和关键性部分。建议通过调节服务供求关系、适度的员工授权、加强现场督导和监控、及时进行服务补救等措施保证和完善交互质量。

在结果质量管理方面,借鉴了多个理论模型进行了分析研究。通过

154

Gronroos 质量模型的"技术质量"和"功能质量"的影响因素分析，发现了质量保健要素和质量促进要素，前者如可靠性、效用、能力等，后者则包括友善、关心、洁净、可获得性等要素，还有一些要素会从两个方面影响顾客感知服务质量，如舒适性、沟通情况和真诚等；通过 PZB 三人开发的主流量表 SERVQUAL，发现了有形性、可靠性、响应性、安全性和移情性五个评价维度—通过专门针对零售业的 RSQS 量表，可以得出零售业的服务质量由阶层性的概念因子构成，其中包括五个基本维度：实体性、可靠性、人员互动、问题解决与公司政策所组成，而三个维度各含有两个次维度，即实体方面的次维度有便利、外观，可靠性包含正确、承诺两个次维度，人员互动则有信心及礼貌两个次维度；多层次多维度模型却证明了顾客形成服务质量感知来自于三个基本维度——产出、互动和环境，各基本维度包含多个子维度，而可靠性、反应性、移情性在提供优秀的服务质量方面更重要。这些概念化模型有助于管理者从多个角度理解顾客感知的服务质量的形成过程，强调了服务质量感知的丰富内容，可以帮助管理者从战略角度，寻找出比竞争者做得更好的变量（维度），同时可以更系统、更全面地管理好影响服务质量的因素，整体改善服务质量水平。

4. 零售业服务质量量表的开发

进一步地，对我国零售业服务质量的测量进行了思考，借鉴了 SERVQUAL 量表，以零售业专业量表 RSQS 为主体框架，进行了改进和创新，并在 XY 商业集团进行了信度和效度的验证，期待能开发一套适合中国零售业服务质量测量的量表，为零售业管理实践提供指导。

5. 分析组织环境和外部环境的支持要素

本书提出，组织因素和环境因素对零售业的全面质量管理工作有重要影响，为了确保全面质量管理工作取得成效，还须做好三大组织要素：内部营销导向型企业文化、系统的公司品牌理念和流程型组织结构，从企业管理的软件和硬件系统中为服务质量工作提供支撑；而任何一个商业性组织都是在特定外部环境中运行的，零售业也不例外，商品质量和服务质量也可视为社会福利，因此支持和鼓励零售业的全面质量管理工作是全社会的共同责任，因此探讨了影响服务质量的环境因素，建议微观层面的消费者、中观层面的行业协会和宏观层面的政府都要采取一些措施，支持和参与到零售业的服务质量建设工程中。

## 9.2 研究展望

本书在前人研究成果的基础上,结合丰富的零售业管理经验,经过多年的潜心钻研,对零售业全面质量管理问题有了较为系统和深入的认识,提出了若干理论观点和概念框架,但由于时间和精力的限制,依然有一些悬而未决、值得探讨的问题,期待今后的进一步探索和研究。

作者长期关注零售业发展状况,和零售企业也有较多合作,深知理念和理论框架的重要性,零售业的质量管理理论尚未成熟,尤其服务质量研究明显不足,无法有效指导实践。所以,本书侧重从质量管理理念、理论框架的角度去构思全文,研究的重点是如何系统地完善和开发零售业服务质量管理工作。本书提出"零售业全面质量管理"和"零售业服务质量管理"都侧重于概念性框架,方法上主要采用了文献研究、比较分析等逻辑推理方法,这些概念性框架的科学性和系统性期待更多学者的印证和完善。

本书对零售业质量和服务质量的概念内涵和形成维度做了分析研究,对测量工具做了探讨,研究焦点集中于"零售业服务质量概念"。在零售业服务质量量表的探讨方面,本书运用了结构方程进行了实证研究,美中不足有两点:一是仅作为本书的一章,服务于本书的全面质量意识和服务质量理论研究;二是仅对 XY 商业集团进行了单一案例研究,使得该量表的适用性打了折扣。由于篇幅和个人能力所限,对服务质量水平与顾客购买行为的相关程度、服务质量与经济效益的函数关系、服务质量与零售业竞争优势等主题的研究甚少,作者认为,这些主题都是未来值得探讨的研究方向。

零售业服务质量的改善主要靠零售业本身的努力是不够的,环境因素会影响顾客对零售业服务质量的公正评价。服务质量是顾客感知的服务质量,是主观评价和判断,缺乏客观的标准,因此需要全社会加强对服务质量的学习,比较公正地、实事求是地进行评价和判断。具体说,本章提出三个建议:从宏观的政府层面,通过完善立法和政策,调控和引导零售业服务质量;从中观的行业层面,发挥行业协会的作用,规范和协调零售业的服务质量；从微观的消费者层面，需要建立一种零售业和顾客间的合作与尊重的关系。本书对零售业质量管理的组织因素和环境因素也大胆做了探讨，由于前面此类研究较少，本书观点更多源于作者的实践体会，能力和视野有限，提出的建议尚需继续推敲，因此期待更多的后续研究对此进行验证和深化。作者相信，学术争议有利于推动科学研究，有利于对零售业的实践指导，欢迎更多学者加入零售业质量研究领域，共同提高零售管理的本土理论水平，促进中国的零售企业做大做强！

# 附　录

## 附录1　正式调查问卷

尊敬的女士/先生：

您好！本无记名形式问卷是杭州师范大学一项研究调查，非常感谢您在百忙中抽空填答。请根据您的实际感受，回答以下问题。请您从问题右边选择一个符合您观点的数字，并画√。您的回答对该项研究有重要价值并将严格保密，谢谢支持！

右边数字1表示完全不同意，2表示不同意，3表示有点不同意，4表示不确定，5表示有点同意，6表示同意，7表示完全同意。

**一、请您对此次调研作一评价**

$A_1$. 我认为评价这家超市的工作很重要　　1　2　3　4　5　6　7

**二、请根据您在这家超市购物时的感受，来填写您的总体印象**

$B_1$：我认为这家店铺内外的装修比较美观　　1　2　3　4　5　6　7

$B_2$：我认为员工服装和外表整洁　　1　2　3　4　5　6　7

$B_3$：这家店铺设有卫生间和休闲设施　　1　2　3　4　5　6　7

$C_1$：我认为商品摆列整齐，易于寻找　　1　2　3　4　5　6　7

$C_2$：我认为商品摆放会给行动带来不便　　1　2　3　4　5　6　7

$C_3$：我认为排队等候付款时间比较合理　　1　2　3　4　5　6　7

$C_4$：我认为店铺对消费者提供指示说明很详尽（例如优惠公告等）

　　　　　　　　　　　　　　　　　　1　2　3　4　5　6　7

$D_1$：我认为店铺履行了对消费者的承诺（退货或赔偿）

　　　　　　　　　　　　　　　　　　1　2　3　4　5　6　7

$D_2$：我认为店铺没有及时提供了许诺的服务　1　2　3　4　5　6　7

$D_3$：我对店铺提出的许诺很放心　　　　　1　2　3　4　5　6　7

$E_1$：店铺会在第一次就把事情做好　　　　1　2　3　4　5　6　7

$E_2$：我在这家店铺购买商品的小票从没有出错

　　　　　　　　　　　　　　　　　　1　2　3　4　5　6　7

$E_3$：我觉得这里的商品种类齐全、货源充足　1　2　3　4　5　6　7

$F_1$：我认为这家店铺的员工令人信赖（例如您能放心地让他替您保
管物品、相信他对您推荐的商品）　　　　　1　2　3　4　5　6　7

$F_2$：我觉得这里的员工有充分的专业知识,以回答消费者的问题

　　　　　　　　　　　　　　　　　　1　2　3　4　5　6　7

$F_3$：我觉得这里的员工的言行使我对这家店铺感到很放心

　　　　　　　　　　　　　　　　　　1　2　3　4　5　6　7

$F_4$：我觉得当我遭遇丢失物品等问题时,这里的员工会尽力协助解决

　　　　　　　　　　　　　　　　　　1　2　3　4　5　6　7

$G_1$：我觉得这里的员工乐意随时为消费者提供帮助和服务

　　　　　　　　　　　　　　　　　　1　2　3　4　5　6　7

$G_2$：我觉得这里的员工能迅速对消费者提供所需的送货、退货、保养
和维修服务　　　　　　　　　　　　　　　1　2　3　4　5　6　7

$G_3$：我觉得这里的员工会因为太忙而疏于响应消费者的询问

　　　　　　　　　　　　　　　　　　1　2　3　4　5　6　7

$G_4$：我觉得这里的员工保持对消费者的礼貌性

　　　　　　　　　　　　　　　　　　1　2　3　4　5　6　7

$G_5$：我觉得这里的员工会给予消费者个别性的注意

　　　　　　　　　　　　　　　　　　1　2　3　4　5　6　7

## 三、请仔细思考一下,根据您内心的判断来填写以下问题

$H_1$：我觉得这家超市的商品质量有保证　　1　2　3　4　5　6　7

$H_2$：这家超市门口乘车便利　　　　　　　1　2　3　4　5　6　7

$H_3$：这家店铺没有提供停车、存包场所　　1　2　3　4　5　6　7

$H_4$：这家店铺提供非现金支付方式（例如记账、信用卡等）

　　　　　　　　　　　　　　　　　　1　2　3　4　5　6　7

$I_1$：我认为这家店铺品牌的知名度较高　　1　2　3　4　5　6　7

$I_2$：这家店铺是我喜爱的品牌  1 2 3 4 5 6 7

$I_3$：我认为这家店铺的品牌有很好的口碑  1 2 3 4 5 6 7

$I_4$：我经常光顾这家店铺  1 2 3 4 5 6 7

$J_1$：我认为这家店铺的总体服务质量很好  1 2 3 4 5 6 7

$J_2$：我认为这家店铺提供的服务令我感到很愉快

1 2 3 4 5 6 7

$J_3$：我认为这家店铺满足了我的需要  1 2 3 4 5 6 7

为了进行问卷分析，最后请您提供简要的个人信息，我们将严格保密。

1. 您的性别：男 □　　女 □

2. 您的年龄：20 岁以下 □　21～25 岁 □　26～35 岁 □
　　　　　　36～45 岁 □　45 岁以上 □

3. 您的教育程度：初中及以下 □　高中或中专 □　大专 □
　　　　　　本科 □　硕士及以上 □

4. 您个人的月收入：1000 元以下 □　1001～2000 元 □
　　　　　　2001～3000 元 □　3001～5000 元 □
　　　　　　5000 元以上 □

谢谢您的合作！

# 附录 2　零售业态分类规范意见

实施时间：2004/06/30

**第一条　零售业态**

零售业态是指零售企业为满足不同的消费需求而形成的不同的经营形态。零售业态的分类主要依据零售业的选址、规模、目标顾客、商品结构、店堂设施、经营方式、服务功能等确定。零售业的主要业态有：百货店、超级市场、大型综合超市、便利店、仓储式商场、专业店、专卖店、购物中心等。

**第二条　百货店**

百货店是指在一个大建筑物内，根据不同商品部门设销售区，开展进货、管理、运营,满足顾客对时尚商品多样化选择需求的零售业态。

（一）选址在城市繁华区、交通要道。

（二）商店规模大,营业面积在 5000 平方米以上。

（三）商品结构以经营男、女、儿童服装、服饰、衣料、家庭用品为主,种类齐全、少批量、高毛利。

（四）商店设施豪华,店堂典雅、明快。

（五）采取柜台销售与自选(开架)销售相结合方式。

（六）采取定价销售,可以退货。

（七）服务功能齐全。

**第三条　超级市场**

超级市场指采取自选销售方式、以销售食品、生鲜食品、副食品和生活用品为主,满足顾客每日生活需求的零售业态。

（一）选址在居民区、交通要道、商业区。

（二）以居民为主要销售对象,10 分钟左右可到达。

（三）商店营业面积在 1000 平方米左右。

（四）商品构成以购买频率高的商品为主。

（五）采取自选销售方式,出入口分设,结算由设在出口处的收款机统一进行。

（六）营业时间每天不低于 11 小时。

（七）有一定面积的停车场地。

**第四条　大型综合超市**

大型综合超市是指采取自选销售方式、以销售大众化实用品为主,满足顾客一次性购足需求的零售业态。

（一）选址在城乡接合部、住宅区、交通要道。

（二）商店营业面积 2500 平方米以上。

（三）商品构成为衣、食、用品齐全,重视本企业的品牌开发。

（四）采取自选销售方式。

（五）设与商店营业面积相适应的停车场。

**第五条　便利店(方便店)**

便利店是满足顾客便利性需求为主要目的的零售业态。

（一）选址在居民住宅区、主干线公路边以及车站、医院、娱乐场所、机关、团体、企事业所在地。

（二）商店营业面积在 100 平方米左右，营业面积利用率高。

（三）居民徒步购物 5～7 分钟可到达，80％的顾客为有目的的购买。

（四）商品结构以速成食品、饮料、小百货为主，有实时消费性、小容量、应急性等特点。

（五）营业时间长，一般在 10 小时以上，甚至 24 小时，终年无休日。

（六）以开架自选货为主，结算在收款机处统一进行。

**第六条　专业店**

专业店指经营某一大类商品为主的、并且具备丰富专业知识的销售人员和适当的售后服务，满足消费者对某大类商品的选择需求的零售业态。

（一）选址多样化，多数店设在繁华商业区、商店街或百货店、购物中心内。

（二）营业面积根据主营商品特点而定。

（三）商品结构体现专业性、深度性、品种丰富，选择余地大，主营商品占经营商品的 90％。

（四）经营的商品、品牌具有自己的特色。

（五）采取定价销售和开架面售。

（六）从业人员需具备丰富的专业知识。

**第七条　专卖店**

专卖店指专门经营或授权经营制造商品牌，适应消费者对品牌选择需求和中间商品牌的零售业态。

（一）选址在繁华商业区、商店街或百货店、购物中心内。

（二）营业面积根据经营商品的特点而定。

（三）商品结构以著名品牌、大众品牌为主。

（四）销售体现量小、质优、高毛利。

（五）商店的陈列、照明、包装、广告讲究。

（六）采取定价销售和开架面售。

（七）注重品牌名声、从业人员必须具备丰富的专业知识，并提供专业知识性服务。

**第八条　购物中心**

购物中心指企业有计划地开发、拥有、管理运营的各类零售业态、服务设施的集合体。

（一）由发起者有计划地开设，布局统一规划，店铺独立经营。

（二）选址为中心商业区或城乡接合部的交通要道。

（三）内部结构由百货店或超级市场作为核心店，与各类专业店、专卖店、快餐店等组合构成。

（四）设施豪华、店堂典雅、宽敞明亮，实行卖场租赁制。

（五）核心店的面积一般不超过购物中心面积的80％。

（六）服务功能齐全，集零售、餐饮、娱乐为一体。根据销售面积，设相应规模的停车场。

**第九条　仓储式商场**

仓储式商场指以经营生活数据为主的，储销一体、低价销售、提供有限服务的零售业态（其中有的采取会员制形式，只为会员服务）。

（一）选址在城市结合部、交通要道。

（二）商店营业面积大，一般为10000平方米左右。

（三）目标顾客以中小零售商、餐饮店、集团购买和有交通工具的消费者为主。

（四）商品结构主要以食品（有一部分生鲜商品）、家庭用品、体育用品、服装衣料、文具、家用电器、汽车用品、室内用品等为主。

（五）店堂设施简朴、实用。

（六）采取仓库式陈列。

（七）开展自选式的销售。

（八）设有较大规模的停车场。

**第十条　本规范意见适用于各类零售商店**

# 附录3　中华人民共和国产品质量法

1993年2月22日第七届全国人民代表大会常务委员会第三十次会议通过

（根据2000年7月8日第九届全国人民代表大会常务委员会第十六次会议

《关于修改〈中华人民共和国产品质量法〉的决定》修正）

## 第一章　总　则

第一条　为了加强对产品质量的监督管理,提高产品质量水平,明确产品质量责任,保护消费者的合法权益,维护社会经济秩序,制定本法。

第二条　在中华人民共和国境内从事产品生产、销售活动,必须遵守本法。

本法所称产品是指经过加工、制作,用于销售的产品。

建设工程不适用本法规定;但是,建设工程使用的建筑材料、建筑构配件和设备,属于前款规定的产品范围的,适用本法规定。

第三条　生产者、销售者应当建立健全内部产品质量管理制度,严格实施岗位质量规范、质量责任以及相应的考核办法。

第四条　生产者、销售者依照本法规定承担产品质量责任。

第五条　禁止伪造或者冒用认证标志等质量标志;禁止伪造产品的产地,伪造或者冒用他人的厂名、厂址;禁止在生产、销售的产品中掺杂、掺假,以假充真,以次充好。

第六条　国家鼓励推行科学的质量管理方法,采用先进的科学技术,鼓励企业产品质量达到并且超过行业标准、国家标准和国际标准。

对产品质量管理先进和产品质量达到国际先进水平、成绩显著的单位和个人,给予奖励。

第七条　各级人民政府应当把提高产品质量纳入国民经济和社会发展规划,加强对产品质量工作的统筹规划和组织领导,引导、督促生产者、销售者加强产品质量管理,提高产品质量,组织各有关部门依法采取措施,制止产品生产、销售中违反本法规定的行为,保障本法的施行。

第八条　国务院产品质量监督部门主管全国产品质量监督工作。国务院有关部门在各自的职责范围内负责产品质量监督工作。

县级以上地方产品质量监督部门主管本行政区域内的产品质量监督工作。县级以上地方人民政府有关部门在各自的职责范围内负责产品质量监督工作。

法律对产品质量的监督部门另有规定的,依照有关法律的规定执行。

第九条　各级人民政府工作人员和其他国家机关工作人员不得滥用职权、玩忽职守或者徇私舞弊,包庇、放纵本地区、本系统发生的产品生产、销售中违反本法规定的行为,或者阻挠、干预依法对产品生产、销售中违反本法规定的行为进行查处。

各级地方人民政府和其他国家机关有包庇、放纵产品生产、销售中违反本法规定的行为的,依法追究其主要负责人的法律责任。

第十条 任何单位和个人有权对违反本法规定的行为,向产品质量监督部门或者其他有关部门检举。

产品质量监督部门和有关部门应当为检举人保密,并按照省、自治区、直辖市人民政府的规定给予奖励。

第十一条 任何单位和个人不得排斥非本地区或者非本系统企业生产的质量合格产品进入本地区、本系统。

## 第二章 产品质量的监督

第十二条 产品质量应当检验合格,不得以不合格产品冒充合格产品。

第十三条 可能危及人体健康和人身、财产安全的工业产品,必须符合保障人体健康和人身、财产安全的国家标准、行业标准;未制定国家标准、行业标准的,必须符合保障人体健康和人身、财产安全的要求。

禁止生产、销售不符合保障人体健康和人身、财产安全的标准和要求的工业产品。具体管理办法由国务院规定。

第十四条 国家根据国际通用的质量管理标准,推行企业质量体系认证制度。企业根据自愿原则可以向国务院产品质量监督部门认可的或者国务院产品质量监督部门授权的部门认可的认证机构申请企业质量体系认证。经认证合格的,由认证机构颁发企业质量体系认证证书。

国家参照国际先进的产品标准和技术要求,推行产品质量认证制度。企业根据自愿原则可以向国务院产品质量监督部门认可的或者国务院产品质量监督部门授权的部门认可的认证机构申请产品质量认证。经认证合格的,由认证机构颁发产品质量认证证书,准许企业在产品或者其包装上使用产品质量认证标志。

第十五条 国家对产品质量实行以抽查为主要方式的监督检查制度,对可能危及人体健康和人身、财产安全的产品,影响国计民生的重要工业产品以及消费者、有关组织反映有质量问题的产品进行抽查。抽查的样品应当在市场上或者企业成品仓库内的待销产品中随机抽取。监督抽查工作由国务院产品质量监督部门规划和组织。县级以上地方产品质量监督部门在本行政区域内也可以组织监督抽查。法律对产品质量的监督检查另有规定的,依照有关法律的规定执行。

国家监督抽查的产品,地方不得另行重复抽查;上级监督抽查的产品,下级不得另行重复抽查。

根据监督抽查的需要,可以对产品进行检验。检验抽取样品的数量不得超过检验的合理需要,并不得向被检查人收取检验费用。监督抽查所需检验费用按照国务院规定列支。

生产者、销售者对抽查检验的结果有异议的,可以自收到检验结果之日起十五日内向实施监督抽查的产品质量监督部门或者其上级产品质量监督部门申请复检,由受理复检的产品质量监督部门做出复检结论。

**第十六条** 对依法进行的产品质量监督检查,生产者、销售者不得拒绝。

**第十七条** 依照本法规定进行监督抽查的产品质量不合格的,由实施监督抽查的产品质量监督部门责令其生产者、销售者限期改正。逾期不改正的,由省级以上人民政府产品质量监督部门予以公告;公告后经复查仍不合格的,责令停业,限期整顿;整顿期满后经复查产品质量仍不合格的,吊销营业执照。

监督抽查的产品有严重质量问题的,依照本法第五章的有关规定处罚。

**第十八条** 县级以上产品质量监督部门根据已经取得的违法嫌疑证据或者举报,对涉嫌违反本法规定的行为进行查处时,可以行使下列职权:

1. 对当事人涉嫌从事违反本法的生产、销售活动的场所实施现场检查;

2. 向当事人的法定代表人、主要负责人和其他有关人员调查、了解与涉嫌从事违反本法的生产、销售活动有关的情况;

3. 查阅、复制当事人有关的合同、发票、账簿以及其他有关资料;

4. 对有根据认为不符合保障人体健康和人身、财产安全的国家标准、行业标准的产品或者有其他严重质量问题的产品,以及直接用于生产、销售该项产品的原辅材料、包装物、生产工具，予以查封或者扣押。

县级以上工商行政管理部门按照国务院规定的职责范围，对涉嫌违反本法规定的行为进行查处时，可以行使前款规定的职权。

**第十九条** 产品质量检验机构必须具备相应的检测条件和能力，经省级以上人民政府产品质量监督部门或者其授权的部门考核合格后，方可承担产品质量检验工作。法律、行政法规对产品质量检验机构另有规定的，依照有关法律、行政法规的规定执行。

**第二十条** 从事产品质量检验、认证的社会中介机构必须依法设立，不得与行政机关和其他国家机关存在隶属关系或者其他利益关系。

**第二十一条** 产品质量检验机构、认证机构必须依法按照有关标准，客观、公正地出具检验结果或者认证证明。

产品质量认证机构应当依照国家规定对准许使用认证标志的产品进行认证后的跟踪检查；对不符合认证标准而使用认证标志的，要求其改正；情节严重的，取消其使用认证标志的资格。

**第二十二条** 消费者有权就产品质量问题，向产品的生产者、销售者查询；向产品质量监督部门、工商行政管理部门及有关部门申诉，接受申诉的部门应当负责处理。

**第二十三条** 保护消费者权益的社会组织可以就消费者反映的产品质量问题建议有关部门负责处理，支持消费者对因产品质量造成的损害向人民法院起诉。

**第二十四条** 国务院和省、自治区、直辖市人民政府的产品质量监督部门应当定期发布其监督抽查的产品的质量状况公告。

**第二十五条** 产品质量监督部门或者其他国家机关以及产品质量检验机构不得向社会推荐生产者的产品；不得以对产品进行监制、监销等方式参与产品经营活动。

## 第三章　生产者、销售者的产品质量责任和义务

### 第一节　生产者的产品质量责任和义务

**第二十六条** 生产者应当对其生产的产品质量负责。

产品质量应当符合下列要求：

1. 不存在危及人身、财产安全的不合理的危险，有保障人体健康和

人身、财产安全的国家标准、行业标准的,应当符合该标准;

2. 具备产品应当具备的使用性能,但是,对产品存在使用性能的瑕疵做出说明的除外;

3. 符合在产品或者其包装上注明采用的产品标准,符合以产品说明、实物样品等方式表明的质量状况。

**第二十七条** 产品或者其包装上的标识必须真实,并符合下列要求:

1. 有产品质量检验合格证明;

2. 有中文标明的产品名称、生产厂厂名和厂址;

3. 根据产品的特点和使用要求,需要标明产品规格、等级、所含主要成分的名称和含量的,用中文相应予以标明;需要事先让消费者知晓的,应当在外包装上标明,或者预先向消费者提供有关资料;

4. 限期使用的产品,应当在显著位置清晰地标明生产日期和安全使用期或者失效日期;

5. 使用不当,容易造成产品本身损坏或者可能危及人身、财产安全的产品,应当有警示标志或者中文警示说明。

裸装的食品和其他根据产品的特点难以附加标识的裸装产品,可以不附加产品标识。

**第二十八条** 易碎、易燃、易爆、有毒、有腐蚀性、有放射性等危险物品以及储运中不能倒置和其他有特殊要求的产品,其包装质量必须符合相应要求,依照国家有关规定做出警示标志或者中文警示说明,标明储运注意事项。

**第二十九条** 生产者不得生产国家明令淘汰的产品。

**第三十条** 生产者不得伪造产地,不得伪造或者冒用他人的厂名、厂址。

**第三十一条** 生产者不得伪造或者冒用认证标志等质量标志。

**第三十二条** 生产者生产产品,不得掺杂、掺假,不得以假充真、以次充好,不得以不合格产品冒充合格产品。

### 第二节 销售者的产品质量责任和义务

**第三十三条** 销售者应当建立并执行进货检查验收制度,验明产品合格证明和其他标识。

**第三十四条** 销售者应当采取措施,保持销售产品的质量。

第三十五条　销售者不得销售国家明令淘汰并停止销售的产品和失效、变质的产品。

第三十六条　销售者销售的产品的标识应当符合本法第二十七条的规定。

第三十七条　销售者不得伪造产地，不得伪造或者冒用他人的厂名、厂址。

第三十八条　销售者不得伪造或者冒用认证标志等质量标志。

第三十九条　销售者销售产品，不得掺杂、掺假，不得以假充真、以次充好，不得以不合格产品冒充合格产品。

## 第四章　损害赔偿

第四十条　售出的产品有下列情形之一的，销售者应当负责修理、更换、退货；给购买产品的消费者造成损失的，销售者应当赔偿损失：

1．不具备产品应当具备的使用性能而事先未作说明的；

2．不符合在产品或者其包装上注明采用的产品标准的；

3．不符合以产品说明、实物样品等方式表明的质量状况的。

销售者依照前款规定负责修理、更换、退货、赔偿损失后，属于生产者的责任或者属于向销售者提供产品的其他销售者（以下简称供货者）的责任的，销售者有权向生产者、供货者追偿。

销售者未按照第一款规定给予修理、更换、退货或者赔偿损失的，由产品质量监督部门或者工商行政管理部门责令改正。

生产者之间，销售者之间，生产者与销售者之间订立的买卖合同、承揽合同有不同约定的，合同当事人按照合同约定执行。

第四十一条　因产品存在缺陷造成人身、缺陷产品以外的其他财产（以下简称他人财产）损害的，生产者应当承担赔偿责任。

生产者能够证明有下列情形之一的，不承担赔偿责任：

1．未将产品投入流通的；

2．产品投入流通时，引起损害的缺陷尚不存在的；

3．将产品投入流通时的科学技术水平尚不能发现缺陷的存在的。

第四十二条　由于销售者的过错使产品存在缺陷，造成人身、他人财产损害的，销售者应当承担赔偿责任。

销售者不能指明缺陷产品的生产者也不能指明缺陷产品的供货者的,销售者应当承担赔偿责任。

第四十三条 因产品存在缺陷造成人身、他人财产损害的,受害人可以向产品的生产者要求赔偿,也可以向产品的销售者要求赔偿。属于产品的生产者的责任,产品的销售者赔偿的,产品的销售者有权向产品的生产者追偿。属于产品的销售者的责任,产品的生产者赔偿的,产品的生产者有权向产品的销售者追偿。

第四十四条 因产品存在缺陷造成受害人人身伤害的,侵害人应当赔偿医疗费、治疗期间的护理费、因误工减少的收入等费用;造成残疾的,还应当支付残疾者生活自助费、生活补助费、残疾赔偿金以及由其扶养的人所必需的生活费等费用;造成受害人死亡的,并应当支付丧葬费、死亡赔偿金以及由死者生前扶养的人所必需的生活费等费用。

因产品存在缺陷造成受害人财产损失的,侵害人应当恢复原状或者折价赔偿。受害人因此遭受其他重大损失的,侵害人应当赔偿损失。

第四十五条 因产品存在缺陷造成损害要求赔偿的诉讼时效期间为二年,自当事人知道或者应当知道其权益受到损害时起计算。

因产品存在缺陷造成损害要求赔偿的请求权,在造成损害的缺陷产品交付最初消费者满十年丧失;但是,尚未超过明示的安全使用期的除外。

第四十六条 本法所称缺陷,是指产品存在危及人身、他人财产安全的不合理的危险;产品有保障人体健康和人身、财产安全的国家标准、行业标准的,是指不符合该标准。

第四十七条 因产品质量发生民事纠纷时,当事人可以通过协商或者调解解决。当事人不愿通过协商、调解解决或者协商、调解不成的,可以根据当事人各方的协议向仲裁机构申请仲裁;当事人各方没有达成仲裁协议或者仲裁协议无效的,可以直接向人民法院起诉。

第四十八条 仲裁机构或者人民法院可以委托本法第十九条规定的产品质量检验机构,对有关产品质量进行检验。

## 第五章 罚则

第四十九条 生产、销售不符合保障人体健康和人身、财产安全的国家标准、行业标准的产品的,责令停止生产、销售,没收违法生产、销售的产品,并处违法生产、销售产品(包括已售出和未售出的产品,下同)货值金额等值以上三倍以下的罚款;有违法所得的,并处没收违法所得;情节严重的,吊销营业执照;构成犯罪的,依法追究刑事责任。

第五十条 在产品中掺杂、掺假,以假充真,以次充好,或者以不合格产品冒充合格产品的,责令停止生产、销售,没收违法生产、销售的产品,并处违法生产、销售产品货值金额百分之五十以上三倍以下的罚款;有违法所得的,并处没收违法所得;情节严重的,吊销营业执照;构成犯罪的,依法追究刑事责任。

第五十一条 生产国家明令淘汰的产品的,销售国家明令淘汰并停止销售的产品的,责令停止生产、销售,没收违法生产、销售的产品,并处违法生产、销售产品货值金额等值以下的罚款;有违法所得的,并处没收违法所得;情节严重的,吊销营业执照。

第五十二条 销售失效、变质的产品的,责令停止销售,没收违法销售的产品,并处违法销售产品货值金额二倍以下的罚款;有违法所得的,并处没收违法所得;情节严重的,吊销营业执照;构成犯罪的,依法追究刑事责任。

第五十三条 伪造产品产地的,伪造或者冒用他人厂名、厂址的,伪造或者冒用认证标志等质量标志的,责令改正,没收违法生产、销售的产品,并处违法生产、销售产品货值金额等值以下的罚款;有违法所得的,并处没收违法所得;情节严重的,吊销营业执照。

第五十四条 产品标识不符合本法第二十七条规定的,责令改正;有包装的产品标识不符合本法第二十七条第(四)项、第(五)项规定,情节严重的,责令停止生产、销售,并处违法生产、销售产品货值金额百分之三十以下的罚款;有违法所得的,并处没收违法所得。

第五十五条 销售者销售本法第四十九条至第五十三条规定禁止销售的产品,有充分证据证明其不知道该产品为禁止销售的产品并如实说明其进货来源的,可以从轻或者减轻处罚。

第五十六条 拒绝接受依法进行的产品质量监督检查的,给予警告,责令改正;拒不改正的,责令停业整顿;情节特别严重的,吊销营业执照。

第五十七条 产品质量检验机构、认证机构伪造检验结果或者出具虚假证明的,责令改正,对单位处五万元以上十万元以下的罚款,对直接负责的主管人员和其他直接责任人员处一万元以上五万元以下的罚款;有违法所得的,并处没收违法所得;情节严重的,取消其检验资格、认证资格;构成犯罪的,依法追究刑事责任。

产品质量检验机构、认证机构出具的检验结果或者证明不实,造成损失的,应当承担相应的赔偿责任;造成重大损失的,撤销其检验资格、认证资格。

产品质量认证机构违反本法第二十一条第二款的规定,对不符合认证标准而使用认证标志的产品,未依法要求其改正或者取消其使用认证标志资格的,对因产品不符合认证标准给消费者造成的损失,与产品的生产者、销售者承担连带责任;情节严重的,撤销其认证资格。

第五十八条 社会团体、社会中介机构对产品质量做出承诺、保证,而该产品又不符合其承诺、保证的质量要求,给消费者造成损失的,与产品的生产者、销售者承担连带责任。

第五十九条 在广告中对产品质量作虚假宣传,欺骗和误导消费者的,依照《中华人民共和国广告法》的规定追究法律责任。

第六十条 对生产者专门用于生产本法第四十九条、第五十一条所列的产品或者以假充真的产品的原辅材料、包装物、生产工具,应当予以没收。

第六十一条 知道或者应当知道属于本法规定禁止生产、销售的产品而为其提供运输、保管、仓储等便利条件的,或者为以假充真的产品提供制假生产技术的,没收全部运输、保管、仓储或者提供制假生产技术的收入,并处违法收入百分之五十以上三倍以下的罚款;构成犯罪的,依法追究刑事责任。

第六十二条 服务业的经营者将本法第四十九条至第五十二条规定禁止销售的产品用于经营性服务的,责令停止使用;对知道或者应当知道所使用的产品属于本法规定禁止销售的产品的,按照违法使用的产品(包括已使用和尚未使用的产品)的货值金额,依照本法对销售者的处罚规定处罚。

第六十三条 隐匿、转移、变卖、损毁被产品质量监督部门或者工商行政管理部门查封、扣押的物品的,处被隐匿、转移、变卖、损毁物品货值金额等值以上三倍以下的罚款;有违法所得的,并处没收违法所得。

第六十四条　违反本法规定,应当承担民事赔偿责任和缴纳罚款、罚金,其财产不足以同时支付时,先承担民事赔偿责任。

第六十五条　各级人民政府工作人员和其他国家机关工作人员有下列情形之一的,依法给予行政处分;构成犯罪的,依法追究刑事责任:

1. 包庇、放纵产品生产、销售中违反本法规定行为的;

2. 向从事违反本法规定的生产、销售活动的当事人通风报信,帮助其逃避查处的;

3. 阻挠、干预产品质量监督部门或者工商行政管理部门依法对产品生产、销售中违反本法规定的行为进行查处,造成严重后果的。

第六十六条　产品质量监督部门在产品质量监督抽查中超过规定的数量索取样品或者向被检查人收取检验费用的,由上级产品质量监督部门或者监察机关责令退还;情节严重的,对直接负责的主管人员和其他直接责任人员依法给予行政处分。

第六十七条　产品质量监督部门或者其他国家机关违反本法第二十五条的规定,向社会推荐生产者的产品或者以监制、监销等方式参与产品经营活动的,由其上级机关或者监察机关责令改正,消除影响,有违法收入的予以没收;情节严重的,对直接负责的主管人员和其他直接责任人员依法给予行政处分。

产品质量检验机构有前款所列违法行为的,由产品质量监督部门责令改正,消除影响,有违法收入的予以没收,可以并处违法收入一倍以下的罚款;情节严重的,撤销其质量检验资格。

第六十八条　产品质量监督部门或者工商行政管理部门的工作人员滥用职权、玩忽职守、徇私舞弊,构成犯罪的,依法追究刑事责任;尚不构成犯罪的,依法给予行政处分。

第六十九条　以暴力、威胁方法阻碍产品质量监督部门或者工商行政管理部门的工作人员依法执行职务的,依法追究刑事责任;拒绝、阻碍未使用暴力、威胁方法的,由公安机关依照治安管理处罚条例的规定处罚。

第七十条　本法规定的吊销营业执照的行政处罚由工商行政管理部门决定,本法第四十九条至第五十七条、第六十条至第六十三条规定的行政处罚由产品质量监督部门或者工商行政管理部门按照国务院规定的职权范围决定。法律、行政法规对行使行政处罚权的机关另有规定的,依照有关法律、行政法规的规定执行。

第七十一条　对依照本法规定没收的产品,依照国家有关规定进行销毁或者采取其他方式处理。

第七十二条　本法第四十九条至第五十四条、第六十二条、第六十三条所规定的货值金额以违法生产、销售产品的标价计算;没有标价的,按照同类产品的市场价格计算。

## 第六章　附则

第七十三条　军工产品质量监督管理办法,由国务院、中央军事委员会另行制定。

因核设施、核产品造成损害的赔偿责任,法律、行政法规另有规定的,依照其规定。

第七十四条　本法自 1993 年 9 月 1 日起施行。

## 附录 4　质量振兴纲要

（国务院 1996 年 12 月 24 日发布）

为贯彻《中华人民共和国国民经济和社会发展"九五"计划和 2010 年远景目标纲要》,提高我国产品质量、工程质量和服务质量的总体水平,指导质量工作,特制定《质量振兴纲要(1996 年—2010 年)》。

一、现状与形势

(一)改革开放以来,我国的质量工作取得了很大进步。广大企业依靠技术进步,改善技术装备水平,加强管理,推行科学管理方法,为提高质量打下了一定的物质基础;加强规章制度和职业道德建设,普遍开展质量宣传教育,全民质量意识和职工素质有了较大提高;质量法律、法规不断完善,质量工作逐步走上法制化轨道,促使企业提高质量的外部环境正在逐步形成。

(二)目前,我国产品质量、工程质量、服务质量总体水平还不能满足人民生活水平日益提高和社会不断发展的需要,与经济发达国家相比仍有较大差距。主要表现在:一些原材料、基础元器件等产品质量不高,生产过程中不良品损失严重;一些工程质量达不到国家标准或规范要求,有的工程设计及设备选型不合理,施工质量不高,甚至存在结构隐患;服务质量波动较大,商品售后服务跟不上;不少企业质量管理水平不高,规章制度不健全,自我约束力不强;质量管理有效手段不足,法制建设有待进一步完善与加强。

(三)质量问题是经济发展中的一个战略问题。质量水平的高低是一个国家经济、科技、教育和管理水平的综合反映,已成为影响国民经济和对外贸易发展的重要因素之一。必须加快进行两个根本性转变,尽快提高我国的产品质量、工程质量和服务质量水平,满足人民生活水平日益提高和社会不断发展的需要,增强竞争能力,促进我国国民经济和社会的发展。

二、主要目标

(四)质量振兴的主要目标是:经过 5 至 15 年的努力,从根本上提高我国主要产业的整体素质和企业的质量管理水平,使我国的产品质量、工程质量和服务质量跃上一个新台阶。重点要在以下几个方面取得成效:

——到 2000 年,主要产业的整体素质有明显提高,并初步形成若干个具有国际竞争能力的重点产业及一批大型企业和企业集团。到 2010 年,主要产业的整体素质基本适应国际经济竞争的需要。

——到 2000 年,主要工业产品有百分之七十五以上按国际标准或国外先进标准组织生产,达到国际先进水平的优等品率有明显提高,产品售后服务有明显改善;国家重点产品可比性跟踪监督抽查的合格率达到百分之九十以上;出口产品的出厂合格率达到百分之百;主要产业的产品质量和服务水平基本达到国家标准。到 2010 年,主要工业产品有百分之八十五以上按国际标准或国外先进标准组织生产,达到国际先进水平的优等品率有较大幅度提高,形成规范化的售后服务网络;国家重点产品可比性跟踪监督抽查的合格率稳定在百分之九十五以上;形成一批具有国际竞争能力的名牌产品;主要产业的产品质量和服务水平接近或达到国际先进水平。据此,要突出抓好原材料、基础元器件、重大装备、消费品等四类重点产品的质量。

原材料类：到 2000 年,煤炭、钢铁、有色金属、石油化工等主要原材料工业的产品质量全部达到国家标准,并有一定比例的产品质量达到国外先进水平。到 2010 年,主要原材料的产品质量有 $1/3 \sim 1/2$ 达到发达国家的平均水平,一些重要原材料的质量达到国际先进水平。

基础元器件类：到 2000 年,机械、电子等基础元器件的质量总体水平力争达到发达国家 20 世纪 90 年代初水平,机械基础件的可靠性有较大幅度提高,电子元器件的可靠性平均提高一个数量级,汽车关键零部件的质量和整车配套能力有所突破。到 2010 年,机械、电子等基础元器件的质量水平力争接近发达国家的平均水平。

重大装备类：到 2000 年,机械、电子、石油化工等重大装备的安全性能指标全部达到国家强制性标准。到 2010 年,机械、电子、石油化工等重大装备的整机可靠性接近或达到发达国家的平均水平。

消费品类：到 2000 年,主要消费类产品的质量、安全和卫生指标全部达到国家强制性标准,主要耐用消费品的技术质量指标和整机可靠性接近或达到发达国家的平均水平。到 2010 年,主要消费类产品的质量、安全和卫生指标达到国际标准,主要耐用消费品的技术质量指标和整机可靠性接近或达到国际先进水平,并形成一批具有较强国际竞争能力的名牌产品。

——工程质量：到 2000 年,竣工交付使用的工程质量必须达到国家标准或规范要求,大中型工程建设项目综合试车和验收一次合格,确保连续生产或正常使用,其他工程一次验收合格率达到百分之九十,其中优良率达到百分之三十五以上。到 2010 年,竣工工程质量全部达到国家标准或规范要求,大中型工程建设项目以外的其他工程一次验收合格率达到百分之九十六,其中优良率达到百分之四十以上。

——服务质量：到 2000 年,铁路、交通、民航、商业、旅游、医疗卫生以及金融、保险、房地产、信息咨询等传统和新兴服务行业,全面推行服务质量国家标准,初步实现服务质量的制度化、程序化、标准化。到 2010 年,服务质量基本达到国际标准。

三、增强全民质量意识，提高劳动者素质

（五）加强质量法制教育，增强质量法制观念。采取多种形式，在全社会普及质量法律、法规知识教育，增强全民的法制观念。企业要切实履行法定的质量义务，做到依法生产、经营；广大用户和消费者要运用质量法律、法规，依法维护自的合法权益。

（六）把提高劳动者的素质作为提高质量的重要环节。切实加强对企业经营和职工的质量意识和质量管理知识教育，积极开展职工劳动技能培训。在有条件的大专院校设立质量管理课程，培养从事质量工作的人才；建立和完善各级质量管理培训机构，实施不同层次的质量教育与培训；各类职业学校和在职职工培训，要把质量教育作为培训和提高劳动技能的重要内容；中小学教育也应有一定的质量教育内容。

（七）充分发挥新闻媒介、行业组织、群众团体的舆论宣传和监督作用。继续开展"质量月""质量万里行""3·15保护消费者权益日"等活动，动员广大人民群众投身质量振兴事业，形成全社会重视质量的环境和风气。

四、加强管理与政策引导

（八）各地人民政府和国务院有关部门要切实履行管理职责，做到依法行政，加强对质量工作的领导和管理，增强质量管理的科学性和有效性，在引导、协调、监督、服务等方面为质量振兴创造良好的外部环境。

（九）通过技术进步，提高产品质量。坚持"择优扶强"的原则，加大技术改造力度，增加技术含量，促进重点行业、重点企业和重点产品质量上水平。积极组织对产品质量薄弱环节的科技攻关；利用引进技术或进行技术改造生产的产品质量，要达到国际标准或国外先进标准；新开发的产品质量要达到国际标准或国外先进标准。

（十）调整产品结构，提高产品质量。强化对投资项目的经济规模和技术水平的政策约束。重点扶持一批具有较高质量水平和市场竞争优势的拳头产品的生产；国家定期公布限制和禁止生产的产品目录，逐步淘汰能耗高、污染严重的产品。

（十一）加强对大型采购活动的监督管理。国家对重大设备采购和政府采购活动实行规范化管理，明确采购活动中的质量责任，确保采购产品的质量。

（十二）实施名牌发展战略，振兴民族工业。鼓励企业生产优质产品，支持有条件的企业创立名牌产品。国家制订名牌发展战略，鼓励企业实行跨地区、跨行业联合，争创具有较强国际竞争能力的国际名牌产品。依照《中华人民共和国产品质量法》的有关规定，建立质量奖励制度。

五、加强法制建设，强化执法监督力度

（十三）完善质量法制。加快有关质量管理的法制建设，进一步完善质量管理法规。

（十四）强化质量监督。加强对重点行业、重点产品和重点建设项目以及城乡住房的质量监督。加强知识产权保护，打击侵犯专利权和商标权的行为。加强生产许可证管理，加大对无生产许可证产品的查处力度。强化国家监督抽查力度，并运用经济、法律和行政等手段，做好监督抽查后的处理工作，提高监督的有效性。依法严厉惩处生产和销售假冒伪劣商品的违法行为，严厉制裁包庇、纵容生产销售假冒伪劣商品的有关责任者，坚决消除地方保持主义或部门保护主义。

（十五）建立健全质量执法监督机制，提高执法水平。建立执法监督检查制度，加强对质量法律、法规贯彻实施情况的监督检查，坚决查处有法不依、执法不严、违法不究以及滥用职权的行为。

（十六）加强质量执法队伍建设。加强对执法人员的教育和培养，不断提高执法人员的素质、完善监督手段，提高综合执法能力，增强执法的权威性和有效性。

六、健全市场质量规则，完善社会监督机制

（十七）建立健全商品市场的质量规范。商品市场应当建立质量监管机制，制定处理商品质量问题的规范化程序，逐步形成完善的质量监督体系。进入市场流通的商品必须具备规范化的质量标识。商业企业要切实加强进货商品质量检查验收，依法履行商品质量责任。

（十八）建立健全全国的质量认证制度。国家对质量认证工作依法实行统一管理,组织制定有关质量认证的法律,认可认证机构与实验室,注册管理审核与评审人员;按照国际通行规则推行产品质量认证和质量体系认证,并对认证工作实行监督管理。积极推进质量认证的国际双边互认和多边互认。

(十九)健全工程项目质量管理制度。工程项目建设中实行项目法人责任制、招标投标制、工程监理制和合同管理制。大中型建设项目和国家重点工程要推行建设监理制度;对重点建设项目中的成套设备,在项目法人责任制的基础上,建立设备监理制度。

(二十)推行产品质量保险。在促进企业建立健全质量体系和开展产品质量风险评估的基础上,按照企业自愿投保原则,推行产品责任保险和产品质量保证保险,实行新型的质量保证和监督机制。

(二十一)建立和完善产品标识制度。按照国际通行规则以及不同产品的特点,推行各种标识制度,包括产品安全标志、生产许可证标志、警示标志、特性标志、认证标志、防伪标志和保险标志等,有关部门要依法对标识实施监督管理。

(二十二)积极开展质量投诉和质量仲裁检验工作。有关部门和单位,要按照有关法律、法规规定,受理质量投诉和质量仲裁检验,调解质量纠纷,维护用户、消费者和企业的合法权益。

(二十三)积极发挥中介组织的作用。加强质量检验、计量测试等中介组织的建设,积极开展公证检验测试、市场商品检验、保险商品风险评估,以及采购验收检验与工程和设备监理工作。健全和完善产品质量认证、质量体系认证机构,为企业参与市场竞争提供有效服务。咨询服务机构要积极向社会提供质量政策、管理、评审、认证、法规以及标准、计量、信息等规范化的咨询服务。发挥各类社会团体对质量的社会监督作用和商会、行业协会等行业组织的自律作用。积极开展社会性的质量宣传、教育和技术咨询等各项服务。各级政府要加强对中介组织的管理,规范中介组织的行为。中介组织要依法通过资格认定,依据市场规则,建立自律性运行机制,依法承担相应责任。

七、加强企业基础工作,严格内部质量管理

(二十四)企业要树立符合市场经济规律的科学质量观。牢固树立

"质量第一"的观念,增强竞争意识、风险意识和法制意识,主动面向市场,接受用户、社会和政府的监督;积极开展"转机制、抓管理、练内功、增效益"和"质量兴业""质量兴厂"等活动,努力提高质量,降低成本,提高效益,建立起充满生机与活力的企业质量保证机制。

(二十五)坚持企业经营管理者抓质量。企业的厂长(经理)要对企业的质量工作负全部责任。厂长(经理)要负责组织制订企业质量管理目标,组织建立企业质量体系并使其有效运行。

(二十六)企业质量工作要与深化改革和加强管理相结合。企业要建立权责明确的质量责任制,健全质量管理规章制度和管理机构,进一步加强质量检验工作,切实保证检验机构和检验人员依照产品标准和规章制度依法行使检验职能;不断改进产品性能和工艺设计,严格原材料、基础元器件、外协件入厂质量把关,严格工艺纪律,严格生产全过程的质量控制,严格产品出厂质量把关,加强售后服务;树立质量成本观念,积极开展降低不良品损失活动,向质量管理要效益。建筑施工企业要加强施工现场管理,健全质量保证体系,落实质量责任制,坚持施工过程"三控制"(即自检、互检和交检),消除不合格工程,做好竣工后保修和用户回访工作。服务性企业要增强服务意识,改进经营服务条件和设施,建立健全服务质量体系,不断提高服务水平。

(二十七)企业要大力加强技术基础工作,严格执行国家强制性标准。严格按标准组织生产,没有标准不得进行生产。要建立和完善计量检测体系,积极采用先进的计量测试方法,严格对计量测试设备的管理。有条件的企业,应参照国际先进标准,制定具有竞争能力的,高于现行国家、行业标准的企业内控标准(包括外观、造型)。

(二十八)企业要加大技术进步力度。要密切跟踪国际先进技术,积极采用新技术、新工艺、新材料,加快新产品开发和科研成果的转化;技术进步和技术改造要与提高产品质量相结合,引进先进生产技术要与引进先进检测手段相配套;要根据市场需要,围绕提高产品质量,适时增加质量投入,保证产品技术性能和档次的提高。

(二十九)企业要积极采用科学的质量管理方法,建立全面、科学的质量管理制度。按照《质量管理和质量保证》国家标准及其他国际通行的先进管理标准,结合企业实际,继续推行全面质量管理,建立健全质量体系,推广应用各种科学的管理手段和方法,加强企业现场管理,健全各种规章制度。积极开展群众性质量管理活动,尊重群众首创精神,开展合理化建议活动。

(三十)企业要建立和完善鼓励质量改进的激励机制。要制定和完善岗位的质量规范、质量责任及相应的考核办法,并将考核结果作为对职工调动、提升、晋级、奖励或者处罚的重要依据。内部分配应实行以"质量否决权"为主要方式的个人收入分配与质量挂钩制度。

(三十一)乡镇企业要针对当前存在的突出问题,从提高质量意识,增加质量投入,加强职工培训,完善检测手段等方面,采取切实措施,严格按标准组织生产和进行检验,保证不合格产品不出厂。

(三十二)为国防工业部门承担协作配套的原材料、基础元器件和外协件的生产企业,要严格按照国家有关标准和产品质量管理规定,建立健全质量保证体系,实行严格的责任制,保证配套产品的质量和可靠性。

(三十三)企业要加强精神文明建设,努力培育企业质量文化。要把职业道德、敬业精神作为培育企业质量文化的重要内容。注重企业质量信誉的形象建设,形成生产经销优质产品光荣,生产经销假冒伪劣产品耻辱的风气。

八、组织与实施

(三十四)各地人民政府和国务院有关部门要切实加强对质量工作的统筹规划和组织领导,认真抓好本纲要的贯彻和落实,并根据各地区、各行业实际情况制订具体实施计划。

(三十五)建立质量振兴联席会议制度。在本纲要的组织实施过程中,国务院经济综合管理部门和质量监督管理部门根据工作需要召开联席会议,组织协调有关重大问题。

(三十六)动员和组织全社会积极参与质量振兴事业。质量振兴是全民族的事业,各地区、各部门、各单位都要增强历史责任感和时代紧迫感,共同努力,扎实工作,为实现本纲要提出的奋斗目标,为我国的质量振兴事业做出自己的贡献。

# 附录5　部分商品修理更换退货责任规定

国经贸〔1995〕458 号

**第一条**　为保护消费者的合法权益,明确销售者、修理者、生产者承担的部分商品的修理、更换、退货(以下称为三包)的责任和义务,根据《中华人民共和国产品质量法》《中华人民共和国消费者权益保护法》及有关规定制定本规定。

**第二条**　本规定所称部分商品,系指《实施三包的部分商品目录》(以下简称目录)中所列产品。

目录由国务院产品质量监督管理部门会同商业主管部门、工业主管部门共同制定和调整,由国务院产品质量监督管理部门发布。

**第三条**　列入目录的产品实行谁经销谁负责三包的原则。销售者与生产者、销售者与供货者、销售者与修理者之间订立的合同,不得免除本规定的三包责任和义务。

**第四条**　目录中规定的指标是履行三包规定的最基本要求。国家鼓励销售和生产者制定严于本规定的三包实施细则。

本规定不免除未列入目录产品的三包责任和销售者、生产者向消费者承诺的高于列入目录产品三包的责任。

**第五条**　销售者应当履行下列义务:

(一)不能保证实施三包规定的,不得销售目录所列产品;

(二)保持销售产品的质量;

(三)执行进货检查验收制度,不符合法定标识要求的,一律不准销售;

(四)产品出售时,应当开箱检验,正确调试,介绍使用维护事项、三包方式及修理单位,提供有效发票和三包凭证;

(五)妥善处理消费者的查询、投诉,并提供服务。

**第六条**　修理者应当履行下列义务:

(一)承担修理服务业务;

(二)维护销售者、生产者的信誉,不得使用与产品技术要求不符的元器件和零配件。认真记录故障及修理后产品质量状况,保证修理后的产品能够正常使用 30 日以上；

（三）保证修理费用和修理配件全部用于修理，接受销售者、生产者的监督和检查；

（四）承担因自身修理失误造成的责任和损失；

（五）接受消费者有关产品修理质量的查询。

第七条　生产者应当履行下列义务：

（一）明确三包方式：生产者自行设置或者指定修理单位的，必须随产品向消费者提供三包凭证、修理单位的名单、地址、联系电话；

（二）向负责修理的销售者、修理者提供修理技术资料、合格的修理配件，负责培训，提供修理费用，保证在产品停产后五年内继续提供符合技术要求的零配件；

（三）妥善处理消费者直接或者间接的查询，并提供服务。

第八条　三包有效期自开具发票之日起计算，扣除因修理占用和无零配件待修的时间。

三包有效期内消费者凭发票及三包凭证办理修理、换货、退货。

第九条　产品自售出之日起 7 日内，发生性能故障，消费者可以选择退货、换货或修理。退货时，销售者应当按发票价格一次退清货款，然后依法向生产者、供货者追偿或者按购销合同办理。

第十条　产品自售出之日起 15 日内，发生性能故障，消费者可选择换货或者修理。换货时，销售者应当免费为消费者换调同型号同规格的产品，然后依法向生产者、供货者追偿或者按购销合同办理。

第十一条　在三包有效期内，修理两次，仍不能正常使用的产品，凭修理者提供的修理记录和证明，由销售者负责为消费者免费调换同型号同规格的产品或者按本规定第三条的规定退货，然后依法向生产者、供货者追偿或者按购销合同办理。

第十二条　在三包有效期内，因生产者未供应零配件，自送修之日起超过 90 日未修好的，修理者应当在修理状况中注明，销售者凭此据免费为消费者调换同型号同规格产品。然后依法向生产者、供货者追偿或者按购销合同办理。

因修理者自身原因使修理期超过 30 日的，由其免费为消费者调换同型号同规格产品。费用由修理者承担。

第十三条　在三包有效期内,符合换货条件的,销售者因无同型号无规格产品,消费者不愿调换其他型号、规格产品而要求退货的,销售者应当予以退货;有同型号规格产品,消费不愿调换而要求退货,销售者应当予以退货,对已使用过的商品本规定收取折旧费。

折旧费计算自开具发票之日起至退货之日止,其中应当扣除修理占用和待修的时间。

第十四条　换货时,凡属残次产品、不合格产品或者修理过的产品均不得提供给消费者。

换货后的三包有效期自换货之日起重新计算。由销售者在发票背面加盖更换章并提供新的三包凭证或者三包凭证背面加盖更换章。

第十五条　在三包有效期内,除因消费者使用保管不当致使产品不能正常使用外,由修理者免费修理(包括材料费和工时费)。

对应当进行三包的大件产品,修理者应当提供合理的运输费用,然后依法向生产者或者销售者追偿,或者按合同办理。

第十六条　在三包有效期内,提倡销售者、修理者、生产者上门提供三包服务。

第十七条　属下列情况之一者,不实行三包,但是可以实行收费修理:

(一)消费因使用、维护、保管不当造成损坏的;

(二)非承担三包修理者拆动造成损坏的;

(三)无三包凭证及有效发票的;

(四)三包凭证型号与修理产品型号不符或者涂改的;

(五)因不可抗拒力造成损坏的。

第十八条　修理费用由生产者提供。修理费用指三包有效期内保证正常修理的待支费用。

第十九条　销售者负责修理的产品,生产者按照合同或者协议一次拨出费用,具体办法由产销双方商定。销售者委托或者指定修理者的,其修理费的支付形式由销售者和修理者双方合同约定。专款专用。生产者自行选择其他方式或者自行设置修理网点的,由生产者直接提供修理费用。

第二十条　生产者、销售者、修理者破产、倒闭、兼并、分立的,其三包责任按国家有关法规执行。

第二十一条　消费者因产品三包问题与销售者、修理者、生产者发生纠纷时,可以向消费者协会、质量管理协会用户委员会和其他有关组织申请调解,有关组织应当积极受理。

第二十二条　销售者、修理者、生产者未按本规定执行三包的,消费者可以向产品质量监督管理部门或者工商行政管理部门申诉,由上述部门责令其按三包规定办理。消费者也可以依法申请仲裁解决,还可以直接向人民法院起诉。

第二十三条　本规定由国务院产品质量监督管理部门负责解释。

第二十四条　本规定自发布之日起施行。原国家经济委员会等八部委局发布的国标发(1986)177 号《部分国产家用电器三包规定》同时废止。其他有关规定与本规定不符的,以本规定为准。

## 附录6　国务院关于进一步加强产品质量工作若干问题的决定
### (一九九九年十二月五日)

各省、自治区、直辖市人民政府,国务院各部委、各直属机构:

为认真贯彻落实党的十五大精神和十五届四中全会通过的《中共中央关于国有企业改革和发展若干重大问题的决定》,全面实施《中华人民共和国产品质量法》和《质量振兴纲要(1996—2010 年)》,提高我国产品质量总体水平,促进国民经济持续快速健康发展,现就进一步加强产品质量工作若干问题作如下决定:

一、充分认识加强产品质量工作的重要性

(一)加强产品质量工作,对振兴我国经济具有非常重要的意义。当前,我国经济已进入一个新的发展阶段,主要商品已由卖方市场转为买方市场,面临经济结构调整的关键时期,质量工作正是主攻方向。提高产品质量,既是满足市场需求、扩大出口、提高经济运行质量和效益的关键,也是实现跨世纪宏伟目标、增强综合国力的国际竞争力的必然要求。没有质量就没有效益。放任假冒伪劣,国家就没有希望。改革开放以来,特别是近年来,我国质量管理工作有所加强,产品质量的总体水平有了较大提高,部分产品质量已达到或接近国际先进水平。但是,目前我国产品质量的状况与经济发展要求和国际先进水平相比,仍有较大的差距,许多产品档次低、质量差,抽查合格率较低,假冒伪劣商品屡禁不止,优难胜、劣不汰相当普遍,重大质量事故时有发生,影响经济健康发展和人民生活质量的提高。各地区、各部门和各区业要从改革和发展的全局出发,充分认识加强质量工作的重要性和紧迫性,增强做好质量工作、提高产品质量的使命感和责任感,牢固树立"质量第一""以质取胜"的观念,抓住当前国际国内经济调整和产业升级的有利时机,进一步加强产品质量工作,严厉打击制造和经销假冒伪劣产品(以下简称制假售假)违法犯罪行为,推动我国产品质量总体水平跃上新台阶。

二、企业要面向市场,加强质量工作

(二)以市场为导向,加快产品更新换代。企业要面向市场,以满足用户和消费者的需要为目标,建立技术创新体系,推进产学研结合,促进科技成果向现实生产力转化,通过加强技术改造,加快技术进步,切实攻克一些重要产品的关键技术,努力开发一批适应国内外市场需求的新产品,全面提高产品的档次和质量水平。

(三)制定切实可行的质量发展目标。大型企业和企业集团要瞄准世界先进水平,积极采用国际标准和国外先进标准,形成一批高质量、高档次的名优产品,提高市场占有率。中小型企业要根据自身特点和市场需求,制定质量工作目标和改进措施,加强技术基础工作,增强产品市场竞争力。

(四)建立完善的质量保证体系。产品质量是企业的生命。企业的经理(厂长)是质量工作的第一责任者。企业要建立从产品设计到售后服务全过程的运转有效的质量保证体系,严格执行标准,重视计量检测,加强工艺纪律,搞好全员全过程的质量管理,要从严管理企业,认真实行质量否决制度,实现管理创新,切实解决有些企业管理制度形同虚设的问题,确保不合格产品不出厂。

(五)全面推行售后服务质量国家标准。要把售后服务作为企业提高产品市场竞争力的重要手段,严格服务制度,加强售后服务力量,建立健全服务网络,忠实履行对用户的服务承诺,实现售后服务的规范化。

三、加强基础性工作，促进产品质量的提高

（六）建立健全科学先进的产品质量标准。要密切跟踪国际标准和国外先进标准，及时修订国家标准。工业企业必须按标准组织生产，严禁无标准或不按标准生产。凡生产涉及人体健康和人身、财产安全产品的企业，必须严格执行国家强制性标准。要积极引导企业采用国际标准或国外先进标准，鼓励企业制定具有竞争力、高于现行国家标准的企业内控标准。引进设备和利用外资生产的一般工业产品，质量水平不得低于国际标准或国外先进标准。否则，设备不准引进，项目不得审批。

（七）加强计量检测体系建设。要不断提高计量基准、标准的国际等效性，完善计量检测手段，严格对计量设备的定期检定，充分发挥计量在提高质量、降低消耗、增加效益方面的作用。要加强计量测试手段和方法的研究，为高新技术产业化提供必要的计量测试保证。

（八）抓好全面质量管理。要继续开展全面质量管理、质量改进和降废减损活动，认真宣传贯彻质量管理和质量保证系列国家标准，积极推进质量认证工作。要借鉴国外企业科学的质量管理方法，推行"零缺陷"和可靠性管理，提高企业的质量管理水平。要不断总结、推广质量管理的先进经验，表彰质量先进企业和个人。

（九）认真开展质量培训教育。质量主管部门要加强对企业经营者的质量管理知识和质量法律、法规知识的培训。企业要加强对职工的质量知识教育，有关院校要设置质量管理课程，实施不同层次的质量教育和培训。

（十）增强企业技术创新和产品更新换代能力。各地区、各部门要围绕增加品种、改进质量、提高效益和扩大出口，采取有效措施，加大投入，改造落后装备、完善技术保障手段，引导和促进企业采用新技术，开发新产品，提高现有产品的质量水平。同时，要坚决淘汰技术落后、浪费资源、质量低劣、污染严重的工艺设备和产品。

四、遵循市场经济规则，切实加强质量监管

（十一）实行重要产品质量监管制度。对涉及人体健康和人身、财产安全的产品，质量技术监督部门要通过严格生产许可证制度和试行开业审查,加强监督管理。凡不具备基本生产条件,不能保证生产出合格产品的企业,一律不准开工生产。进入市场的商品必须具备规范化的质量标识。商业企业要严格执行进货检查验收制度,认真实行商品质量先行负责制。要加强对各类商品专业市场商品质量的监督检查,对阻挠监督检查的,要严厉查处,并追究当事人责任。凡质量不符合国家有关标准或者无证生产的产品,禁止列入政府采购目录。

(十二)建立符合市场经济要求的公平竞争机制。坚决制止利用报验、准销证、准用证、公路设卡等手段分割市场,坚决杜绝各种虚假宣传和质量欺诈行为,保证公平竞争,实现优胜劣汰。除国家明确规定外,严禁各地区、各部门、社会团体、新闻单位,企事业单位及民间组织开展对企业产品、服务等的综合评价,以及带有排序、评比、推荐性质的企业和商品信息发布活动。要研究和探索产品质量用户满意度指数评价方法,向消费者提供真实可靠的产品质量信息。

(十三)加强对质量中介机构的管理和监督,要按照客观、真实、公正的原则,统一资格评定要求,明确责任和义务,规范中介机构的活动,确保其公正性。要对现有的各类质量中介机构,特别是质量认证机构进行认真的清理整顿,凡有弄虚作假行为的,要依法严厉查处;情节严重的,要撤销其资格;触犯刑律的,要依法追究刑事责任。各类质量中介机构要建立自律性运行机制,依法承担相应责任。

五、加强监督抽查工作,加大处罚力度

(十四)完善产品质量监督抽查制度。国家质量技术监督局要把涉及人体健康及人身和财产安全的产品、关系国计民生的重要产品、消费者反映强烈的产品,作为监督抽查的重点,公布监督抽查产品目录,及时组织对生产和流通领域的产品质量的跟踪监督抽查。要适当增加抽查频次,并公布抽查结果。

(十五)加大处罚力度。质量技术监督部门对监督抽查不合格的产品及其生产企业,要及时向社会公告,并通报当地政府及有关部门,责令生产企业限期整改,其中,对已取得生产许可证、安全认证的产品,要暂停证书使用;整改到期复查仍不合格的,要会同有关部门责令其停产整顿,并吊销其生产许可证,安全认证证书。在国家监督抽查中,企业的主导产品连续两次不合格的,由质量技术监督部门向工商行政管理部门提出吊销企业营业执照的建议,并向社会公布企业及其主要负责人名单,按法定程序免去法定代表人或负责人职务,并自免职之日起三年内任何企业不得再聘任其担任法定代表人。凡拒绝监督抽查的企业,其产品按不合格论处,并对其实施强制监督抽查,所需一切费用由拒检企业承担。

(十六)实行免检制度。对产品质量长期稳定、市场占有率高、企业标准达到或严于国家有关标准的,以及国家或省、自治区、直辖市质量技术监督部门连续三次以上抽查合格的产品,可确定为免检产品,列为免检产品的目录由省级以上质量技术监督部门确定,定期向社会公告,并使用免检标志,其产品在一定期间内免于各地区、各部门各种形式的检查,免检产品一旦出现质量问题,即取消其免检资格,并依法从严处罚。

六、突出重点,严厉打击制假售假违法犯罪行为

(十七)认真落实打击制假售假违法犯罪行为(以下简称打假)的工作责任。国家质量技术监督局要会同有关部门,针对制假售假违法犯罪行为严重的重点产品、重点市场、重点地区,提出全国打假工作的总体要求,并组织开展打假的专项斗争和联合行动,依法查处一批大案要案,坚决遏制制假售假猖獗的势头。各省、自治区、直辖市人民政府要切实承担起行政区域内的打假工作责任,结合本地实际,对打假工作情况进行督促检查,对打假不力,限期内达不到整治目标的,要追究当地行政负责人的责任;造成重大损失和恶劣影响的,要给予行政处罚,触犯刑律的,要依法追究刑事责任。

(十八)依法打击制假售假违法行为。按照《中华人民共和国产品质量法》的有关规定,对发现的每一起制假售假案件都要彻底查处:对发现的假冒伪劣产品一律封存、扣押,并予以没收、不得进入市场;对为制假售假提供场地、设备、仓储、运输、物资、资金等手段和条件的单位或个人,要依法从严处罚;对经销者和经营性使用者有意识采购和在经营性活动中使用假冒伪劣产品的,要视同制假售假行为予以处罚。制假售假行为一经查实,应吊销有关生产者和经营者的营业执照、生产许可证、经营许可证;对有过制假售假行为的经理(厂长)和直接责任者,一律不得以其名义注册任何新的企业;触犯刑律的,依法移送司法机关,追究刑事责任。要

采取有效措施从严整治假冒伪劣产品屡禁不止的市场;严禁危害人体健康和人身、财产安全的旧物资和设备再次投入使用,质量技术监督行政执法人员必须严格依法行政,对违规执法的要严肃处理。

(十九)坚持"打击假冒、保护名优"。要加强对产品标识的管理,加大对假冒名优企业产品的违法行为的打击力度。企业要应用法律手段同假冒侵权行为做斗争,依法对制假售假者进行经济索赔。各地可制定打假奖励办法,对举报制假售假有功的单位和个人予以重奖,并采取有效措施保护举报人,推行创建"放心一条街",区域内销售的产品不发生质量、计量、商标、标识等方面的违法行为。

七、发挥舆论宣传作用,提高全民质量意识

(二十)电视、广播、报刊,丰富多彩的形式,引导全社会重视质量,支持质量工作。要大力宣传质量管理的先进经验和为质量振兴做出贡献的单位和个人。介绍有关质量知识,解决消费者提出的质量疑问。形成"质量振兴人人有责""假冒伪劣人人喊打"的良好社会环境,提高全民质量意识。

(二十一)国家和省级的主要新闻媒体,特别是电视台,要以专栏、专题的形式;定期公布产品质量监督抽查结果;对制假售假的单位和个人,以及监督抽查不合格的涉及人体健康及人身和财产安全的产品、关系民生的重要活动,动员全社会为质量振兴做贡献。

八、加强领导,狠抓落实

(二十三)地方各级人民政府要提高产品质量纳入本行政区域的国民经济和社会发展规划,将质量工作和打假工作列入议事日程,加强对质量技术监督工作的领导,切实保证质量标准建设、计量检测体系和质量监督抽查所必需的投资和经费,定期研究和及时解决提高产品质量和打假工作中存在的问题。对质量工作领导或监督不力,致使制假售假问题严重或出现重大质量事故的,要依法追究有关负责人或责任人的责任。

(二十四)国务院有关部门要把提高产品质量作为一项重要工作任务,通过制定相关政策和具体措施,认真加以落实;要严格履行职责,做好行政执法和有关国家法定产品监督工作,国家质量技术监督局要切实履行好统一管理和组织协调标准化、计量、质量工作职责,认真做好综合管理和行政执法等工作,加强执法队伍建设,制定和完善执法人员守则、过错责任追究制、培训考核及奖惩等制度,确保做到有法可依、执法必严,违法必究。

(二十五)各级质量技术监督部门要定期向同级人民政府和上级主管部门报告当地产品质量状况和打假工作情况,地方各级人民政府和国务院有关部门做好管理体制改革工作,充分发挥质量技术监督部门在质量工作综合管理、行政执法、维护市场秩序、提高产品质量等方面的作用。

提高产品质量是一项长期而艰巨的任务,各地区、各部门定要切实加强领导,狠抓落实,国务院责成国家质量技术监督局会同监察部等有关部门督促检查本决定的贯彻落实执行情况,每年向国务院作做报告。

## 附录7　国务院关于加强食品等产品安全监督管理的特别规定

中华人民共和国国务院令第 503 号

《国务院关于加强食品等产品安全监督管理的特别规定》已经于2007 年 7 月 25 日国务院第 186 次常务会议通过,现予公布,自公布之日起施行。

总　理　温家宝

二〇〇七年七月二十六日

### 国务院关于加强食品等产品安全监督管理的特别规定

**第一条**　为了加强食品等产品安全监督管理,进一步明确生产经营者、监督管理部门和地方人民政府的责任,加强各监督管理部门的协调、配合,保障人体健康和生命安全,制定本规定。

**第二条**　本规定所称产品除食品外,还包括食用农产品、药品等与人体健康和生命安全有关的产品。

对产品安全监督管理,法律有规定的,适用法律规定;法律没有规定或者规定不明确的,适用本规定。

**第三条**　生产经营者应当对其生产、销售的产品安全负责,不得生产、销售不符合法定要求的产品。

依照法律、行政法规规定生产、销售产品需要取得许可证照或者需要经过认证的,应当按照法定条件、要求从事生产经营活动。不按照法定条件、要求从事生产经营活动或者生产、销售不符合法定要求产品的,由农业、卫生、质检、商务、工商、药品等监督管理部门依据各自职责,没收违法所得、产品和用于违法生产的工具、设备、原材料等物品,货值金额不足5000元的,并处5万元罚款;货值金额5000元以上不足1万元的,并处10万元罚款;货值金额1万元以上的,并处货值金额10倍以上20倍以下的罚款;造成严重后果的,由原发证部门吊销许可证照;构成非法经营罪或者生产、销售伪劣商品罪等犯罪的,依法追究刑事责任。

生产经营者不再符合法定条件、要求,继续从事生产经营活动的,由原发证部门吊销许可证照,并在当地主要媒体上公告被吊销许可证照的生产经营者名单;构成非法经营罪或者生产、销售伪劣商品罪等犯罪的,依法追究刑事责任。

依法应当取得许可证照而未取得许可证照从事生产经营活动的,由农业、卫生、质检、商务、工商、药品等监督管理部门依据各自职责,没收违法所得、产品和用于违法生产的工具、设备、原材料等物品,货值金额不足1万元的,并处10万元罚款;货值金额1万元以上的,并处货值金额10倍以上20倍以下的罚款;构成非法经营罪的,依法追究刑事责任。

有关行业协会应当加强行业自律,监督生产经营者的生产经营活动;加强公众健康知识的普及、宣传,引导消费者选择合法生产经营者生产、销售的产品以及有合法标识的产品。

**第四条** 生产者生产产品所使用的原料、辅料、添加剂、农业投入品,应当符合法律、行政法规的规定和国家强制性标准。

违反前款规定,违法使用原料、辅料、添加剂、农业投入品的,由农业、卫生、质检、商务、药品等监督管理部门依据各自职责没收违法所得,货值金额不足5000元的,并处2万元罚款;货值金额5000元以上不足1万元的,并处5万元罚款;货值金额1万元以上的,并处货值金额5倍以上10倍以下的罚款;造成严重后果的,由原发证部门吊销许可证照;构成生产、销售伪劣商品罪的,依法追究刑事责任。

**第五条** 销售者必须建立并执行进货检查验收制度,审验供货商的经营资格,验明产品合格证明和产品标识,并建立产品进货台账,如实记录产品名称、规格、数量、供货商及其联系方式、进货时间等内容。从事产品批发业务的销售企业应当建立产品销售台账,如实记录批发的产品品种、规格、数量、流向等内容。在产品集中交易场所销售自制产品的生产企业应当比照从事产品批发业务的销售企业的规定,履行建立产品销售台账的义务。进货台账和销售台账保存期限不得少于 2 年。销售者应当向供货商按照产品生产批次索要符合法定条件的检验机构出具的检验报告或者由供货商签字或者盖章的检验报告复印件;不能提供检验报告或者检验报告复印件的产品,不得销售。

违反前款规定的,由工商、药品监督管理部门依据各自职责责令停止销售;不能提供检验报告或者检验报告复印件销售产品的,没收违法所得和违法销售的产品,并处货值金额 3 倍的罚款;造成严重后果的,由原发证部门吊销许可证照。

第六条　产品集中交易市场的开办企业、产品经营柜台出租企业、产品展销会的举办企业,应当审查入场销售者的经营资格,明确入场销售者的产品安全管理责任,定期对入场销售者的经营环境、条件、内部安全管理制度和经营产品是否符合法定要求进行检查,发现销售不符合法定要求产品或者其他违法行为的,应当及时制止并立即报告所在地工商行政管理部门。

违反前款规定的,由工商行政管理部门处以 1000 元以上 5 万元以下的罚款;情节严重的,责令停业整顿;造成严重后果的,吊销营业执照。

第七条　出口产品的生产经营者应当保证其出口产品符合进口国(地区)的标准或者合同要求。法律规定产品必须经过检验方可出口的,应当经符合法律规定的机构检验合格。

出口产品检验人员应当依照法律、行政法规规定和有关标准、程序、方法进行检验,对其出具的检验证单等负责。

出入境检验检疫机构和商务、药品等监督管理部门应当建立出口产品的生产经营者良好记录和不良记录,并予以公布。对有良好记录的出口产品的生产经营者,简化检验检疫手续。

出口产品的生产经营者逃避产品检验或者弄虚作假的,由出入境检验检疫机构和药品监督管理部门依据各自职责,没收违法所得和产品,并处货值金额 3 倍的罚款;构成犯罪的,依法追究刑事责任。

第八条 进口产品应当符合我国国家技术规范的强制性要求以及我国与出口国(地区)签订的协议规定的检验要求。

质检、药品监督管理部门依据生产经营者的诚信度和质量管理水平以及进口产品风险评估的结果,对进口产品实施分类管理,并对进口产品的收货人实施备案管理。进口产品的收货人应当如实记录进口产品流向。记录保存期限不得少于 2 年。

质检、药品监督管理部门发现不符合法定要求产品时,可以将不符合法定要求产品的进货人、报检人、代理人列入不良记录名单。进口产品的进货人、销售者弄虚作假的,由质检、药品监督管理部门依据各自职责,没收违法所得和产品,并处货值金额 3 倍的罚款;构成犯罪的,依法追究刑事责任。进口产品的报检人、代理人弄虚作假的,取消报检资格,并处货值金额等值的罚款。

第九条 生产企业发现其生产的产品存在安全隐患,可能对人体健康和生命安全造成损害的,应当向社会公布有关信息,通知销售者停止销售,告知消费者停止使用,主动召回产品,并向有关监督管理部门报告;销售者应当立即停止销售该产品。销售者发现其销售的产品存在安全隐患,可能对人体健康和生命安全造成损害的,应当立即停止销售该产品,通知生产企业或者供货商,并向有关监督管理部门报告。

生产企业和销售者不履行前款规定义务的,由农业、卫生、质检、商务、工商、药品等监督管理部门依据各自职责,责令生产企业召回产品、销售者停止销售,对生产企业并处货值金额 3 倍的罚款,对销售者并处 1000 元以上 5 万元以下的罚款;造成严重后果的,由原发证部门吊销许可证照。

第十条 县级以上地方人民政府应当将产品安全监督管理纳入政府工作考核目标,对本行政区域内的产品安全监督管理负总责,统一领导、协调本行政区域内的监督管理工作,建立健全监督管理协调机制,加强对行政执法的协调、监督;统一领导、指挥产品安全突发事件应对工作,依法组织查处产品安全事故;建立监督管理责任制,对各监督管理部门进行评议、考核。质检、工商和药品等监督管理部门应当在所在地同级人民政府的统一协调下,依法做好产品安全监督管理工作。

县级以上地方人民政府不履行产品安全监督管理的领导、协调职责，本行政区域内一年多次出现产品安全事故、造成严重社会影响的，由监察机关或者任免机关对政府的主要负责人和直接负责的主管人员给予记大过、降级或者撤职的处分。

第十一条　国务院质检、卫生、农业等主管部门在各自职责范围内尽快制定、修改或者起草相关国家标准，加快建立统一管理、协调配套、符合实际、科学合理的产品标准体系。

第十二条　县级以上人民政府及其部门对产品安全实施监督管理，应当按照法定权限和程序履行职责，做到公开、公平、公正。对生产经营者同一违法行为，不得给予2次以上罚款的行政处罚；对涉嫌构成犯罪、依法需要追究刑事责任的，应当依照《行政执法机关移送涉嫌犯罪案件的规定》，向公安机关移送。

农业、卫生、质检、商务、工商、药品等监督管理部门应当依据各自职责对生产经营者进行监督检查，并对其遵守强制性标准、法定要求的情况予以记录，由监督检查人员签字后归档。监督检查记录应当作为其直接负责主管人员定期考核的内容。公众有权查阅监督检查记录。

第十三条　生产经营者有下列情形之一的，农业、卫生、质检、商务、工商、药品等监督管理部门应当依据各自职责采取措施，纠正违法行为，防止或者减少危害发生，并依照本规定予以处罚：

（一）依法应当取得许可证照而未取得许可证照从事生产经营活动的；

（二）取得许可证照或者经过认证后，不按照法定条件、要求从事生产经营活动或者生产、销售不符合法定要求产品的；

（三）生产经营者不再符合法定条件、要求继续从事生产经营活动的；

（四）生产者生产产品不按照法律、行政法规的规定和国家强制性标准使用原料、辅料、添加剂、农业投入品的；

（五）销售者没有建立并执行进货检查验收制度，并建立产品进货台账的；

（六）生产企业和销售者发现其生产、销售的产品存在安全隐患，可能对人体健康和生命安全造成损害，不履行本规定的义务的；

195

（七）生产经营者违反法律、行政法规和本规定的其他有关规定的。

农业、卫生、质检、商务、工商、药品等监督管理部门不履行前款规定职责、造成后果的，由监察机关或者任免机关对其主要负责人、直接负责的主管人员和其他直接责任人员给予记大过或者降级的处分；造成严重后果的，给予其主要负责人、直接负责的主管人员和其他直接责任人员撤职或者开除的处分；其主要负责人、直接负责的主管人员和其他直接责任人员构成渎职罪的，依法追究刑事责任。

违反本规定，滥用职权或者有其他渎职行为的，由监察机关或者任免机关对其主要负责人、直接负责的主管人员和其他直接责任人员给予记过或者记大过的处分；造成严重后果的，给予其主要负责人、直接负责的主管人员和其他直接责任人员降级或者撤职的处分；其主要负责人、直接负责的主管人员和其他直接责任人员构成渎职罪的，依法追究刑事责任。

**第十四条** 农业、卫生、质检、商务、工商、药品等监督管理部门发现违反本规定的行为，属于其他监督管理部门职责的，应当立即书面通知并移交有权处理的监督管理部门处理。有权处理的部门应当立即处理，不得推诿；因不立即处理或者推诿造成后果的，由监察机关或者任免机关对其主要负责人、直接负责的主管人员和其他直接责任人员给予记大过或者降级的处分。

**第十五条** 农业、卫生、质检、商务、工商、药品等监督管理部门履行各自产品安全监督管理职责，有下列职权：

（一）进入生产经营场所实施现场检查；

（二）查阅、复制、查封、扣押有关合同、票据、账簿以及其他有关资料；

（三）查封、扣押不符合法定要求的产品，违法使用的原料、辅料、添加剂、农业投入品以及用于违法生产的工具、设备；

（四）查封存在危害人体健康和生命安全重大隐患的生产经营场所。

**第十六条** 农业、卫生、质检、商务、工商、药品等监督管理部门应当建立生产经营者违法行为记录制度，对违法行为的情况予以记录并公布；对有多次违法行为记录的生产经营者，吊销许可证照。

**第十七条** 检验检测机构出具虚假检验报告，造成严重后果的，由授予其资质的部门吊销其检验检测资质；构成犯罪的，对直接负责的主管人员和其他直接责任人员依法追究刑事责任。

**第十八条** 发生产品安全事故或者其他对社会造成严重影响的产品安全事件时，农业、卫生、质检、商务、工商、药品等监督管理部门必须在各自职责范围内及时做出反应，采取措施，控制事态发展，减少损失，依照国务院规定发布信息，做好有关善后工作。

**第十九条** 任何组织或者个人对违反本规定的行为有权举报。接到举报的部门应当为举报人保密。举报经调查属实的，受理举报的部门应当给予举报人奖励。

农业、卫生、质检、商务、工商、药品等监督管理部门应当公布本单位的电子邮件地址或者举报电话；对接到的举报，应当及时、完整地进行记录并妥善保存。举报的事项属于本部门职责的，应当受理，并依法进行核实、处理、答复；不属于本部门职责的，应当转交有权处理的部门，并告知举报人。

**第二十条** 本规定自公布之日起施行。

# 附录8　ISO/DIS 9000 质量管理体系
## ——基础和术语

## 引　言

### 总　则

下述 ISO 9000 族标准可帮助各种类型和规模的组织实施并运行有效的质量管理体系。这些标准包括：

——ISO 9000 表述质量管理体系基本原则并规定质量管理体系术语。

——ISO 9001 规定质量管理体系要求，用于组织证实其具有提供满足顾客要求和适用的法规要求的产品的能力。

——ISO 9004 提供质量管理体系指南，包括持续改进的过程，有助于组织的顾客和其他相关方满意。

——ISO 19011 提供管理与实施环境和质量审核的指南。

上述标准共同构成了一组密切相关的质量体系标准,在国内和国际贸易中促进相互理解。

## 质量管理原则

为了成功地领导和运作一个组织,需要采用一种系统和透明的方式进行管理。针对所有相关方的需求,实施并保持持续改进其业绩的管理体系,可使组织获得成功。质量管理是组织各项管理的内容之一。为促进质量目标的实现,明确了以下八项质量管理原则:

a) 以顾客为中心

组织依存于其顾客,因此,组织应理解顾客当前的和未来的需求,满足顾客要求并争取超越顾客期望。

b) 领导作用

领导者将本组织的宗旨、方向和内部环境统一起来,并营造使员工能够充分参与实现组织目标的环境。

c) 全员参与

各级人员是组织之本,只有他们的充分参与,才能使他们的才干为组织带来最大的收益。

d) 过程方法

将相关的资源和活动作为过程进行管理,可以更高效地得到期望的结果。

e) 管理的系统方法

针对设定的目标,识别、理解并管理一个由相互关联的过程所组成的体系,有助于提高组织的有效性和效率。

f) 持续改进

持续改进是组织的一个永恒目标。

g) 基于事实的决策方法

对数据和信息的逻辑分析或直觉判断是有效决策的基础。

h) 互利的供方关系

通过互利的关系,增强组织及其供方创造价值的能力。

## 质量管理体系——基础和术语

1 范围

本标准规定了 ISO 9000 族标准中质量管理体系的术语,并表述了相关的基本原理。

本标准适用于:

a)通过实施质量管理体系寻求优势的组织;

b)对能满足产品要求的供方寻求信任的组织;

c)产品的使用者;

d)就质量管理方面所使用的术语需要达成共识的人们(如:供方、顾客、行政执法机构);

e)评价组织原质量管理体系或依据 ISO 9001 的要求审核其符合性的内部或处部人员和机构(如:审核员、行政执法机构,认证机构);

f)对组织质量管理体系提出建议的内部或外部人员;

g)制定相关标准的人员。

2 术语和定义

本标准采用以下术语和定义。

本章定义的术语,如果出现在其他的定义或注释中,将使用黑体字表示,并有其后括号中附原词条号。这种以黑体字表示的术语,可以用其完整的定义所替代。

例如:产品(2.4.2)被定义为:"过程(2.4.1)中的结果。"

过程(2.4.1)被定义为:"使用资源,将输入转化为输出的活动系统。"如果术语过程(2.4.1)由它的定义所替代:

产品 (2.4.2)则成为:"使用资源,将输入转化为输出的活动系统的结果。"

对于在具体场合限于特定含义的概念,在其定义前的角括号〈 〉中标出其适用领域。例如:技术专家(2.9.12)〈审核〉。

## 2.1  关于质量的术语

### 2.1.1  质量 quality

产品(2.2.4)、体系(2.2.1)或过程(2.4.1)的一组固有特性(2.5.1)满足顾客(2.3.5)和其他相关方(2.3.7)要求(2.1.2)的能力。

注：术语"质量"可使用形容词如差、好或优秀来修饰。

### 2.1.2  要求 requirement

明示的、习惯上隐含的或必须履行的需求或期望。

注1：特定要求可使用修饰词表示，如产品要求、质量体系要求、顾客要求。

注2：程序规定要求是经明示的要求，如在文件(2.7.1)中阐明。

注3：要求可由不同的相关方(2.3.7)提出。

### 2.1.3  质量要求 quality requirement

对产品(2.4.2)、过程(2.4.1)或体系(2.2.1)的固有特性(2.5.1)的要求(2.1.2)。

注：固有特性是产品、过程或体系的一部分（如：螺栓的直径、机器的生产率、接通电话的等候时间等技术特性）。赋予的特性（如某一产品的价格）不是固有特性。

### 2.1.4  等级 grade

对功能用途相同但质量要求(2.1.3)不同的产品(2.4.2)、过程(2.4.1)或体系(2.2.1)所做的分类或分级。

示例：飞机票的舱级和宾馆分类。

注：在确定质量要求时，等级应是已知的。

### 2.1.5  顾客不满 customer dissatisfaction

顾客对某一事项未能满足其需求和期望的程度的意见。

注1：某一事项是指，在彼此需求和期望及有关各方对此沟通基础上的特定时间的特定事件。

注2：顾客(2.3.5)投诉是对某一事项不满意最常见的表达方式，但没有投诉并不一定表明顾客满意(2.1.6)。

### 2.1.6  顾客满意 customer satisfaction

顾客对某一事项已满足其需求和期望的程度的意见。

注：某一事项是指，在彼此需求和期望及有关各方对此沟通基础上的特定时间的特定事件。

2.1.7 能力 capability

组织（2.3.1）、体系（2.2.1）或过程（2.4.1）实现产品（2.4.2）并使其满足要求（2.1.2）的能力。

2.2 关于管理的术语

2.2.1 体系（系统）system

相互关联或相互作用的一组要素。

2.2.2 管理体系 management system

建立方针和目标来实现这些目标的体系（2.2.1）。

注：一个组织（2.3.1）的管理体系可包括若干个不同的管理体系，如质量管理体系（2.2.3）。

财务管理体系或环境管理体系。

2.2.3 质量管理体系 quality management system

建立质量方针（2.2.4）和质量目标（2.2.5）并实现这些目标的体系（2.2.1）。

2.2.4 质量方针 quality policy

由最高管理者（2.2.7）正式发布的与质量（2.1.1）有关的组织（2.3.1）总的意图和方向。

注1：质量方针应与组织的总方针相一致并提供制定质量目标（2.2.5）的框架。

注2：本标准的质量管理原则可以作为制定质量方针的基础（见0.2）。

2.2.5 质量目标 quality objective

与质量（2.1.1）有关的，所追求或作为目的的事物。

注1：质量目标应建立在组织的质量方针（2.2.4）基础上。

注2：在组织内的不同层次规定质量目标。在作业层次，质量目标应是定量的。

注3：质量目标有时可用不同的术语表示，诸如："quality targets" "quality aims"或"quality goals"。

2.2.6 管理 management

指导和控制组织(2.3.1)的相互协调的活动。

注：在英语中，当术语"management"指人时，即具有运行和控制组织职责和权限的一个人或一组人，不应使用没有修饰词的形式，例如，不赞成使用"management shall..."，而应使用"top management shall..."。

2.2.7 最高管理者 top management

在最高层指导和控制组织(2.3.1)的一个人或一组人。

2.2.8 质量管理 quality management

指导和控制某组织(2.3.1)与质量有关(2.1.1)的彼此协调的活动。

注1：指导和控制与质量有关的活动，通常包括质量方针(2.2.4)和质量目标(2.2.5)的建立、质量策划(2.2.9)、质量控制(2.2.10)、质量保证(2.2.11)和质量改进(2.2.12)。

注2：全面质量管理(TQM)基于组织全员参与的一种质量管理形式。

2.2.9 质量策划 quality planning

质量管理(2.2.8)中致力于设定质量目标(2.2.5)并规定必要的作业过程(2.4.1)和相关资源以实现其质量目标的部分。

注：编制质量计划(2.7.5)可以是质量策划(2.1.3)的一部分。

2.2.10 质量控制 quality control

质量管理(2.2.8)的一部分，致力于达到质量要求(2.1.3)。

2.2.11 质量保证 quality assurance

质量管理(2.2.8)的一部分中致力于对达到质量要求(2.1.3)提供信任。

2.2.12 质量改进 quality improvement

质量管理(2.2.8)的一部分中致力于提高有效性(2.2.13)和效率(2.2.14)。

注：当质量改进是渐进的并且组织(2.3.1)积极寻求改进机会时，使用术语"持续质量改进"。

2.2.13 有效性 effectiveness

完成策划的活动并达到所策划的结果的程度的度量。

## 2.2.14 效率 efficiency

得到的结果与所使用的资源之间的关系。

## 2.3 有关组织的术语

### 2.3.1 组织 organization

职责、权限和相互关系得到有序安排的一组人员及设施。

示例：公司、集团、商行、企事业单位、研究机构、慈善机构、代理商、社团或上述组织的部分或组合。

注1：组织可以是股份制的，公营的或民营的。

注2：本定义适用于质量管理体系标准。术语"组织"在 ISO/IEC 指南2中有不同的定义。

### 2.3.2 组织结构 organizational structure

人员的职责、权限和相互关系的有序安排。

注1：组织结构的范围可延伸至包括与外部组织（2.3.1）有关的接口。

注2：组织结构的正式表述通常在质量手册（2.7.4）或项目（2.4.6）质量计划（2.7.5）中提供。

### 2.3.3 基础设施 infrastructure

〈组织〉组织（2.3.1）永久性的设施和设备系统（2.2.1）。

### 2.3.4 工作环境 work environment

人员作业时所处的一组条件。

注：条件包括物质的、社会的、心理的和环境的因素（如温度、承认制度、人体工效和大气污染）。

### 2.3.5 顾客 customer

接收产品（2.4.2）的组织（2.3.1）或个人。

示例：消费者、购物者、最终使用者、零售商、受益者和采购方。

注：顾客（2.3.5）可以是供方组织内部的或是外部的。

### 2.3.6 供方 supplier

提供产品（2.4.2）的组织（2.3.1）或个人。

示例：制造商、批发商、产品的零售商或商贩、服务（2.4.3）或信息的提供方。

注1：顾客(2.3.5)可以是供方组织内部的或是外部。

注2：在合同情况下供方可称为"承包方"。

### 2.3.7 相关方 interested party

与组织(2.3.1)的绩效或成就有利益关系的个人或团体。

例如：顾客(2.3.5)、所有者、员工、供方(2.3.6)、银行、工会、合作伙伴和社会。

注：某个团体可由一个组织或其一部分或一个以上组织构成。

### 2.4 关于过程和产品的术语

#### 2.4.1 过程 process

使用资源将输入转化为输出的活动的系统(2.2.1)。

注1：一个过程的输入通常是其他过程的输出。

注2：组织(2.3.1)为了增值通常对过程进行策划并使其在受控条件下完成。

注3：对形成的产品(2.4.2)是否合格(2.6.1)不易或不能经济进行验证的过程，通常称之为"特殊过程"。

#### 2.4.2 产品 product

过程(2.4.1)的结果。

注：公认的产品类别有四种：

——硬件(如：发动机机械零件)；

——软件(如：计算机程序)；

——服务(如：运输)；

——流程性材料(如：润滑油)。

通常，硬件和流程性材料是有形产品，而软件或服务是无形产品。

多数产品含有不同的产品类型成分，这种产品是称为硬件、流程性材料、软件(2.4.2)还是服务(2.4.3)，取决于其主导成分。

示例：外供产品(2.4.5)"汽车"是由硬件(如：轮胎)、流程性材料(如燃料、冷却液)、软件(如：发动机控制软件、驾驶员手册)和服务(如：付款方式或担保)所组成。

#### 2.4.3 服务 service

无形产品(2.4.2)，在供方(2.3.6)和顾客(2.3.5)接口处完成的至少一项活动的结果。

注：服务可涉及，例如：

——在顾客提供的有形产品（如：汽车维修）或无形产品（如：退税准备）上所完成的活动；

——有形产品（2.4.2）的交付（如：在运输业）；

——无形产品的交付（如：知识的传授）或为顾客创造氛围（如：在接待业）。

### 2.4.4 软件 software

由承媒体上的信息组成的智力产品（2.4.2）。

注 1：软件能以概念、记录或程序（2.4.8）的形式存在。

注 2：计算机程序是软件的一个示例。

### 2.4.5 外供产品 offered product

提供给组织（2.3.1）外部顾客（2.3.5）的产品（2.4.2）。

注：本术语所提出的概念将使组织（2.3.1）内部的产品（2.4.2）与准备投放市场的产品区分开成为可能。

### 2.4.6 项目 project

由一组有起止时间的、相互协调的受控活动所组成的特定过程（2.4.1），该过程要达到符合规定的要求（2.1.2）的目标，包括时间、成本和资源的约束条件。

注 1：单个项目可作为一个较大项目结构中的组成部分。

注 2：在一些项目中，随着项目的进展，其目标需修订，产品特性（2.5.1）需逐步确定。

注 3：某一项目的结果可以是一个或几个产品（2.4.2）。

注 4：项目组织（2.3.1）是临时的，为项目寿命周期所建立的。

注 5：项目活动之间的相互作用也许是复杂的。

### 2.4.7 设计与开发 design and development

将要求（2.1.2）转换为规定的特性（2.5.1）和产品（2.4.2）产现过程规范（2.7.2）的一组过程（2.4.1）。

注 1：术语"设计"和"开发"有时是同义的，有时用于规定整个设计和开发过程的不同阶段。

注 2：设计和开发的性质可使用修饰词表示（如：产品设计开发或过

程设计开发)。

2.4.8 程序 procedure

为进行某项活动或过程(2.4.1)所规定的途径。

注1:程序可以形成文件,也可以不形成文件。

注2:当程序形成文件时,通常称为"书面程序"或"形成文件的程序"。

2.5 关于特性的术语

2.5.1 特性 characteristic

区分的特征。

注:有各种类别的特性,如:

——物质的,如:机械的、电的、化学的或生物学的特性;

——感官的,如:嗅觉、触觉;

——行为的,如:礼貌、诚实、正直;

——时间的,如:准时性、可靠性、可用性;

——人体工效的,如:语言的或生理的特性或有关人身安全的特性;

——功能的,如:飞机的航程。

2.5.2 质量特性 quality characteristic

由要求(2.1.2)导出的产品(2.4.2)、过程(2.4.1)或体系(2.2.1)的固有特性(2.5.1)。

注:赋予产品、过程或体系的特性(如产品的价格)不是它们的质量特性。

2.5.3 可信性 dependability

表述可用性及其影响因素:可靠性、维修性和维修保障性的一个集合术语。

[IEC 60050(191)]

注1:可信性通常仅用于非定量描述的场合。

注2:可信性是一个与时间有关的质量特性(2.5.2)。

2.5.4 可追溯性 trace ability

〈通用〉追溯所考虑对象的历史、应用情况或所处场所的能力。

注1:当考虑到硬件产品,可追溯性可以涉及:

——原材料和零部件的来源;

——加工过程的历史；

——产品交付后分布和场所。

注2：可追溯性可用于服务(2.4.3)的过程,例如,为了追溯服务完成的程度。

注3：参看计量学溯源性(2.5.5)溯源性的定义。

2.5.5　溯源性 trace ability

〈计量学〉通过一条具有规定不确定度的不间断的比较链,使测量结果或测量标准的值能够与规定的参考标准,通常与国家测量标准或国际测量标准联系起来的特性。

注1：此概念常用形容词可溯源的表述。

注2：这条不间断的比较链称为溯源链。

2.6　关于合格(符合)的术语

2.6.1　合格(符合)conformity

满足要求(2.1.2)

注：该定义与 ISO/IEC 指南2是一致的,但用词上有差异,其目的是为了适应 ISO 9000 的概念。

2.6.2　不合格(不符合)nonconformity

未满足要求(2.1.2)

2.6.3　缺陷 defect

未满足与预期或规定用途有关的要求(2.1.2)。

注1：区分术语缺陷和不合格(2.6.2)是重要的,这是因为其中有法律内涵,特别是与产品责任问题有关。因此,术语"缺陷"应慎用。

注2：预期的用途可能会受供方(2.3.6)所提供信息(如：手册)的性质量影响。

2.6.4　预防措施 preventive action

为消除潜在不合格(2.6.2)或其他潜在不期望情况的原因所采取的措施。

注：采取预防措施是为了防止发生,而采取纠正措施(2.6.5)是为了防止再发生。

2.6.5　纠正措施 corrective action

为消除已发现的不合格(2.6.2)或其他不期望情况的原因所采取的

措施。

注1：采取纠正措施是为了防止再发生，而采取预防措施(2.6.4)为了防止发生。

注2：纠正(2.6.6)和纠正措施是有区别的。

2.6.6　纠正 correction

为消除已发现的不合格(2.6.2)所采取的措施。

注1：纠正可以与纠正措施(2.6.5)一同采取，也可以分开采取。

注2：纠正可涉及：返修(2.6.10)、返工(2.6.11)或降级(2.6.12)。

2.6.7　偏离许可 deviation permit

产品(2.4.2)实现前，在限定的产品数量或期限内，对特定用途允许其偏离原规定要求(2.1.2)的授权。

2.6.8　让步 concession

对使用或放行不符合规定要求(2.1.2)的产品(2.4.2)的授权。

注：通常，让步仅限于商定的时间或数量内，对具有不合格特性(2.5.1)的产品的交付。

2.6.9　放行 release

进入过程(2.4.1)下一个阶段的授权。

注：在英语中，若谈及计算机软件，术语"release"通常是指软件本身的版本。

2.6.10　返修 repair

为使不合格产品(2.4.2)满足预期使用对其所采取的措施。

注：返修包括对曾经是合格的产品，为恢复其使用所采取的修复措施，如：作为维修的一部分。

2.6.11　返工 rework

为使不合格产品(2.4.2)符合要求(2.1.2)对其所采取的措施。

2.6.12　降级 regrade

为使不合格产品(2.4.2)符合不同于原有的要求(2.1.2)而对其等级(2.1.4)的改变。

2.6.13　报废 scrap

为避免不合格产品(2.4.2)原有的预期使用而对其采取的措施。

示例：回收、处理或销毁。

注：对不合格服务(2.4.3)的情况，是通过"终止"服务来避免其使用。

## 2.7 关于文件的术语

### 2.7.1 文件 document

信息及其承载体。

示例：记录(2.7.6)、规范(2.7.2)、图样、报告或标准。

注1：媒体可以是纸张、计算机磁盘、光盘或其他电子媒体、照片或样件，或它们的组合。

注2：一组文件，如：一组规范和（或）记录，经常称为"documentation"。

注3：某些要求(2.1.2)与所有类型的文件有关，可是对规范和记录可以有不同的要求。

### 2.7.2 规范 specification

阐明要求(2.1.2)的文件(2.7.1)。

注：某个规范可能与活动（如：过程规范和试验规范）或产品有关(2.4.2)（如：产品规范、性能规范或图样）。

### 2.7.3 指南 guideline

阐明推荐或建议的文件(2.7.1)。

### 2.7.4 质量手册 quality manual

规定组织(2.3.1)质量管理体系(2.2.3)的文件(2.7.1)。

注：为了适应于组织的规模和复杂程度，质量手册在其详略程度和格式编排方面可以是不同的。

### 2.7.5 质量计划 quality plan

规定用于特定情况的质量管理体系(2.2.3)要素和资源的文件(2.7.1)。

注1：通常，质量管理体系要素包括质量实践、职责的分配和一组有序的活动。

注2：特定情况包括某一具体产品(2.4.2)、过程(2.4.1)、项目(2.4.6)或合同。

注3：通常，质量计划引用质量手册(2.7.4)的部分内容或程序(2.4.8)

文件。

注 4：质量计划应与质量策划(2.2.9)相区分。

### 2.7.6 记录 record

阐明所取得的结果或提供所完成活动的证据的文件(2.7.1)。

注：质量记录可用于把可追溯性(2.5.4)形成文件，并提供验证(2.8.4)、预防措施(2.6.4)和纠正措施(2.6.5)的证据。

### 2.8 关于检查的术语

### 2.8.1 客观证据 objective evidence

支持事物存在或真实性的资料。

注：客观证据可通过观察、测量(2.10.1)、试验(2.8.3)或其他手段获得。

### 2.8.2 检验 inspection

通过观察和判断，必要时结合测量(2.10.1)、试验所进行的符合性评价。

[ISO/IEC 指南 2 ]

### 2.8.3 试验 test

对给定的产品(2.4.4)、过程(2.4.1)或服务(2.4.3)，按照规定程序(2.4.8)确定其一个或多个特性(2.5.1)的技术作业。

[ISO/IEC 导则 2 ]

### 2.8.4 验证 verification

规定要求(2.1.2)已得到满足的客观证据(2.8.1)的认定和提供。

注 1："已验证"一词被用于示相应的状态。

注 2：认定可包括诸如下述活动，如：

——变换方法进行计算；

——将新设计与已证实的类似设计进行比较；

——进行试验和证实；

——对发放前的设计阶段文件进行评审。

注 3：计量领域中，请查阅 VIM。

### 2.8.5 确认 validation

特定预期使用或应用要求(2.1.2)已得到满足的客观证据(2.8.1)的

认定和提供。

注 1："已确认"被用于相应的状态。

注 2：使用条件可以是实际的或是模拟的。

2.8.6　评审 review

为了确保主题事项的适宜性、充分性、有效性(2.2.13)和效率(2.2.14)，以达到规定的目标所进行的活动。

示例：管理评审、设计与开发(2.4.7)评审、顾客要求(2.1.2)评审和不合格评审。

2.9　有关审核的术语

2.9.1　审核 audit

为获得证据并对其进行客观地评价，以确定满足审核准则(2.9.4)程度所进行的系统的独立的并形成文件的过程(2.4.1)。

2.9.2　审核方案 audit programe

在计划的时间框架内要进行的一组审核(2.9.1)。

2.9.3　审核范围 audit scope

某一组定审核(2.9.1)的深度及广度。

注：范围可由其所包含的因素的术语来表达，如地理位置、组织单元、活动和过程(2.4.1)。

2.9.4　审核准则 audit criteria

与收集的审核证据(2.9.5)相比较的一系列方针、程序(2.4.8)或要求(2.1.2)。

2.9.5　审核证据 audit evidence

经验证的事实陈述或与审核(2.9.1)有关的其他信息的记录(2.7.6)。

注：审核证据可以是定性在或定量的。

2.9.6　审核发现 audit findings

将收集的审核证据(2.9.5)与审核准则(2.9.4)相比较的评价结果。

2.9.7　审核结论 audit conclusion

在考虑了所有审核发现(2.9.6)以后，由审核组(2.9.10)所决定的审核(2.9.1)结果。

2.9.8 审核委托方 audit client

要求审核(2.9.1)的个人或组织(2.3.1)。

2.9.9 受审核方 audited

被审核的组织(2.3.1)。

2.9.10 审核组 audit team

实施某次审核(2.9.1)的一个或多个审核员(2.9.11),其中一人被任命为组长。

注1:审核组中也可包括接受培训的审核员。在需要时,可包括技术专家(2.9.12)。

注2:观察员可以陪同审核组,但不作为成员。

2.9.11 审核员 auditor

有资格实施审核(2.9.1)并能胜任的人员。

2.9.12 技术专家 technical expert

〈审核〉对于被审核的某个特殊的领域,提供专业知识或经验的人员。

2.9.13 资格 qualification

〈审核〉审核员(2.9.11)所具有的个人素质、最低学历、培训、工作和审核经历及能力的组合。

2.10 关于测量过程质量保证的术语

2.10.1 测量 measurement

以确定量值为目的的一组操作。

2.10.2 测量过程 measurement process

与测量(2.10.1)有关的一组相关的资源、活动和影响。

注1:相关资源包括:测量设备(2.10.5)、测量程序(2.4.8)和操作者。

注2:影响是由环境或程序(2.4.8)引起的所有因素,这些影响可能是受控或可控的,也可能是不受控或不可控的,它们增加了过程(2.4.1)的变差和偏差。

2.10.3 计量确认 metrological confirmation

为了确保测量设备(2.10.5)处在符合其预期使用要求(2.1.2)的状

态所要求的一组操作。

注1：计量确认通常包括：

——校准和（或）验证[见 VIM]；

——任何必需的调整；

——修理及随后的再校准；

——与测量设备的预期使用的计量要求(2.10.7)相比较；

——要求铅封并贴标签。

注2：测量设备适合于预期使用已得到证实并形成文件，计量确认才算完成。

注3：预期使用要求可包括，如：量程、分辨率和测量设备的最大允许误差(2.10.6)。

注4：计量确认要求与产品质量要求(2.1.3)不同，并不在产品质量要求中规定。

2.10.4  测量控制体系 measurement control system

为完成计量确认(2.10.3)并持续控制测量过程(2.10.2)所必需的一组操作。

2.10.5  测量设备 measuring equipment

为进行专门规定的测量(2.10.1)而实施测量过程(2.10.2)所必需的仪器、测量标准、标准物质和（或）辅助设备。

2.10.6  测量设允许误差极限值 limits of permissible error of measuring equipment

测量设备最大允许误差 maximum permissible error of measuring equipment

对于给定的测量设备(2.10.5)及其预期使用，规范(2.7.2)、法规等所允许的误差极值。

2.10.7  计量要求 metrological requirement

对于某一计量特性(2.10.8)的要求(2.1.2)。

注：计量要求从对产品(2.4.2)或拟校准、验证和（或）确认设备的规定要求中导出。

### 2.10.8 计量特性 metrological characteristic

影响测量(2.10.1)的可区分的特性。

注1：测量设备通常有若干个计量特性。

注2：计量特性可能是校准的对象。

## 3 质量管理体系的基础

### 3.1 质量管理体系理论基础的说明

组织希望其提供的产品合顾客满意,关于质量管理体系的 ISO 9000 族标准可以帮助组织实现这一目标。

顾客要求产品具有满足其需求和期望的特性,这些需求和期望在产品规范中表述,并集中归结为顾客要求。顾客要求可以由顾客以合同方式规定或由组织自己确定,在任一情况下,顾客最终确定产品的可接受性。因为顾客的需求和期望是不断变化的,这就驱使组织持续地改进其产品和过程。

质量管理体系方法鼓励组织分析顾客要求,规定有助于实现顾客能接受的产品的过程,并保持这些过程受控。质量管理体系能提供持续改进的框架,以增加使顾客和其他相关方满意的可能性。它还就组织能够提供始终满足要求的产品,向组织及其顾客提供信任。

### 3.2 质量管理体系要求和产品要求的区别

ISO 9000 族标准把质量管理体系要求与产品要求区分开来。

ISO 9001 规定了质量管理体系要求。质量管理体系要求地通用的,适用于所有行业或经济领域,不论其提供何种类别的产品。ISO 9001 本身并不规定产品要求。

产品要求可由顾客规定,或由组织通过预测顾客的要求规定,或由法规规定。产品要求,在某些情况下有关过程的要求可包含在诸如技术规范、产品标准、过程标准、合同协议和法规要求中。

### 3.3 质量管理体系方法

建立和实施质量管理体系的方法由下述几个步骤组成,包括：

a) 确定顾客的需求和期望；

b) 建立组织的质量方针和质量目标；

　　c) 确定实现质量目标必需的过程和职责；

　　d) 对每个过程实现质量目标的有效性确定测量方法；

　　e) 应用测量方法，以确定每个过程的现行有效性；

　　f) 确定防止不合格并消除产生原因的措施；

　　g) 寻找提高过程有效性和效率的机会；

　　h) 确定并优先考虑那些提供最佳结果的改进；

　　i) 为实施已确定的改进，对战略、过程和资源进行策划；

　　j) 实施改进计划；

　　k) 监控改进效果；

　　l) 对照预期效果，评价实际结果；

　　m) 审改进活动，以确定适宜的后续措施。

可以应用类似的方法，保持和改进现有和质量管理体系。

采用上述方法的组织能在其过程能力和产品可靠性方面建立信任，并为持续改进提供基础。这可导致增加顾客满意和组织及其顾客均获成功。

### 3.4　过程方法

任何得到输入并将其转化为输出的活动均可视为过程。

为使组织有效运行，必须识别和管理许多内部相互联系的过程。通常，一个过程的输出将直接形成下一个过程输入。系统识别和管理组织内所使用的过程，特别是这些过程之间的相互作用，称为"过程方法"。

本标准鼓励采用过程方法管理组织。

### 3.5　建立质量方针和质量目标的目的和意义

制定 ISO 9001 质量管理体系质量方针和质量目标为组织提供了关注的焦点。每个组织为其未来的发展，都会制定一个战略规划，这是组织未来发展的方向，也是最高管理者将组织引向何处的决策方向。它将成为组织全体员工的工作准则和价值取向。质量方针给出组织的质量正常方向，质量目标给出了实施的准则。

ISO 9001 质量管理体系质量方针和质量目标为组织确定预期的结果，可以帮助使用其资源达到这些预期的结果。质量方针和质量目标需要通过建立和运行 ISO 9001 质量管理体系实施质量管理而实现。

ISO 9001 质量管理体系质量目标的实现对产品质量、体系运行有效性和财务业绩都有积极的影响。质量目标的实现表明产品的质量达到了预期的结果，也证明了 ISO 9001 质量管理体系运行有效，因而组织也必将获得经济效益。组织的相关方都会获益，这就必然增加相关方对组织的信任和满意程度。

ISO 9001 质量管理体系八项质量管理原则为质量方针和质量目标的制定提供了指南。

# 参考文献

1. A. Bergstrom, D. Blumenthal, S. Crothers. Why Internal Branding Matters: The Case of Saab[J]. *Journal of Communication Management*, 2002,5(2/3): 133-142.

2. A. Boomsma. The Robustness of LISREL against Small Sample Size in Factor Analysis Models. In: Wold H, Joreskog K, eds. *Systems under Indirect Observation*[M]. New York: Elsevier North-Holland, 1982: 147-167.

3. A. M. Parhizgari, G. Ronald Gilbert. Measures of Organizational Effectiveness: Private and Public Sector Performance[J]. *The International Journal of Management Science*, 2004,32(3),June: 221-229.

4. A. Mitchell. Marketing's New Model Army[J]. *Management Today*, 1994,(3): 43.

5. A. Parasuraman, L. L. Berry, V. A. Zeithamal. Refinement and Reassessment of the SERVQUAL Scale[J]. *Journal of Retailing*, 1991,67(4): 420-450.

6. A. Parasuraman, V. A. Zeithamal, L. L. Berry. SERVQUAL: A Multiple-Item Scale for Measuring Customer Perceptions of Service Quality[J]. *Journal of Retailing*, 1988,64(1): 12-40.

7. A. Parasuraman, V. A. Zeithaml, L. L. Berry. A Conceptual Model of Service Quality and Its Implications for Future Research[J]. *Journal of Marketing*, 1985,49: 41-50.

8. A. Parasuraman, V. Zeithaml, L. L. Berry. Reassessment of Expectations as a Comparison Standard in Measuring Service Quality:

Implications for Further Research[J]. *Journal of Marketing*, 58 (1): 111-125.

9. Amy and Christopher. Research and Concepts Analyzing Service Quality in the Hospitality Industry[J]. *Managing Service Quality*, 1999,9(2):136-143.

10. Anthony Rucci, Steven Kim and Rued Otiinn. The Employee-customer-profit Chain at Sears[J]. *Harvard Business Review*, 1998, (1-2): 82-97.

11. B. Cova. Community and Consumption: Towards A Definition of the Linking Value of Products Or Services[J]. *European Journal of Marketing*, 1997,31(3/4): 297-316.

12. B. Lofman. Elements of Experiential Consumption: A Exploratory Study[J]. *Advances in Consumer Research*, 1991,18(1): 729-735.

13. B. R. Klemz, C. Boshoff. Environmental and Emotional Influences on Willingness-To-Buy in Small and Large Retailers[J]. *European Journal of Marketing*, 2001,35(1/2): 70-91.

14. Bhasin A. R. Dickinson, S. Nandan. Retailer Brands: A Channel Perspective: The United States[J]. *Journal of Marketing Channels*, 1995,4(4): 17-36.

15. Burger, Philip C., Schott, Barbara. Can Private Brand Buyers Be Identified? [J]. *Journal of Marketing Research (JMR)*, 1972, 9 (2): 219-222.

16. Byung-Do Kim, Kyungdo Park. Studying Patterns of Consumers' Grocery Shopping Trips[J]. *Journal of Retailing*, 1997, 73(4): 501-517.

17. C. Gronroos. *Service Management and Marketing: A Customer Relationship Management Approach* (2nd edition) [M]. Hoboken, NJ: John Wiley & Sons, Ltd, 2000.

18. C. H. Lovelock. Classifying Serivces to Gain Strategic Marketing Insights[J]. *Journal of Marketing*, 1983,47(2): 9-20.

19. C. J. Collins, C. K. Stevens. The Relationship between Early Recruitment Related Activities and the Application Decisions of New Labor-market Entrants: A Brand Equity Approach to Recruitment[J]. *Journal of Applied Psychology*, 2002, 87(6): 1121-1133.

20. C. K. Prahalad, V. Ramaswamy. Co-Creation Experiences: The Next Practice in Value Creation [J]. *Journal of Interactive Marketing*, 2004, 18(3): 5-14.

21. C. K. Prahalad, V. Ramaswamy. The New Frontier of Experience Innovation[J]. *Sloan Management Review*, 2003, 44(4): 12-18.

22. C. K. Praharad, Gary Hamel. The Core Competence of the Corporation[J]. *Harvard Business Review*, 1990(3): 79-91.

23. C. Yoo, J. Park, D. J. MacInnis. Effects of Store Characteristics and In-Store Emotional Experiences on Store Attitude [J]. *Journal of Business Research*, 1998, 42(3): 253-263.

24. Charles Dennis, John Murphy, David Marsland, Tony Cockett, Tara Patel. Measuring Image: Shopping Centre Case Studies[J]. *The International Review of Retail, Distribution and Consumer Research*, 2002, 12(4): 355-373.

25. Christine Moomian, Rohit Deshpande, Gerald Zaltnan. Factors Affecting Trust in Marketing Relationships[J]. *Journal of Marketing*, 1993, 57(1): 81-101.

26. Chu-Mei Liu. The Multidimensional and Hierarchical Structure of Perceived Quality and Customer Satisfaction [J]. *International Journal of Management*, 2005, 22(3): 426-435.

27. Corstjens, Marcel, Rajiv Lal. Building Store Loyalty through Store Brands[J]. *Journal of Marketing Research*, 2000, 37(3), fall: 281-291.

28. David Schweiger, Angelo Denisi. Communication with Employees Following a Merger: A Longitudinal Field Experiment[J]. *Academy of Management Journal*, 1991, 34, March: 110-135.

29. Dowling，Grahame R. *Corporate Reputations-strategies for Developing the Corporate Brand*[M]. London：Kogan Page.

30. E. Haley. Exploring the Construct of Organization as Source：Consumer's Understanding of Organizational Sponsorship of Advocacy Advertising[J]. *Journal Of Advertising*，1996,25(2)：19-29.

31. Evert Gummesson. *Total Relationship Marketing* [ M ]. Oxford：Butterworth-Heinemann,1999.

32. F. F. Reichheld，W. E. Sasser. Zero Defections：Quality Comes to Services[J]. *Harvard Business Review*，1990,68：105-111.

33. F. Harris，L. de Chernatony. Corporate Branding and Corporate Brand Performance[J]. *European Journal of Marketing*，2001,35(3/4)：441-451.

34. Farzaneh Fazel，Gary Salegna. An Integrative Approach for Selecting a TQM/BPR Implementation Plan[J]. *International Journal of Quality Science*，1996,1(3)：6-23.

35. Francesca Dall'olmo Riley,Leslie de Chernatony. The Service Brand as Relationships Builder[J]. *British Journal of Management*，2000,(11)：137-150.

36. G. A. Churchill. A Paradigm for Developing Better Measures of Marketing Construct[J]. *Journal of Marketing Research*，1979,16(3)：275-298.

37. G. Balabanis，S. Craven. Consumer Confusion from Own Brand Lookalikers：An Exploratory Investigation [ J ]. *Journal of Marketing Management*，1997,(13)：299-313.

38. G. H. G. Mcdougall,T. Levesque. Customer Satisfaction with Services：Putting Perceived Value into the Equation[J]. *Journal of Services Marketing*，2000,14(5)：392-410.

39. G. L. Shostack. Breaking Free from Product Marketing[J]. *Journal of Marketing*，1977,41(4)：73-80.

40. Getty and Thompson. The Relationship Between Quality，Satisfaction，and Recommending Behavior in Lodging Decisions [ J ].

*Journal of Hospitality and Leisure Marketing*, 1994,2(3),3-22.

41. I. Clarke, R. A. Schmidt. Beyond the Serivcescape: The Experience of Place[J]. *Journal of Retailing and Consumer Services*, 1995,2(3): 149-162.

42. I. Wels-Lips, M. V. D. Ven, R. Pieters. Critical Services Dimensions: An Empirical Survey Across Six Industries [ J ]. *International Journal of Service Industry Management*, 1998,9(3): 286-309.

43. J. A. Bellizzi, A. E. Crowley, R. W. Hasty. The Effects of Color in Store Design[J]. *Journal of Retailing*, 1983,59(1): 21-45.

44. J. C. Nunnally, I. H. Bernstein. *Psychometric Theory*[M]. New York, NY: McGraw- Hall, 1994.

45. J. D. Lindquist. Meaning of Image[J]. *Journal of Retailing*, 1974,50(4): 29-39.

46. J. E. M. Steenkamp, M. G. Dekimpe. The Increasing Power of Store Brands: Building Loyalty and Market Share [J]. *Long Range Planning*, 1997,30(6): 917-930.

47. J. Haywood-Farmer. A Conceptual Model of Service Quality [J]. *International Journal of Operations & Production Management*, 1988, 8(6):19-29.

48. J. J. Cronin, S. A. Taylor. Measuring Service Quality: A Reexamination and Extension[J]. *Journal of Marketing*, 1992,56(3): 55-68.

49. J. J. Cronin, S. A. Taylor. SERVPERF versus SERQUAL: Reconciling Performance-based and Perceptions-minus-expectations Measurement of Service Quality[J]. *Journal of Marketing*, 1994,58: 125-131.

50. J. M. Carman. Consumer Perceptions of Service Quality: An Assessment of the SERVQUAL Dimensions[J]. *Journal of Retailing*, 1990,66(1): 33-55.

51. J. N. Kapferer. Stealing Brand Equity: Measuring Perceptual

Confusion Between National Brands and "Copycat" Own Label Products [J]. *Marketing and Research Today*，1995，23(2)：96-102.

52. J. Pine II，J. H. Gilmore. Welcome to the Experience Economy[J]. *Harvard Business Review*，1998，76(4)：97-105.

53. J. Wirtz，J. E. G. Bateson. Consumer Satisfaction with Services：Integrating the Environment Perspective in Services Marketing into the Traditional Disconfirmation Paradigm[J]. *Journal of Business Research*，1999，44(1)：55-66.

54. James L. Heskett，Thomas O. Jones，Gary W. Loveman，W. Earl Sasser Jr.，and Leonard A. Schlesinger. Putting the Service-profit Chain to Work[J]. *Harvard Business Review*，1994，(3—4)：164-172.

55. John A. Quelch，David Harding. Brands Versus Private Labels：Fighting to Win[J]. *Harvard Business Review*，1996，74(1)：99-109.

56. K. A. Machleit，S. A. Eroglu. Describing and Measuring Emotional Response to Shopping Experience[J]. *Journal of Business Research*，2000，49(2)：101-111.

57. K. A. Machleit，S. P. Mantel. Emotional Response and Shopping Satisfaction Moderating Effects of Shopper Attributions[J]. *Journal of Business Research*，2001，54(2)：97-106.

58. K. Douglas Hoffman，John E. G. Bateson. *Services Marketing：Concepts，Strategies & Cases* [M]. Cincinnati，OH：Sounth-Western College Publshing，2010.

59. K. Hastings，C. Perry. Do Services Exporters Build Relationships? Some Qualitative Perspectives[J]. *Qualitative Market Research：An International Journal*，2000，3 (4)：207-214.

60. K. L. Wakefield，J. G. Blodgett. The Effects of the Servicescape on Customers' Behavioral Intentions in Leisure Service Settings[J]. *Journal of Services Marketing*，1996，10(6)：45-61.

61. K. Schneider，D. Bowen. The Service Organization：Human Resource Management Is Crucial[J]. *Organizational Dynamics*，1993，

spring: 39-52.

62. Kevin Thomson, Leslie de Chematony, Lorrie Arganbright, Sajid Khan. The Buy-in Benchmark: How Staff Understanding and Commitment Impact Brand and Business Performance[J]. *Journal of Marketing Management*, 1999,(15): 819-835.

63. Kevin Thomson. Profitable Relationships Come From the Inside Out[J]. *Market Leader*, 1998,Autumn: 58-61.

64. L. A. Bettencourt, K. Gwinner. Customization of the Service Experience: The Role of the Frontline Employee[J]. *International Journal of Service Industry Management*, 1996,7(2): 3-20.

65. L. A. Mohr, M. J. Bitner. Mutual Understanding between Customer and Employees in Service Encounters [J]. *Advances in Consumer Research*, 1991,18(1): 611-617.

66. L. De Chernatony, F. D. Riley. Experts' Views about Defining Services Brands and the Principles of Services Branding[J]. *Journal of Business Research*, 1999,46(2): 181-192.

67. L. L. Berry, L. P. Carbone, S. H. Haeckel. Managing the Total Customer Experience[J]. *MIT Sloan Management Review*, 2002, 43(3): 85-89.

68. L. L. Bove, L. W. Johnson. A Customer-Service Worker Relationship Model [J]. *International Journal of Service Industry Management*, 2000,11(5): 491-511.

69. L. L. Price, E. J. Arnould, S. L. Deibler. Consumers' Emotional Responses to Service Encounters[J]. *International Journal of Service Industry Management*, 1995,6(3): 34-70.

71. L. W. Turley, Jean-Charles Chebat. Linking Retail Strategy, Atmospheric Design and Shopping Behaviour[J]. *Journal of Marketing Management*, 2002(18): 125-144.

72. Lance A. , Bettencourt, Kevin Gwinner. Customization of the Service Experience: the Role of the Frontline Employee [J]. *International Journal of Service Industry Management*, 1996,7(2):

3-20.

73. Leonard L. Berry. Retail Businesses Are Services Businesses [J]. *Journal of Retailing*, 1986,62(1), spring：3-6.

74. Leslie de Chernatony. Living the Corporate Brand Brand Values and Brand Enactment[J]. *Corporate Reputation Review*, 2002,5(2/3)：114-132.

75. Les Won-all, Cary L. Cooper. The Quality of Working Life：1997 Survey of Managers' Changing Experiences[R]. London：The Institute of Management，1997：43-56.

75. Locke E. What is Job Satisfaction? Organizational Behavior and Human Light at the End of the Tunnel[J]. *Psychological Science*，1969(2)：240-246.

76. M. C. Gilly，M. Wolfinbarger. Advertising's Internal Audience[J]. *Journal of Marketing*，1998,62(1)：69-88.

77. M. D. Hartline,O. C. Ferrell. The Management of Customer-Contact Service Employees：An Empirical Survey [J]. *Journal of Marketing*，1996,60(3)：52-70.

78. M. Gabbott,G. Hogg. Consumer Behavior and Services：A Review[J]. *Journal of Marketing Management*，1994,10(4)：311-324.

79. M. J. Bitner,W. T. Faranda,A. R. Hubbert,et al. Customer Contributions and Roles in Service Delivery[J]. *International Journal of Service Industry Management*，1997,8(3)：193-205.

80. M. J. Bitner. Evaluating Service Encounters：The Effects of Physical Surroundings and Employee Responses [J]. *Journal of Marketing*，1990,54(2)：69-82.

81. M. J. Bitner. Service Scapes：The Impact of Physical Surroundings on Customers and Employees[J]. *Journal of Marketing*，1992,58(2)：57-71.

82. M. Ritson. Marketing and HE Collaborate to Harness Employer Brand Power[J]. *Marketing*，2002,24(10)：12-24.

83. Malcolm G. Patterson，West Michael A，Rebecca Lawthom，

Stephen Nickell. People Management Organizational Culture and Company Performance[R]. Institute of Work Psychology, University of Sheffield, Sheffield and the Centre for Economic Performiance, London School of Economics, 1997: 145-174.

84. Marcel Corstjens, Rajiv Lal. Building Store Loyalty through Store Brands [J]. *Journal of Marketing Research*, 2000, 35 (8): 281-291.

85. Michael K. Brady and J. Joseph Cronin Jr. Some New Thoughts on Conceptualizing Perceived Service Quality: A Hierarchical Approach[J]. *Journal of Marketing*, 2001, 65 (6) 34-49.

86. Morris David, Nightinggale John. Why Should Firms Manufacture Retailer Brands? [J]. *Managerial and Decision Economics* (*pre*-1986), *Chichester*, 1980, 1(3): 132-137.

87. Myron Gable, Ann Fairhurst, Roger Dickinson. The Use of Benchmarking to Enhance Marketing Decision Making[J]. *The Journal of Consumer Marketing*, 1993, 10(1): 52-60.

88. N. Schmitt, P. M. Mellon. Life and Job Satisfaction: Is the Job Central? [J]. *Journal of Vocational Behavior*, 1993, 68 (16): 51-58.

89. P. A. Dabholkar, D. I. Thorpe, J. A. Rentz. Measure of Service Quality for Retail Stores: Scale Development and Validation[J]. *Journal of Academy of Marketing Science*, 1996, 24(1): 3-14.

90. P. E. Murphy. The Effect of Social Class on Brand and Price Consciousness for Supermarket Products[J]. *Journal of Retailing*, 1978, 54(2): 33-42, 89, 90.

91. P. J. Danaher, N. Zealand, J. Mattsson. A Comparison of Service Delivery Processes of Different Complexity[J]. *International Journal of Service Industry Management*, 1998, 9(1): 48-63.

92. P. J. McGoldrick. *Retail Marketing* [M]. New York, NY: McGraw Hill Education, 2002.

93. Parasueaman. Reflections on Gaining Competitive Advantage

through Customer Value [J]. *Journal of the Academy of Marketing Science*，1997，25(2)：154-161.

94. Paul A. Argenti，Bob Druckenmiller. Reputation and the Corporate Brand [EB/OL]. Working Paper No. 3-13，2003，http：// ssrn. com/abstract＝387860.

95. Peter C. Verhoef，Edwin. J. Nijssen，Laurens M. Sloot. Strategic Reactions of National Brand Manufacturers towards Private Labels：An Empirical Study in the Netherlands[J]. *European Journal of Marketing*，2002，36(11/12)：1309-1326.

96. Philip Kotler. *Marketing Management：Analysis，Planning，Implementation and Control*[M]. New York：Prentice-Hall Inc，2001.

97. Pierre Berthon，Michael Ewing，Li Lian Hah. Captivating Company：Dimensions of Attractiveness in Employer Branding [J]. *International Journal of Advertising*，2005，24(2)：151-172.

98. R. A. Kerin，J. Ambuj，D. J. Howard. Store Shopping Experience and Consumer Price-Quality-Value Perception[J]. *Journal of Retailing*，1992，68(4)：376-397.

99. R. B. Woodruff，E. R. Cadotte，R. L. Jenkins. Modeling Consumer Satisfaction Processes Using Experience-Based Norms[J]. *Journal of Marketing Research*，1983，20(3)：296-304.

100. R. B. Woodruff. Customer Value：The Next Source for Competitive Advantage[J]. *Journal of the Academy of Marketing Science*，1997，25(2)：139-153.

101. R. D. Gatewood，M. A. Gowan，G. J. Lautenschlager. Corporate Image，Recruitment，Image and Initial Job Choice Decisions [J]. *Academy of Management Journal*，1993，36(2)：414-427.

102. R. Eric Reidenbach，Reginald W. Goeke，Gordon W. Mcclung. Becoming an Undisputed Value Leader[J]. *Motion System Distribution*，2003，(3/4)：15-17.

103. R. Harris，K. Harris，S. Baron. Theatrical Service Experiences：Dramatic Script Development With Employees [J].

*International Journal of Service Industry Management*, 2003, 14(2): 184-199.

104. R. J. Donovan, J. R. Rossiter. Store Atmosphere: An Environmental Psychology Approach[J]. *Journal of Retailing*, 1982, 58(1): 34-57.

105. R. L. Oliver. Cognitive, Affective, and Attribute Bases of the Satisfaction Response[J]. *Journal of Consumer Research*, 1993, 20(3): 418-430.

106. R. L. Oliver. Whence Consumer Loyalty? [J]. *Journal of Marketing*, 1999, 63(4): 33-44.

107. R. N. Bolton, J. H. Drew. A Multistage Model of Customers' Assessments of Service Quality and Value[J]. *Journal of Consumer Research*, 1991, 17(4): 375-384.

108. R. Yalch, E. Spangenberg. Effects of Store Music on Shopping Behavior[J]. *Journal of Consumer Marketing*, 1990, 7(2): 55-63.

109. Richard L. Oliver. A Cognitive Model of the Antecedents and Consequences of Satisfaction Decisions [J]. *Journal of Marketing Research*, 1980, 17(11), 460-469.

110. Roland T. Rust, Eds. Richard L. Oliver. *Service Quality: New Directions in Theory and Practice*[M]. Thousand Oaks, CA: Sage Publications, 1994.

111. Ronald E. Frank, Harper W. Boyd Jr. Are Private-brand-prone Grocery Customers Really Different? [J]. *Journal of Advertising Research*, 1965. 5(4): 27-35.

112. Rosann L. Spiro, Barton A. Weitz. Adaptive Selling: Conceptualization, Measurement and Nomological Validity [J]. *Journal of Marketing Research*, 1990, 27(1): 61-69.

113. S. Burt, S. Davis. Follow My Leader? Lookalike Retailer Brands in Non-manufacturer-dominated Markets in the U. K. [J]. *International Review of Retail, Distribution and Consumer Research*,

1999,9(2): 163-185.

114. S. Dawson,P. H. Bloch,N. M. Ridgway. Shopping Motives, Emotional States,and Retail Outcomes[J]. *Journal of Retailing*, 1990, 66(4): 408-427.

115. S. J. Grove,R. P. Fisk. The Impact of Other Customer on Service Experience: A Critical Incident Examination of "Getting Along" [J]. *Journal of Retailing*,1997,73(1): 63-85.

116. S. J. Grove, R. P. Fisk. The Service Experience as Theater [J]. *Advances in Consumer Research*, 1992,19(1): 455-461.

117. S. J. Hoch. How Should National Brands Think about Private Labels[J]. *Sloan Management Review*, 1996,37(2): 89-102.

118. S. Koskinen. UK Private Label: European Brand Leader[J]. *European Retail Digest*, 1999,21: 5-8.

119. Shiva Nandan, Roger Dickinson. Private Brands[J]. *The Journal of Consumer Marketing*, *Santa Barbara*.1994,11(4): 18-28.

120. Simon Hardaker,Chris Fill. Corporate Services Brands: The Intellectual and Emotional Engagement of Employees[J]. *Corporate Reputation Review*, 2005,7(4): 365-376.

121. Steve L. Burt,Leigh Sparks. Corporate Branding,Retailing, and Retail Internationalization[J]. *Corporate Reputation Review*, 2002, 5(2/3): 194-212.

122. Susan C. Schneider. Human and Inhuman Resource Management Sense and Nonsense [J]. *Organization*, 1999, 6(2): 277-284.

123. T. Ambler, S. Barrow. The Employer Brand[J]. *Journal of Brand Management*, 1996,4(3): 185-206.

124. T. J. Brown, G. A. Churchill, J. P. Peter. Improving the Measurement of Service Quality[J]. *Journal of Retailing*, 1993,69(1): 127-139.

125. Tom Duncan, Sandra E. Moriarty. A Communication-Based Marketing Model for Marketing Relationships [J]. *Journal of*

*Marketing*，1998，62(2)：1-13.

126. U. Lehtinen, J. R. Lehtinen. Service Quality：A Study of Quality Dimensions ［BR］. Helsinki：Service Management Institutes，1982.

127. V. A. Zeithaml, L. L. Berry, A. Parasuraman. Communication and Control Processes in the Delivery of Service Quality ［J］. *Journal of Marketing*，1988,52(4)：35-48.

128. V. A. Zeithaml,L. L. Berry,A. Parasuraman. The Behavioral Consequences of Service Quality［J］. *Journal of Marketing*，1996,60 (2)：31-46.

129. V. A. Zeithaml, L. L. Berry and A. Parasuraman. The Behavioral Consequences of Service Quality［J］. *Journal of Marketing*，1996,60,April：31-46.

130. V. A. Zeithaml. Consumer Perceptions of Price,Quality and Value：A Means-end Model and Synthesis of Evidence ［J］. *Journal of Marketing*，1988,52(6)：2-22.

131. Valarie A. Zeithaml, Mary Jo. Bitner. *Services Marketing* ［M］. New York，NY：McGraw-Hill，1996.

132. W. B. Dodds. In Search of Value：How Price and Store Name Information Influence Buyer's Product Perceptions［J］. *Journal of Services Marketing*，1991,5(3)：27-36.

133. W. Boulding, A. Kirmani. A Consumer-side Experimental Examination of Signaling Theory：Do Consumers Perceive Warranties as Signals of Quality? ［J］. *Journal of Consumer Research*，1993，20：111-124.

134. Wolfgang Ulaga. Capturing Value Creation in Business Relationships：A Customer Perspective ［J］. *Industrial Marketing Management*，2003,32(8)：677-693.

135. 艾德里安·佩恩. 服务营销［M］. 北京：中信出版社,1999.

136. 巴里·伯曼,乔尔·R. 埃文斯. 零售管理(第 7 版) ［M］. 北京：中国人民大学出版社,2001.

137. 白长虹. 西方的顾客价值研究及其实践启示[J]. 南开管理评论,2001,2:51—55.

138. 包惠,胡培,胡斌. 服务质量分析及评价研究[J]. 软科学,2000,(4):20—23.

139. 彼得·圣吉. 第五项修炼——学习型组织的艺术与实务[M]. 上海:三联出版社,1998.

140. 陈景峰,段宇信. 论加入 WTO 后我国零售业发展的战略研究[J]. 社科纵横,2005(4):64—65.

141. 陈子光. 影响知识分子工作满意度的主要因素[J]. 应用心理学,1990(5):16—22.

142. 崔立新. 服务质量评价模型[M]. 北京:经济日报出版社,2003.

143. 丹尼斯·J. 克希尔. 内部营销[M]. 北京:机械工业出版社,2000.

144. 党忠诚,周支立. 饭店服务质量的测量与改进[J]. 旅游学刊,2002,17(2):22—25.

145. 范秀成,张彤宇. 顾客参与对服务企业绩效的影响[J]. 当代财经,2004,237(8):69—73.

146. 范秀成. 交互过程与交互质量[J]. 南开管理评论,1999(1):8—12.

147. 菲利普·科特勒,洪瑞云,梁绍明等. 市场营销管理(亚洲版,第 2 版)[M]. 北京:中国人民大学出版社,2001.

148. 甘波,曲保智. 超越顾客期望(第 1 版)[M]. 北京:企业管理出版社. 1997.

149. 郭国庆,李海洋. 服务市场营销的五大特征[J]. 销售与市场,1995,8:12—14.

150. 果洪迟. 零售经营学[M]. 北京:中国财政经济出版社,1988.

151. 韩明亮,张娟,李琪. 航空公司旅客服务质量实证研究[J]. 中国民航学院学报,2005,(1):29—32.

152. 韩庆样. 重新认识质量[J]. 市场营销,2001(7):10—12.

153. 侯杰泰,温忠麟,成子娟. 结构方程模型及其应用[M]. 北京:经济科学出版社,2004.

154. 黄静.内部营销与以人为本的企业文化[J].经济管理,2002,10:35.

155. 姜勇.验证性因素分析及其在心理与教育研究中的应用[J].教育科学研究,1999,3:88—91.

156. 荆林波.外资进入我国商业之思考——写在沃尔玛北京店开业之际[N].经济参考报,2003—06—27.

157. 卡尔·艾布瑞契(Karl Albrecht),荣恩·任基(Ron Zemke).服务经济大时代[M].台北:麦格劳·希尔国际股份有限公司台湾分公司,2002.

158. 克里斯蒂·格鲁诺斯.服务市场营销管理[M].上海:复旦大学出版社,1998.

159. 克里斯托弗·H.洛夫洛克著.服务营销[M].北京:中国人民大学出版社,2001.

160. 李琛.基于差距模型的零售服务质量管理[J].商业时代,2006,(15):16—17.

161. 李飞,王高等.中国零售业发展历程(1981—2005)[M].北京:社会科学文献出版社,2006.

162. 李海洋,牛海鹏.服务营销[M].北京:企业管理出版社,1996.

163. 李锐.关于服务过程质量管理的思考[J].旅游学刊,2001,(1):27—30.

164. 联商网. http://www.linkshop.com.cn/web/archives/2008/88710.shtml.

165. 刘军,彭品志,王淑翠."天天平价"的背后——沃尔玛隐性服务及启示[J].商场现代化,2005,7:4—5.

166. 刘璐,王淑翠.公司品牌化模型探讨——以零售业为例[J].商业研究,2008,(12):134—137.

167. 刘璐,王淑翠,顾宝炎.服务型企业—员工互动关系管理:员工买入和雇主品牌化[J].商业经济与管理,2008,7:31—36.

168. 刘璐,王淑翠.零售业全面质量管理模型构建研究[J].山东社会科学,2010,173(1):138—141.

169. 马洪,孙尚清.现代管理百科全书[M].北京:中国发展出版社,1991.

170. 迈克尔·波特.竞争优势[M].北京:华夏出版社,1997.

171. 迈克尔·利维,巴顿·A. 韦茨.零售学精要[M].北京:机械工业出版社,2000.

172. 南剑飞等.员工满意度模型研究[J].世界标准化与质量管理,2004,(2):17—22.

173. 钱丽萍,刘益,程超.连锁超市服务质量感知模型研究[J].当代经济科学,2005,27(3):73—78.

174. 琼·玛格丽塔,南·斯通.什么是管理[M].北京:电子工业出版社,2003.

175. 沙永全·航空公司服务质量问题的成因分析[J]. 世界标准化与质量管理,2005,(7):34—36.

176. 森吉兹·哈克赛弗等著,顾宝炎、时启亮等译.服务经营管理学(第2版)[M].北京:中国人民大学出版社,2005.

177. 沈向友.旅行社服务质量与游客满意感影响因素分析[J].旅游学刊,1999,(5):25—30.

178. 斯蒂芬·P.罗宾斯.管理学(第4版)[M].北京:中国人民大学出版社,1997.

179. 宋思根.内部营销与人力资源管理关系论[Z].中国营销传播网,2002 10 9.

180. 苏秦,李钊,徐翼. 基于交互模型的客户服务质量与关系质量的实证研究[J].南开管理评论,2007,(1):44—49.

181. 瓦拉瑞尔·A. 泽丝曼尔,玛丽·乔·比特纳.服务营销[M].北京:机械工业出版社,2001.

182. 汪纯孝,蔡浩然.服务营销与服务质量管理[M].广州:中山大学出版社,1996.

183. 汪纯孝,石涌岭.宾馆服务质量管理工作重点研究[J].南开管理评论,1999,(4):62—64.

184. 汪纯孝,温碧燕和姜彩芬.服务质量、消费价值、旅客满意感与行为意向[J].南开管理评论,2001,(4):11—15.

185．王超.零售学[M].北京：中国对外经济贸易出版社,1995.

186．王高.顾客价值与企业竞争优势——以手机行业为例[J].管理世界,2004,(10)：97—106.

187．王建军.基于服务质量的用户满意研究[J].青海社会科学,2001,(2)：36—40.

188．王立勇.本土零售业创新的根本还在狠补内功[N].中国商报,2007-11-9.

189．王淑翠.服务品牌管理(全国高等教育自学考试工商企业管理专业和中国品牌管理岗位水平证书考试指定教材)[M].北京：经济管理出版社,2012.

190．王淑翠,李桂华.零售业的公司品牌化趋势——基于英国零售业品牌战略演变分析[J].商业经济与管理,2007,8：27—31.

191．王淑翠.零售企业公司品牌化战略研究[M].北京：人民邮电出版社,2009.

192．王淑翠.论服务业的品牌发展趋势：公司品牌化[J].财贸经济,2013,11：128—136.

193．王淑翠,彭品志.零售业新体验——体验营销[J].商场现代化,2005,5：48—49.

194．王淑翠,王伟.服务质量文献综述[J].山东经济,2005(5)：22—25.

195．王淑翠.基于顾客价值构建零售业复合价值链[J].商业经济与管理,2006,10：28—31.

196．王淑翠,王永萍.浅议高校发展之教学服务质量观[J].商业经济,2005,11：116—117.

197．王淑翠.零售业的公司品牌战略研究[J].太平洋学报,2006,(5)：57—58.

198．王淑翠.零售业服务质量的测量[J].中国物价,2009,10：52—55.

199．王淑翠.我国医疗服务质量评价方法的探索性研究——基于SERVQUAL量表的视角[J].价格理论与实践,2009,8：73—74.

200．王淑翠,荆林波.基于顾客体验视角的我国百货业商业模式创新[J].商业时代,2014,12:16—17.

201.王耀.中国零售业发展报告[M].北京:中国经济出版社,2009.

202.王永贵.服务质量、顾客满意与顾客价值的关系剖析——基于电信产业的整合框架[J].武汉理工大学学报(社会科学版),2002(12):579—587.

203.韦福祥.顾客感知服务质量与顾客满意相关关系实证研究[J].天津商学院学报,2003,(1):21—25.

204.夏征农主编.辞海[M].上海:上海辞书出版社,2003.

205.熊银解,邹仿涛.西方零售业发展特点与我国零售业营销创新[J].科技进步与对策,2002,6:153—155.

206.徐哲.组织支持与员工满意度相关分析研究[J].天津商学院学报,2004,(1):21—22.

207.于长喜,张秀珍,高春辉.ADSL 服务质量、顾客满意度与购后行为意向的研究——以中国电信为例[C].第 10 届全国品质管理研讨会论文集,2004:86—102.

208.俞仁龙.论现代商场的内部营销管理[J].商业企业管理,2001,(5):76.

209.张俐俐.论饭店服务质量的管理和控制[J].旅游学刊,1995,(6):24—29.

210.张宁俊.服务管理:基于质量与能力的竞争研究[M].北京:经济管理出版社,2006.

211.张婷,吴先锋.利用服务质量差距模型提高电信企业服务营销质量[J].价值工程,2005,(7):53—57.

212.张昕.T 公司的服务质量管理研究[D].南京:南京理工大学,2005.

213.张重昭,谢千之.产品资讯.参考价格与知觉品质对消费者行为的影响[J].台北大学企业管理学报,2000,(47):161—190.

214.赵辉.零售业服务质量评价实证研究[J].企业经济,2007,322(6):92—94.

215.朱沆,汪纯孝,岑成德,谢礼珊.服务质量属性的实证研究[J].

商业研究，1999,(6)：82—83.

216. 朱沆,汪纯孝.饭店服务质量管理重点分析[J].系统工程理论方法应用，1999,(1)：60—66.

217. 宗蕴璋.质量管理(第 2 版)[M].北京：高等教育出版社,2008.

218. 左仁淑.关系营销：服务营销的理论基础[J].四川大学学报(哲学社会科学版)，2004,(4)：19—23.

219. 黄荣.国内连锁零售业遭遇生死劫 行业面临大整合期[J].中国商界，2013,(5)：46—48.

# 后　记

　　自 2004 年零售领域对外彻底开放后，外资零售业的进入直接导致很多本土零售企业倒闭。本土零售业经过多年的调整和应对，在规模化、连锁化、信息化和集团化方面取得了明显进步，本土零售业基本处于零售市场中的主导地位，外资零售企业总销量占中国零售业总量的比例依旧较低。然而随着互联网和电子商务技术的普及应用，互联网商业行为和消费者购物习惯互相引导和塑造，促进了线上零售业的疯狂成长，于是传统零售业利润率一路下滑，百货公司及其他零售业态的破产倒闭现象也频繁发生，中国的传统零售业正逐渐失去其市场份额和主导地位，让位于新兴的互联网商业。传统零售业的竞争力提高不仅需要管理者的艰辛付出，更需要管理理论的有效指导。作为一位长期从事零售业和服务营销研究的学者深感责任重大，这是促成本书付梓的外部因素。

　　本人 20 余年来一直密切关注和深入研究零售业管理实践，相继发表了多篇关于中国零售业发展的论文和著作。在 2009 年，针对零售业品牌竞争力和市场份额衰退的现状，本人出版了第一部专著《零售企业公司品牌化战略研究》，在学术界较早地考虑零售业的服务特性并提出零售业公司品牌战略，把零售业管理者从基于制造业的传统品牌管理思维中解脱出来，开辟了国内零售业有效竞争的品牌战略。该著作不仅对零售业公司品牌的横切面——品牌化维度进行了研究，还对零售业公司品牌的纵切面——品牌构建过程进行了系统阐述，从静态分析到动态管理、从思维模式到行动指南、从顾客视角到管理视角，对零售业公司品牌化战略提供了系统全面的理论指导。该著作旨在帮助企业管理者在可视、可控、可操作的管理范围内培育强势品牌，提高管理者对公司品牌化过程的操控性和高效性。

　　然而，零售业作为服务行业，其质量管理的特殊性一直未得到充分重视。质量管理是改善零售业竞争力的战略性领域，是减少中外零售业实力差距的重要途径，是提高顾客满意度和经济效益的有效措施，对此问题的理论研究明显不足。2011 年，本人进入中国社科院财经战略研究院从事博士后研究，对互联网商业和传统零售业的关系及前景做了深入观察和思考，认为传统零售业被冲击是必然，但依然有长久的发展空间和存在价值，亟须从服务管理中拓展利润空间和改善竞争力。之后在 2013—2014 年间，本人作为访问学者在完成"中韩服务业发展现状比较研究——以零售业为例"的课题中进一步印证了上述认识，在互联网同样发达的韩国，本人深刻感受到其传统零售业强大的竞争力，而服务管理是其秘密武器。纵观质量管理理论的发展历程，西方的理论探索和实证研究正日益成熟。因此，本人立足于我国零售业，基于对中外以及线上线下零售业发展现状的对比分析，研究和借鉴国内外质量管理理论、服务质量管理理论和全面质量管理理论的理论成果，希望能探索一套适合中国零售业的全面质量管理理论和系统方法，为零售业的快速成长提供便捷有效的战略性途径。上述诸多个人经历和学术积累最终促成了《零售企业公司品牌化战略研究》的姊妹篇——《零售业复合价值链和全面质量管理研究》专著的问世。

　　《零售业复合价值链和全面质量管理研究》集结和融合了本人从2005 年至今发表的十余篇零售业及质量管理相关论文，从顾客价值的视角分析了零售业特别是百货业的质量管理工作，提出了"零售业复合价值链"和"全面质量管理模型"，具有重要的理论价值和行业应用价值。该项研究首先提出了基于顾客价值的零售业复合价值链理论，然后开发了全面质量管理理论模型，强调从商品质量和服务质量、内部服务质量和外部服务质量、过程质量和结果质量等多个方面对零售业全面质量进行综合管理，尤其对服务质量开展了细致深入的研究，并提出了相应的百货业服务质量测量工具。除此之外，本书还系统探讨了零售业全面质量管理的组织环境因素，创造性地提出四大支撑性要素：内部营销导向型企业文化、系统的公司品牌理念、流程型组织结构和社会公民意识。上述观点对重塑零售业管理者的思维非常重要，有较高的行业针对性和实践指导价值。

　　今天的互联网经济气势汹涌，新商业、新业态不断涌现，依托互联网而存在的商业供应物更是丰富多样、不断创新，从生产到消费也经历了完全不同于传统产业的业务环节，因此，产品和服务的质量管理工作变得非常复杂和特殊。由于作者学识和精力所限，本著作尚未涉及网络零售业和互联网商业中的质量管理工作，未来将对此开展专项研究。书中不当不周之处，恳请读者指正！

最后，感谢中国社科院的博士后合作导师荆林波教授！感谢韩国仁荷大学的访学合作导师郑仁教教授！感谢杭州师范大学给过我支持和帮助的所有领导和同事们！

谨以此书献给我的家人！永远爱你们！

王淑翠

2015 年 4 月 16 日

# 索　引